Happiness

幸福与 GDP

主流发展模式之外

尹伊文　著

生活·读书·新知 三联书店

图书在版编目（CIP）数据

幸福与GDP：主流发展模式之外／（美）尹伊文著．—北京：生活·读书·新知三联书店，2019.1
（三联精选）
ISBN 978 – 7 – 108 – 06417 – 2

Ⅰ．①幸…　Ⅱ．①尹…　Ⅲ．①社会发展－研究
Ⅳ．① K02

中国版本图书馆 CIP 数据核字（2018）第 265486 号

责任编辑　王　竞
装帧设计　鲁明静
责任印制　卢　岳
出版发行　生活·讀書·新知 三联书店
　　　　　（北京市东城区美术馆东街 22 号 100010）
网　　址　www.sdxjpc.com
图　　字　01-2018-9104
经　　销　新华书店
印　　刷　北京隆昌伟业印刷有限公司
版　　次　2019 年 1 月北京第 1 版
　　　　　2019 年 1 月北京第 1 次印刷
开　　本　880 毫米 × 1092 毫米　1/32　印张 12
字　　数　246 千字　图 52 幅
印　　数　0,001 – 7,000 册
定　　价　39.00 元
（印装查询：01064002715；邮购查询：01084010542）

目录

新版序

2011 年，我的书《在世界边缘的沉思》出版。这本书的写作始于 2008 年，记录了我对不同于以 GDP 为主导的"另类"社会发展模式的思考，不丹、委内瑞拉、冰岛是书中的三个案例国家。十年的时光过去了，世界发生了变化，这三个国家也发生了变化。面对这些变化我一直未停止思考，一直在观察中反省和探索。现在我把这十年来的反省探索再次记录下来，与十年前的沉思相合，重新辑为《幸福与 GDP：主流发展模式之外》一书，与读者分享我的发现。

十年来的一个重要变化，是以 GDP 为主导的发展模式受到了普遍的质疑，而以幸福为主导的"另类"发展模式已经从边缘移到了中心。2011 年联合国大会通过决议，把幸福作为全方位发展的目标；2012 年联合国又召开了高层会议，主题是"幸福：定义新的经济范式"。

不丹是"国民幸福总值"发展范式的首创者，《在世界边缘的沉思》曾详细介绍了不丹的首创过程和曲折经历。此次又加了一章：《边缘范式进入了世界中心》（第 7 章），讲述不丹模式成为世界性的范式之后，不丹面临的种种新问题，其中包括它与周边国家在新形势下的错综复杂关系，2017 年的中印洞朗对峙就是在这样的大背景下发生的。

委内瑞拉的"另类"模式与不丹的不同，我曾做过详细的分析与比较。近十年来，委内瑞拉遇到的新问题比不丹更为严酷棘手，此次为委内瑞拉也加了一章：《民粹主义 vs. 优主主义》（第11章）。委内瑞拉模式有强烈的民粹主义色彩，吸引了很多人，但也暴露出很多问题。新的一章介绍了委内瑞拉十年来的发展变化，其中有民主与民粹的错综纠葛，有委内瑞拉模式的软肋与陷阱。

冰岛以前并没有提供自己的"另类"模式，只是实践了主流的两种不同模式：北欧福利主义的模式和新自由主义的模式。在实践这两种模式时，冰岛有丰富的经验，有痛苦的教训，有深刻的反省。此次为冰岛添加的一章是《后现代的"复乐园"》（第13章）。2008年冰岛破产，成为现代的失乐园；令人惊奇的是，它快速走出破产的陷阱，又成为后现代的"复乐园"。冰岛的复苏被许多经济学家称为"奇迹"，本书讲述了这个奇迹，展示了奇迹中透露的启示。

除了不丹、委内瑞拉、冰岛，此次在新版中我还增加了一个国家——越南。《乐园追寻的曲折迷茫》（第14章）和《在乐园边缘的沉思》（第15章）是讲述越南的。自19世纪后期以来，越南几代人都在追寻着理想的乐园，从争取独立统一，到建设社会主义，再到市场化的革新……他们走过弯路，经历了多次的曲折与迷惘。从他们的经历中，我们可以感受到一种触动心灵的似曾相识，引发我们的深思。

尹伊文

2018 年 7 月

原　序

最近几年，我去过几个"边缘"而"另类"的国家，它们位于地理上的边缘地带，推行了与主流不同的"另类"社会经济发展模式。吸引我去那里的，不仅仅是地理边缘的猎奇召唤，更是对主流发展模式隐含的问题的忧虑，我期望在另类中得到启示。

二十多年来，我一直生活在"主流"的中心，在美国，而且在华盛顿，那里是主流经济模式圭臬"华盛顿共识"的发源地。我是20世纪80年代去美国接受大学教育的，正值新自由主义崛起成为主流的时代，那时候，在课堂上，在研讨会中，在新闻节目里，我被浸淫在主流发展模式的各种观念中，很自然地相信主流模式能让贫穷落后的国家变得发达。但是，我开始工作之后，这个信念却在实践中渐渐地动摇起来。我一直在国际机构中做社会经济发展项目，有机会接触许多国家的发展现实，这些接触使我目睹了"华盛顿共识"造成的失误和遭遇的挑战。尤其是90年代东欧的震荡休克转型，给我极大震动。进入21世纪之后，质疑"华盛顿共识"的声音越来越大，金融海啸的爆发，更使新自由主义主导的美国模式神话在无数人的心中破灭。人们反省发问，主流发展模式究竟有什么问题？应该如何解决这些问题？应该如何修正这个模式？

在我反思主流模式的时候，我常和国内的一些朋友讨论。我们都对社会发展问题有浓厚的兴趣，多年来经常交流探讨。随着时代的变迁、思潮的发展、个人视野的开拓，我们谈论的主题变换着、扩展着，从早年的贫困温饱、效率机制，到近年来的贫富差距、贪污腐败、环境污染，贯穿始终的还有民主、自由、法制、个人与社会、市场与政府等更深层的话题。青少年时代我们有共同的经历、共同的理想，后来我们生活在不同的国度、不同的社会制度中，有不同的人生体会、不同的工作经验。这使我们可以从不同的视角来分析问题，来共享彼此的经验和心得。我想，这些问题大概还有许多人在探索关注，因此就把我的沉思集结成书，以便能和更多的人共享探讨。

尹伊文

2010 年 12 月

1
为什么幸福没有和 GDP 共舞?

远征,你好!

夏天我从美国回北京探亲度假,咱们中学同学在一起聚会,可惜你因为腿伤不能来北京,真是遗憾。那天我们去中山公园的来今雨轩吃饭,点了那里有名的冬菜包子和红楼菜。吃着冬菜包子,我们都想起小时候在学校食堂吃包子的事儿,每星期四的午餐是包子,大家都盼着吃。下课铃一响,争先恐后往食堂跑,你们男生的吃相最难看,狼吞虎咽,一眨眼你们桌上的那盆包子就全没影儿了。大个子刘强总喜欢到我们女生的桌子来"视察、视察",看看有没有吃不了要"浪费"的东西。包子我们是不会"浪费"的,吃窝头的时候,我们常常给他。他挺有"共产主义精神",把窝头拿回去和你们共享。看着你们在那里大吃大嚼我们"浪费"的窝头,我们都忍不住捂着嘴,想笑又不好意思,然后绷着脸讨论一个生物问题:人的胃是不是和身高成正比?总说要去问问生物老师,可最终也没去问过。

那天从来今雨轩出来,我们去了长廊,大家坐在里面聊了几个钟头。你还记得那年冬天吗?咱俩也坐在中山公园的长廊里聊了几个钟头。咱们从各自插队的乡下回北京过年,你约我到中山公园聊聊。那时候的形势风云诡异,忽左忽右,扑朔迷离,反左的"批林整风"本给大家带来了希望，但忽然变成了反右的"批林批孔"，而在"反右倾回潮"的窒息恶浪中，周总理却作了鼓舞人心的《向四个现代化的宏伟目标前进》的报告。你带了一份《人民日报》，那上面有总理的报告，咱们一段一段地琢磨着、猜测着，希望能从里面找到更多的隐藏信息：中国正在何处去呢？咱们的前途和出路在哪里呢？我们会在穷乡僻壤的漫漫黄沙里蹉跎终生吗？……咱们一会儿兴奋，一会儿忧虑。朔风嘶号，沙尘飞旋，乌鸦在古老的柏树上哀啼。咱们一遍一遍地讨论：中国能实现四个现代化吗？咱们能看到四个现代化吗？中国怎么才能实现四个现代化？

这次聚会，大家也谈到了中国的现代化，还谈了许多咱们从小就关心却一直没有找到答案的问题，你素来是最喜欢思索这些问题的，我当时就在想，一定要把我们的讨论告诉你，听听你的意见。

那天先是谈起这些年来中国的经济发展和社会变化，大家都讲了自己生活的一些变化，接着，又讲了更多的新问题、新困扰、新痛苦。作为从美国回来的我，惊异地感觉到一个令我困惑的"反差"。一方面，人们的物质生活水平有了极大的提高，如果用"衣食住行"的客观标准来衡量，同学们的生活水平都已经达到了咱们小时候想象的"共产主义天堂"的物质标准：营养充足的食物、现代化的住宅、春夏秋冬的漂亮衣服，许多人还有了小汽车；可是另一方面，却没有一个人有"进入了天堂"的幸福感，相反，大多数人都忧心忡忡，担忧股市继续下跌，害怕通货膨胀加剧，抱怨医疗保险制度，咒骂环境污染和交通堵塞，愤恨社会风气的败坏，大家还都担心美国的次贷危机会把中国和世界拖入"地狱"。"天堂"的物质，"地狱"的危机感，如此强烈的反差把大家的话题引入了"社会发展模式"的讨论，中国的发展究竟出了什么问题？为什么物质的丰富没有使人获得幸福？社会发展的目标究竟应该是什么？

2006 年，我去过不丹，那是喜马拉雅山麓的一个小国，它采用了一个非常特殊的社会发展模式，一个和主流世界截然不同的模式。主流世界的发展模式是把"国民生产总值"作为中心目标，不丹却提出了"国民幸福总值"的概念，把提高国民的"幸福"作为发展的目标。当我讲起我的不丹之行和国民幸福总值的时候，同学们的兴趣和热情轰然爆发，他们提出了无数的问题：国民幸福总值是怎么衡量的？不丹为什么会采用如此另类的发展模式？西方主流发展经济学界对不丹模式的评价是什么？不丹的模式取得成功了吗？人在不丹真是能感到幸福吗？……

你一定也想问这些问题吧，以你的好学探索性格，还有经世济民的热忱，你大概还会提出更多的疑问。这些问题都很复杂，容我慢慢来回应吧。我想先来答复一个最直接的问题：人在不丹真是能感到幸福吗？因为我没有在不丹做全面的问卷调查，我当然不能给出一个具有统计学意义的全面答复。我只是想用两个案例，来做个案式的回答。第一个案例，是我自己在不丹的"幸福感"；第二个案例，是许多留学西方的不丹人的"幸福感"。

我进入不丹感到的"幸福"是震撼的，真是有进入了伊甸园的感觉。我是和牛津的十来个校友一起去的不丹，我们想去看看喜马拉雅山麓的几个古老王国在"全球化"和"现代化"进程中的社会发展变化，我们的旅程涵盖了尼泊尔，印度西孟加拉邦（West Bengal）的大吉岭（Darjeeling）、锡金邦，还有不丹。我们由陆路从印度进入不丹，当我们一穿过那座绘着古色古香图案的不丹边境国门，立刻就感到了反差的震撼，不丹和印度的差别太大了！印度那边又脏又乱，臭烘烘的街道、捡垃圾的小孩、要饭的乞丐、拥塞的交通、污浊的气味、汽车的嘈杂，让人时时感到焦虑窒息的压力。不丹这边则是一片宁静，街道宽畅整洁，汽车不多，人也不多，完全没有乞丐，所有的建筑都是不丹传统式样，墙壁是雪白的、鹅黄的、淡粉的，窗棂房梁上绘着古色古香的图案，连加油站都是一座不丹的传统小房子。我感到宁静和谐，那种在印度困扰我的焦虑、窒息、压力都烟消云散了。我看看身边的校友们，他们一个个也都像是舒了口气。彼得是一位退休的经济学教授，他深深地吸了口气说："啊，来到了伊甸园！"

　　不丹和印度的差别，不是那种"发达"与"穷困"的差别。70年代末我曾从深圳经罗湖去香港，80年代我也曾经从美国进入墨西哥的边界小城，那都是典型的"发达"与"穷困"的差别，一边是贫穷落后，一边是富裕繁华。但不丹和印度的差别则不是，如果用主流世界的"发达"标准来衡量，印度应该是更发达，因为它有更多的汽车、更多的商店，商店里也有更多的全球化的商品。在印度脏乱的街道上，拥挤着许多狭窄的店铺，门前撑着塑料布遮雨遮阳，里面堆着牛仔裤、耐克鞋、各色电器。这种格局的小店铺，出现在许多发展中国家，我在中国见到过，在墨西哥、泰国、埃塞俄比亚等地也都见到过。不仅它们卖的商品是全球化的，它们的店铺格局也被全球化了，没有了各自的传统特色，这大概是因为这样的格局最经济、最利于实现利润最大化吧。但是，不丹没有这样的店铺，它的商店仍然保持着传统建筑的格局，而且商店的数量也不多，看不到脏乱的街道上拥挤着许多狭窄店铺的现象。所以，当你比较不丹和印度的时候，很难用谁更发达、谁更穷困来描述。印度更发达，但也更穷困。不丹没有给人贫穷落后的感觉，但也没有给人富裕繁华的印象，它给人的是一种伊甸园式的感觉。

当我们离开边界小城深入不丹腹地的时候，这种伊甸园式的感觉更加强烈了。我们的汽车盘旋在绿色的大山里，纯净清新的空气让我的肺腑有"沁人心脾"之感。漫山遍野都是绿色的树、自然的植被，几乎看不到人工开发的痕迹，这和印度又成鲜明对比。印度大吉岭的自然环境和这里相似，但那里的山林被城市发展的"摊大饼"侵蚀得千疮百孔，一簇簇的房屋满山遍野地生了出来，像是绿色的山头长满了疮疖；山上开了七扭八歪的道路，如同癞痢头上又割划了条条疤痕。沿着道路搭建了一溜溜的房子，有的东倒西歪，挡风的铁皮满是锈迹，像是贫民窟；也有结实的现代小楼房，密密麻麻地拥挤着。临马路的房间多数做了小店铺，挂满了杂七杂八的彩色衣服，摆满了大大小小的皮鞋球鞋，塞满了可口可乐、炸薯片……大吉岭的交通堵塞状况极其可怕，因为

进入不丹，仿佛进入了桃花源，古朴的农舍，淳厚的民风，不仅自然环境没有被工业化污染，社会环境也没有染上常见的现代化疾病。不丹走了一条"另类"的现代化道路，不以 GDP 增长为中心，而是追求"国民幸福总值"的实现。这是在不丹常见到的景色，青翠的群山，层叠的梯田，白墙红楹的房舍

城市中的商店，都保持了传统的特色，没有在全球化的大潮中失去自我。这是帕罗市区的商店

大吉岭是建在山坡上的，道路都是在山坡上开凿出来的窄路，汽车总是把道路塞得满满的，一辆接一辆蜿蜒几公里，像一串串的蜗牛，爬爬停停，半个钟头也开不出几里路。不丹就完全没有这样的问题，汽车在绿色的山野中畅通无阻地奔驰。这里的公路很好，路面平整，很像美国的公路，不像印度的公路满布坑坑洼洼，颠簸得让人头昏脑胀。我们在大山里盘旋行驶了两三个小时之后，司机把车停到一个山间木屋旁边，那是一个小饭馆，我们在里面喝了咖啡红茶，吃了一些饼干。饭馆外面的路边大树底下有一个农妇在卖香蕉和苹果，她穿着不丹的传统服装，下身是长裙，上身是对襟小褂。一个男人向她买了一串香蕉，他也穿着不丹的传统服装，那是一件头的长袍，腰里松松地扎着腰带。我看着山间树下的农妇，心中不由得又想起了印度，在印度的许多地方，我常常看见席地摆摊的小贩，在拥挤嘈杂的路边，在满布垃圾的地上，尘土飞扬在他们肮脏的蔬菜水果上，垃圾的气味混杂着鱼腥肉臭。那些小贩总是给人一种贫民窟的压抑感，而这个不丹农妇小贩给人的却是一种世外桃源的安逸感。

翻过大山，进入不丹的谷地，真是好像进入了一个桃花源。碧绿的青山簇拥在四周，山谷中的梯田，有的淡绿，有的嫩黄，有的青翠，像丝带似的环绕着山坡，层层叠叠曲曲弯弯，柔和地伸向朦胧的远方，疏疏落落的白色小房子，影影绰绰地散布着。田野中有叫不上名字来的五颜六色的花，一大片一大片地盛开怒放，地上落满五彩缤纷的花瓣，正是"芳草鲜美，落英缤纷"。路边的房子都是古老的传统式样，方方正正，整整齐齐，棕红的木窗，雪白的墙壁，古色古香的图案点缀在屋檐廊柱窗棂上。多数人都穿着古老的传统服装，女人裹着曳地的长裙悠悠闲闲地漫步，男人穿着宽大的长袍甩着雪白的衬袖，僧侣披着绛红色的袈裟。还看到不少小和尚，八九岁的样子，披着小小的红袈裟。有几个人坐在路边的亭子里闲聊玩耍，旁边有狗卧着睡觉。"土地平旷，屋舍俨然，有良田美池桑竹之属；阡陌交通，鸡犬相闻。其中往来种作，男女衣着，悉如外人；黄发垂髫，并怡然自乐。"还记得咱们小时候学的《桃花源记》吗？这里不正是桃花源的写照吗？

当夜幕降临的时候，不丹的山谷沉入一片静谧的黑暗，因为山里没有什么商店人家，也没有什么汽车，所以看不见灯火。印度大吉岭的夜景是万点灯火，"摊大饼"拱出来的大大小小房屋都点亮了电灯，山坡上山谷里满是星星点点，标示出"摊大饼"的千疮百孔。在不丹的星空下，我不禁沉思，究竟是大吉岭的万点灯火还是这静谧的黑暗标示着"发达"？究竟是在哪里能得到更多的"幸福"？印度和不丹采用了两个不同的社会发展模式：印度是追随主流世界的模式，强调"国民生产总值"（gross national production，GNP）的增长[1]；不丹是推行了自己的另类模式，追求"国民幸福总值"（gross national happiness，GNH）的实现。作为

---

[1] 国民生产总值（GNP）和国内生产总值（GDP）是密切相关的两个概念，国民生产总值等于国内生产总值加上来自国外的净要素收入（国外的净要素收入是指从国外得到的生产要素收入减去支付给国外的要素收入）。

我自己的感受，我是觉得在不丹更加幸福。当我说我在不丹感到更幸福，有同学立刻质疑，说我的幸福感是源于我在发达国家住得长了，腻了，不丹给我换换口味带来的。"在美国吃多了牛排，到不丹尝尝山野菜就觉得很'幸福'，要是长年吃山野菜，恐怕就不会有'幸福感'了。"这个质疑是有一定道理的，所以关于不丹"幸福感"的第二个案例，我会用不丹的留学生的感受和行为来做考察分析，他们是既在西方长年吃过牛排，又在不丹长年吃过山野菜的。

统计数字显示，在西方国家留学的不丹学生，99%毕业后都返回不丹，无论他们能否在西方得到收入优厚的工作，也无论西方国家的物质生活水平比不丹高多少，他们都选择回国。绝大多数留学生的返回是完全自愿的，并不是政府扣了他们的"押金"，或者要给他们任何处罚，西方大学也没有要求他们"回国服务"。世界上大多数发展中国家的留学生在毕业后都是千方百计留在发达国家，不丹留学生的行为令西方国家的教育机构感到惊异。不丹的人均国民收入只是美国的3%左右，物质生活水平比美国差远了。另外，因为不丹上层阶级的生活水平比一般人高不了太多，所以即使留学生回来后能享受上层阶级的生活水平，还是远不如美国的中产阶级，甚至也不如中下阶级。究竟是什么原因使不丹的留学生不在西方吃牛排，却回到不丹来吃山野菜呢？我问过几个不丹的留学生，为什么他们要回来。一个说："回到不丹，我觉得心里更舒服。"另一个说："不丹是一个小国，如果我们都不回来，我们的文化就要消失了。我们不像你们中国，或者印度，你们有那么多人口，回不回来都没关系。"一个在不丹的教育机构工作了很多年的加拿大人对我说："不丹社会的人际关系特别亲近，西方社会人际关系疏离，不丹留学生总是很想回到他们亲密的社会中来。"

这几个答案没有一个直截了当地宣称"在不丹更幸福"。大概，"幸福"是一个太抽象、太概括的词，一般人不会在日常口语中时时使用它，人们习惯讲自己具体的感受。不过仔细分析一下这些人讲的具体感受，可以看到"幸福"其实深含其中。"心里舒服"和"亲密的人际关系"显然是和幸福相关的，就是"为了防止文化消失而回来"也表达了一种深层的、与幸福相关的感觉，那就是对不丹文化的珍惜和依恋。他们之所以有这种珍惜和依恋，是因为他们认为不丹文化中含有一些珍贵的、能给人幸福感的特殊素质。不丹的一位官员在谈到不丹留学生的高回归率时曾说，是不丹文化中的一些独特的素质，使留学生们宁愿放弃西方的高收入、高物质享受生活而回来，"真正有品质的生活，不是生活在有高物质享受的地方，而是拥有丰富的精神层面和文化，这就是不丹拥有的"。

当我讲了这些不丹人的"幸福感"之后，有几个同学还是不满意，他们认为"幸福感"只是个人的主观感受，有些穷人天生就会"穷开心"。他们很想知道不丹人客观的、具体的生活状况，究竟不丹人的生活水平是什么样的？他们住的房子、吃的东西究竟是好还是坏？他们的生活是穷还是富？他们有没有西方式的、现代化的社会福利？……如果要用不丹人住的房子来说明不丹是富还是穷，真是非常困难。因为，在不丹你看不到华丽的豪宅，你也许会觉得不丹是穷；但是你也看不到破烂不堪的房子，你又会觉得不丹是富。一路上我经过了不少不丹的村庄，我没有看到颓破的农舍；在印度的农村，则到处可见摇摇欲坠的烂屋。在不丹的城市，我也看不到贫民窟，而在大多数发展中国家，城市里都有大片大片的破烂贫民窟。在不丹，所有的房子都差不多，起码在外观上，都是平平实实的传统房屋，不是很大，但也不小。连国王住的房子也都是这样，并不比一般的房子大。这使我想起前几年在挪威西海岸中部特隆赫姆（Trondheim）看到皇室避暑夏宫时的情景，那夏宫是用木头造的，面积也不很大，和奢侈豪华的英国白金汉宫、法国凡尔赛宫、俄罗斯冬宫夏宫相比，显得很朴素。当时我心里觉得挺感动，心想难怪总听人说，北欧挪威文化强调平等、强调"向邻居炫耀财富是没有品位的"。这次拿不丹国王的房子和挪威夏宫一比，那挪威夏宫竟成了白金汉、凡尔赛。看来，不丹文化是更加"反炫富"，"重平等"。

讲完了不丹的房子，同学们又让我描述不丹人的日常食物。如果要用不丹人吃的食物来衡量不丹是穷是富，中国人大概会觉得不丹是"穷"。不过，你可千万别误会，这"穷"并不是说不丹人吃不饱。不丹没有要饭的，我也看不到饿得营养不良的人，连街上众多的流浪狗都吃得个个"膀大腰圆"。不丹食物的"穷"是表现在没有奢侈美食方面。在外国游客常住的高级酒店里，食物都非常简单，早餐只有一种极普通的干酪，一种最平常的烤面包，鸡蛋牛奶，苹果香蕉，有时还会有麦片和煎土豆之类。这和我们在印度酒店里享用的早餐有天壤之别，记得在加尔各答（Kolkata）的泰姬孟加拉大酒店，自助早餐的干酪就有十几种，都是从欧洲各国进口的，面包也是多种多样，小麦的、燕麦的、荞麦的、大麦的、掺葡萄干的、掺葵花籽的、掺干番茄的、掺核桃仁的，还有烟熏鲑鱼，各色香肠、火腿、肉卷，侍者在小电炉上按客人的要求当场烹制各式各样的煎鸡蛋。印度的早餐虽然美味，但餐后走出酒店的滋味却很难受。一出酒店，你马上就会看到乞丐，看到捡垃圾的瘦骨嶙峋的孩子，看到破烂不堪的贫民窟……在不丹就不同，当你走到街上，你会看到也是吃完早饭的当地人从他们朴素平实的传统房屋里走出来，他们大概才吃了和你吃的差不多的东西。我也去当地的小饭馆品尝过不丹人吃的食物，多数是用干酪炖的蔬菜和肉类，也有一些炒菜，那些菜里都放了大量的辣椒，除了辣味，其他的味道都尝不出来。我只吃到一样东西是不辣的，那是一种小包子，当地人吃它的时候蘸辣酱，不蘸辣酱自然就不辣了。不丹人叫它"momo"，我心想这会不会是中国的"馍馍"演变来的。用美食的标准来看不丹人的饮食，他们是不"富"的。但用营养的标准来看不丹人的饮食，他们是不"穷"的，甚至可以说相当健康，因为他们以谷物、蔬菜为主，不过量摄入肉类。

有美食传统的中国人大概不会羡慕不丹人的食物，但是不丹的两项社会福利制度一定会让中国人羡慕不已：不丹全民享受免费医疗福利和免费教育福利。不丹的医疗福利不仅会使中国人羡慕,也会使美国人羡慕。美国没有全民的医疗福利,有几千万美国人没有医疗保险。不久前,美国发生了一件很悲惨的事情,一个十二岁的美国男孩子有了一颗龋齿(虫牙),因为他没有适当的医疗保险,牙医拒绝给他治疗,后来这个龋齿脓肿的细菌感染了他的头部,因此导致他死亡。美国的人均国民收入是不丹的三十倍左右,但它的公民却没有全民的免费医疗福利,竟然会发生"虫牙致死"的悲剧!难怪在"世界幸福图"中,美国的排名远落在不丹之后。

"世界幸福图"是英国学者怀特编制的,他根据大规模的问卷调查数据制定出了量化的幸福指数,然后把世界上的一百七十八个国家和地区按照幸福指数高低排列出来。北欧的丹麦排名第一,不丹排名第八,美国、英国、德国、法国、日本等发达国家都在不丹之后。"幸福"本不是西方主流经济学界关注的东西,但近年来越来越多的西方经济学家开始研究"幸福经济学",政治家们也开始把"幸福"作为国家发展的重要指数,他们正步不丹的后尘,把目光从 GDP 转向幸福。目前,不丹的发展模式正引起人们越来越大的兴趣,尤其是在金融海啸之后,人们更是从美国模式的失误中,看到了单纯追求 GDP 的偏颇和问题,醒悟到不丹模式的价值。另类启示了主流,边缘正向中心辐射。

在喜马拉雅极峰的边缘,我目睹了不丹发展"国民幸福总值"的另类模式。它引起了我深深的沉思,使我反省了一连串的问题。这些问题都是咱们从小就关心的,并且不断地讨论过的,但是却一直没有找到完美的答案。我会继续写信告诉你我看到的不丹,还有我的沉思，我想和你一起反省探讨。这些年来咱们生活在不同的地方，体验了不同的人生，积累了不同的经验，咱们可以从各自不同的视角，来理解和探索这些问题。

伊文

2

进入神秘曼荼罗中的现代化

远征，你好！

你的回信来得真快，你信中提出的问题让我久久深思。你是实践家，无论是在国企还是在地方政府，你一直在实践的第一线，你能从实践家的角度来思考不丹模式，不像我，长久在研究的圈子里打转。你特别关心不丹是如何把"国民幸福总值"这个空洞的口号落实到具体的"政策"和"措施"上。你还特别想知道，这"国民幸福总值"概念是谁提出来的？你惊异，这个好似从象牙塔里传出来的空洞口号，竟真能在实践中扎下根，结出果。你问：提出这个概念的人究竟是生活在象牙塔里的呢？还是摸爬滚打在实践第一线？

"国民幸福总值"的概念是一个生活在象牙塔里的人提出的，不过他经常走出象牙塔，不仅到实践的第一线摸爬滚打，还到过更加遥远的地方扩展视野。这个人就是不丹的国王，是旺楚克王朝的第四位国王——吉格梅·辛格。他生于1955年，属于第二次世界大战之后约十年内出生的那一代，也算和我们是同一代人吧。他十岁左右就被送到外国去读书，先在印度，后来去了英国。他成长时代的世界大格局是：西方发达国家完成战后重建进入了"后现代"时期，东方的发展中国家正在奋斗着要实现现代化。在

15

西方留学的时期，他目睹经历了"后现代"的种种问题，污染、犯罪、战争、失业、工作压力、社会冲突、人际疏离……虽然物质丰富了，收入提高了，国民生产总值增加了，但人们并没有感到更加幸福。这使他困惑深思：以GDP为发展目标的西方现代化模式是不是正确的呢？那时候是著名的60年代，西方国家的青年运动风起云涌席卷欧美，这些运动都在诉求着经济发展之外的东西，和平、正义、环保、平等……也都对战后西方的主流模式提出了质疑。在这样的时代大背景之下，吉格梅·辛格带着重重疑问回到了不丹。当时他的父亲突然逝世，他十七岁就要继承王位。不丹的现代化进程是在他父亲的领导下开启的，自60年代以来，不丹逐渐地废除了农奴制，实行了土地改革，修建了公路，使封闭的、中世纪的不丹和外部世界连接了起来。年轻的吉格梅·辛格继位之后，面对着一个严峻的问题，不丹应该如何继续"现代化"？是不是要走西方的道路？是不是要采用主流世界的发展模式单纯追求GDP？社会发展的根本目的究竟是什么？为了探索答案，他用了两年的时间，步行全国，深入调查。他想了解人民的需要和梦想，经过两年的时间，他发现，无论是在首都，还是在乡村，人民的梦想都很相同，他们都梦想得到"幸福"。这个发现给了他重要的启示，虽然他当时还没有马上明确提出"国民幸福总值"这个概念，但他意识到"幸福"应该是发展的根本目的，而不是GDP。作为国王，他的领袖责任感使他从"政府应该为人民追求什么"的角度来思考发展的目标。那两年的旅行考察让他得到一个根本性的结论：政府应该替人民追求整体的幸福感，而不只是物质上的满足。1974 年前后，他逐渐形成了"国民幸福总值"的概念。

一位在牛津大学研读宗教学的不丹朋友对我说，"国民幸福总值"的概念和不丹的佛教传统很有关系，它是植根在佛教最关注的根本问题中。基督教关注的是人类之"罪"这样的问题，佛教关注的根本问题则是"苦"与"乐"。佛教的基本教义是"四谛"：苦、集、灭、道。"苦谛"是四谛中的第一谛，说明人生的本质。"苦谛"把人的感受分为三种：苦受、乐受、不苦不乐受，认为这三种感受本质上都是苦。第一种是直接感受到的痛苦，譬如生老病死。第二种是快乐背后的痛苦，因为所有快乐都是暂时的，"没有不散的筵席"，所以，当人经历快乐的时候，只不过是最终真正痛苦的开始。第三种痛苦深深埋藏在人的存在本质中，因为人总是有寻求自我满足的欲望，而所有的满足不过是暂时的快乐，是真正痛苦的开始，所以，人会陷在永远不能满足的痛苦循环中。"苦谛"把苦乐作为最基本的人生命题来思考，而"幸福"正是和苦乐有直接关系的概念。其他三谛也都和苦乐有关，"集谛"是说明苦的原因，正是贪恋和痴迷物质世界，使人堕入痛苦的轮回之中。"灭谛"提出了佛教的最高理想，涅槃，"贪欲永尽，嗔恚永尽，一切烦恼永尽，是名涅槃"。人在涅槃境界中彻底解脱了苦难。"道谛"是说明解脱苦难通向涅槃的方法，主要有"八正道"，也可以归纳为"戒、定、慧"。细看这些解脱苦难的方法，不仅没有一个和追求 GDP 有关，还都有反 GDP 的倾向。佛教的教导总是强调幸福是来自精神和物质的和谐，而不是一味的物质享受。

所以，"国民幸福总值"是一个和传统的价值观紧密结合的本土化的发展观，很容易得到不丹人民的认同。

听了朋友的讲解，我顺着他的逻辑去体会"苦谛"和"国民幸福总值"的关系，想着想着却生出了疑问。我因此问过一位不丹的喇嘛："苦谛说快乐都是暂时的，那么，为什么还要追求国民幸福总值呢？国民幸福总值不也是暂时的吗？"他的回答是："彻底解脱人生之苦是要达到涅槃，那是终极的、遥远的，在此之前，人还要经历许多漫长的暂时时段，在这些暂时的时段，'国民幸福总值'可以使人减少痛苦，因此可以给人带来幸福。"我对他的答复既不是很理解，也不是很满意，但是，他对这个问题似乎不觉得有什么困惑，回答得很从容，看来他是觉得"国民幸福总值"很符合他的佛教信仰。后来，当我对不丹有了更多的了解，我越来越体会到，佛教的思维方式和价值观的确深深渗入了"国民幸福总值"的概念。

"国民幸福总值"这个名词究竟是什么时候提出来的，各说不一，最早有说是 1972 年，很多人又说是 80 年代。无论这个名词是什么时候正式出笼的，在追求现代化的实践中，不丹一直把幸福作为发展的目标。在国王的讲话中，在五年计划的文件中，都可以看到对"幸福"的强调。譬如，不丹第七个五年计划（1992—1997）的文件就写道："不丹的发展目标，除了要增加国家的 GDP 和百姓家庭的收入，还要追求实现非量化的成就，包括保证人民情绪的幸福，保存不丹的文化传统，保护不丹丰富多样的自然资源。"经过几十年的实践，不丹把"国民幸福总值"落实为四个很具体的目标：（1）保护环境和自然资源；（2）实现公平共享的、可持续的社会经济发展；（3）传承发扬不丹的传统文化；（4）施行优良的、有责任感的、有人民参与的治理制度。这四个目标被称为"国民幸福总值"的四维支柱。

当我第一次看到这四维支柱的英文文本的时候（我不懂不丹的宗喀语，当然只能看英文），我觉得很像是世界银行、联合国发展署的文件，心想这大概是留学西方的不丹知识分子从西方抄来搬来的。但是，当我听到不丹人述说四维支柱的时候，才发现它们原来是土生土长的。这些土生土长的概念和西方的发展概念接轨融合得极其巧妙！譬如，当讲到保护环境和自然资源的时候，他们引用"万物有情""轮回""无我"的佛教概念。一位不丹官员说，"无我"并不是让人逃避现实世界、让人拒绝社会发展进步，在目前的现实世界中，人的"无我"是要减少人对自然环境的侵扰破坏。人只是世界万物中的一种"有情"之物，人不应该对其他的"有情"之物肆无忌惮地剥夺侵害。在"轮回"当中，今天的其他"有情"之物上世可能是人，而今天的人下世可能成为其他的"有情"之物，所以要保护这个"有情"的万物世界的生态和谐。当讲到施行优良的、有责任感的、有人民参与的治理制度的时候，不丹人引用"业报轮回""曼荼罗"的佛教概念。他们说，人生诸苦的原因是"集谛"揭示的"十二因缘"，是"三世二重因果"中的"业报轮回"。"有情"过去的一生做出的"业"，决定今世一生的状况；今世一生做出的"业"，决定来世一生的状况。所以，人在今生要参与优良的治理，尽自己的责任，这些行为是在做今生之"业"。一位官员还把优良的治理制度形容为"曼荼罗"。曼荼罗是佛教画，多数是圆形的，当中有神秘的图案，是表现佛陀的身心和教诲。我在参观不丹寺庙的时候，看到过各种各样的曼荼罗，有的是花卉几何图案，有的是佛像和各种人物，那些佛像有的慈眉善目，也有的狰狞恐怖，据说那是佛在降魔时表现出的威严愤怒法相。许多曼荼罗画得非常复杂，一排又一排的佛像摆着各种姿势，一个又一个的人物做着奇怪的动作，还有些东西像是妖魔鬼怪。密宗很重视曼荼罗，不丹信奉的藏传佛教属于密宗，许多人家里都挂着曼荼罗。寺庙里的一些"高级"曼荼罗是不让普通人看的，据说那里是觉悟得道之后的境界。有些是让修持观想的人看的，据说那是观想进入的境界。总之，曼荼罗表现了佛教幻想的宇宙图，理想的世界模式。这位官员在讲解优良治理制度时说，不丹的治理制度要弘扬不丹特有的般若智慧，促进公民幸福，人们可以把不丹的治理制度想象成一个曼荼罗，人在那里面通过他们建立的基础设施、政治体制和社会组织来创造"国民幸福总值"。

初听到这些用本土话语表述的"国民幸福总值"，我心里不免有一种怪怪的感觉，世界银行的那些源于科学的现代概念怎么能和喇嘛庙里的、画着神秘图案的曼荼罗结合在一起？但是当我参观了几个宗厦之后，怪怪的感觉渐渐消失。宗厦是不丹政府办公的地方，因为不丹的地方政府叫"宗"。宗厦的建筑风格类似布达拉宫，不过规模小得多。许多宗厦建于17世纪，那时不丹的统一民族国家刚成立，奠基人阿旺·纳姆伽尔喇嘛创立了政教二元化的国家制度，其首领命名为"沙布隆"，手下有一个宗教主管和一个行政主管，阿旺·纳姆伽尔是第一世沙布隆，其后沙布隆不断地投胎转世。1907年旺楚克王朝结束了沙布隆的制度，建立了世俗的王国政府。在沙布隆时代，宗厦是寺庙，也是政府。旺楚克王朝建立后，寺庙仍在宗厦里，但是一部分的宗厦房子拨给了政府，由世俗政府的部门使用。在帕罗（Paro）宗厦里，我看到宗的法院坐落在院子的一角，门口挂着不丹文和英文的牌子，门边墙上画着一个大大的曼荼罗，上面有朵朵祥云，有花卉，有两条龙，还有一根平平的木棍，插着直直的楔子，当中结着柔软的丝巾双环。不丹朋友告诉我，这个曼荼罗象征着慈悲和正义。法院后面的院落是寺院，喇嘛在里面诵经。在普那卡（Punakha）宗厦里我看到一棵巨大的菩提树，大概是沙布隆时代种下的。几个披着红色喇嘛袍的僧侣正从树下匆匆走过，拐进了隔壁的寺庙。院子里还有其他的政府办公室，工作人员正在里面用电脑写着报告、做着计算，他们大概正在进行着有关"国民幸福总值"的项目。

　　站在菩提树下，我猛然有所觉悟，那怪怪的感觉消失了，"国民幸福总值"的四维支柱绝不是从世界银行抄来的，它是从不丹的传统思维中生长出来的。在它生长的过程中，它吸取了西方的、适合它的营养，但绝不盲目地囫囵吞枣。四维支柱选择了不丹传统价值观认同的西方发展观念，而不是全盘照搬，那些和他们的传统价值观很冲突的观念，他们就没有去接轨融合，譬如，华盛顿共识的自由化、私有化、市场化就没有进入他们的四维支柱。这种基于自我传统的、有选择性地接轨融合的态度，表现了不丹对传统价值观的自信，但又不故步自封。

领悟不丹，使我想到中国在现代化过程中对待传统的态度。我们的态度和不丹很不相同，仅从"话语表述"来看，我们就很少用传统话语来表述西方现代的概念。不丹用"万物有情""轮回""无我"来表述环境保护，我们用过吗？儒释道都是我们的传统，但是我们不仅没有用释家的话语，连我们传统中最丰富的儒家话语也没有用过。我曾搜索枯肠地想搜出几个儒家的概念来表述环境保护，但是坦白地说，我真是想不出来，即使勉强想出几个名词，譬如"天人合一""节用而爱人"，我也不明白它们的悠长渊源、真正意义。这究竟是因为儒家没有这方面的概念，还是因为我没有儒家的知识？我想，大概是后者。当我们读小学中学的时候，我们只读过零星几篇儒家的作品，只学了极少的儒家话语，而且还是带着"批判的头脑"去学的，我们被教育得要批判这些话语后面的传统价值观，因为这些传统的东西是封建的、迷信的、不科学的、不先进的，是阻碍社会发展的，是要被历史的车轮碾得粉碎的……这种对待传统的否定态度，并不是始于1949 年，早在1919 年的"五四"运动前后，这种态度就很明显。当时不仅提出了"打倒孔家店"的口号，在引进西方新概念的时候也没有积极地让它们和中国传统中的近似概念接轨。譬如，德先生，民主。孟子的"民贵君轻"是可以和民主的概念作一定程度的接轨。我的"五四"时代的历史知识很有限，也许那时有把民主和传统概念接轨的议论，但是这种接轨式的议论并没有成为主流的共识，起码是在后来的年代中，尤其是在我们成长的时代，没有成为主流的共识。我们或者膜拜共产主义，或者拥抱美国式民主，我们喜欢"和传统决裂"，喜欢创新。我常常可以从中国翻译外来新名词的现象中感到这种"喜新厌旧"的倾向。譬如，我们把"democracy"翻译作"民主"，而没有借用孟子来翻译成"民贵"；把"communism"翻译成"共产主义"，而没有用"大同主义"这样更有土生土长味道的词汇。对于许多人来说，"大同主义"太有封建的、落后的、旧传统的味道，而"共产主义"则代表了全新的观念、全新的社会形态，是历史的进步，是和我们封建、落后的传统决裂。

一位研究中国和日本文化的人类学教授曾讲给我听他的一个有趣的观点，他使用结构主义的方法，通过观察外来语的翻译和外来服装的引进，分析了中国和日本在接受外来文化时的不同态度。日本在翻译外来语时往往用音译，譬如"computer"就翻译成发音如"康朴特"的日语，而中国则喜欢用意译，于是翻译成"电脑"。日本在引进西方洋服之后，和服的款式并没有明显地受西方时尚的影响，仍是依然如旧。中国在引进西方洋服之后，传统服装却亦步亦趋地追随西方时尚，譬如女人的旗袍，在60年代的香港和台湾，当西服流行超短裙的时候旗袍就做成超短式，当西服流行长裙的时候旗袍就做成长裙式；另外，许多西式的东西也被用来改造传统旗袍，譬如加披西服式短上衣、做晚礼服式领子、装饰各种各样的洋饰物。他认为这反映了中日在处理传统文化和外来文化关系时的不同态度。日本让外来文化和传统文化"分治"，既不让传统文化受制于外来文化，也不让外来文化受制于传统文化，让二者并列共存，短平快地用音译来吸收外来语，不去费事琢磨怎么用本国语言来意译，效率很高，哪样有用就用哪样，既没有抛弃传统，也没耽误了使用外来的新东西。中国则倾向于"合治"，因为要合治，就一定要搞清楚外来和传统的关系，是中体西用，还是西体中用？或者是其他的什么样的关系形式。为了搞清楚中西的关系形式，中国人争论、探索、尝试了一百多年。在这个过程中，必然面对抛弃、受制、改造的问题，很多时候，就会抛弃传统，会让外来文化改造传统，会让传统受制于外来文化。这位教授认为，日本的"分治"态度，使他们很容易进行明治维新。而中国的"合治"态度，则要付出更长的时间、更大的代价。至于"分治"与"合治"的远期效果，教授不愿意作最终的价值判断。"分治"短平快，效率高；但"合治"在经过了长时间的消化、磨合、适应、改造之后，也许能创造出一种更好的东西，不过也不排除有可能制造出一个更坏的变种。

我不懂宗喀语，不能分析不丹是如何翻译外来语的，但我观察了不丹的服装。不丹对传统服装的执著，远胜于中国和日本。不丹的法律规定，上班、上学时间和正式场合，必须身着传统服装：男人是一件头的长袍，称为"帼"；女人是连身直筒形的长裙，称为"旗拉"，上身还穿一件对襟小褂。不丹没有像中国人改造旗袍那样让帼和旗拉追随西方时尚改长短、改领子、改袖子，但是，不丹人也吸收了西方服装元素，这尤其表现在男人的腿上。按照传统习惯，男人在正式场合应该穿靴子，不丹的传统男靴是一种绣着彩色花纹的软靴。不过，我在街上很少看到男人穿这种靴子，绝大多数男人穿幗时是穿西式的齐膝长筒袜和皮鞋。那长筒袜很像英国人踢足球时穿的，也像苏格兰人穿裙子时穿的，最初我看到不丹男人的这种装束觉得怪怪的，不伦不类。但后来仔细一琢磨，觉得很有意思。不丹的传统男靴是手工做的，价钱较贵，如果天天穿，支出会相当大，而且靴子的颜色浅，容易搞脏，不便清洗。西式的长筒袜和软靴外形近似，脏了容易洗，还可以穿深色的不易弄脏，而且价钱便宜，所以他们就把长筒袜吸收到不丹的传统服装中来。这种吸收绝不是追随西方时尚，而是以自己的传统为本来使用外来物。长筒袜在西方不是时尚，在美国甚至不是正式场合该穿的东西。但是不丹人不以西方的标准来决定长筒袜是不是应该在正式场合穿，而是根据从自己的传统中衍生出来的标准。更有意思的是，他们把长筒袜吸收到传统服装中来是为了让不丹人能够更方便地穿传统服装，是为了捍卫传统，发扬传统。

不丹人捍卫传统的热忱和执著是惊人的，这大概和他们的历史路径、集体记忆有关。而中国人对传统的"喜新厌旧"态度，也可能和我们的历史路径、集体记忆有关。不丹的历史经验使他们对保存自己的文化有一种强烈的忧患意识，当年阿旺·纳姆伽尔喇嘛建立统一的不丹民族国家时，就深深地怀着忧患意识。他是1616年从西藏逃到不丹的，属于藏传佛教中的噶举派。当时，噶举派在西藏受到格鲁派的排挤和迫害。"噶举"的原意是"口传"，强调师徒口耳相传，尤其重视密法修炼。"格鲁"的原意是"善规"，创始人是宗喀巴，他全面改革了藏传佛教，大大加强了

宗厦里身穿旗拉的不丹女人

为了保存文化传统，不丹政府要求国人在许多场合穿传统服装，男人穿帼袍，女人穿旗拉。尤其是进入宗厦，男人不仅必须穿帼袍，还要披白长巾。这是几个在宗厦里看节日演出的男人，最右边那个男人的容貌很像是不丹的尼泊尔人，他也穿着帼袍。关于让尼泊尔人穿帼袍的问题，曾经引起过轩然大波格鲁派的势力，后来格鲁派还建立了达赖喇嘛活佛转世制度。格鲁派的势力大增之后，噶举派的传统受到威胁和排挤。阿旺·纳姆伽尔逃到不丹，得到当地许多有势力的家族的支持，建立了噶举派的国家，摆脱了达赖喇嘛的控制。不丹建国后不久，格鲁派控制的西藏军队曾三次进攻不丹，企图遏制扼杀噶举派的影响力。当时不丹捍卫的不仅是土地，更是一种教派文化传统。这些历史经验无疑会给不丹留下"忧患"的集体记忆：外来势力要扼杀我们的传统，我们要捍卫我们的传统。在后来的西方殖民主义扩张狂潮中，英国入侵南亚次大陆，更是加深了不丹的忧患意识。英国占领印度之后，向喜马拉雅山麓的几个王国蚕食进军，尼泊尔、锡金、不丹都受到了严重威胁。在险峻的国际形势之下，不丹主要通过两方面的行动，捍卫了不丹的独立，捍卫了文化传统。第一，它割让了东南方的一片土地给英属印度。那片土地适于种植世界闻名的大吉岭茶，英国可以在那里建立茶园，赚取高额利润。第二，旺楚克王朝的第一个国王采取了对英国温和友好的政策，在外交上帮助英国，因此博得英国的信任，使英国觉得不丹是一个"友好"国家，能够容忍它继续独立。当然，不丹的地理环境也帮助它维持独立，不丹的文化中心是在崇山峻岭之中，在没有修建公路之前，只能骑骡马翻山越岭，英国要是想派军队进去，成本会很高。于是，在西方殖民化狂潮的"忧患"中，不丹在崇山峻岭的一隅保持了独立，它丧失了一些土地，但完整地保存了它的文化传统。

第二次世界大战之后，又有一个事件刺激了不丹人的忧患意识，这个事件就是锡金的消亡。锡金本是个独立的王国，版图比现在大得多，大吉岭以前就是锡金的领土。19世纪在英国的步步紧逼之下，锡金把大吉岭割让给英属印度，保住了自己的独立。英国在大吉岭和锡金境内都开辟了大量的茶叶种植园，为了淡化锡金的影响，英国让大批信仰印度教的尼泊尔人移民到种植园去工作。近一百年的移民潮，逐渐改变了锡金的民族结构，尼泊尔人成了多数，原本的信仰藏传佛教的锡金土著倒成了少数民族。1975年，锡金被印度吞并，成了印度的一个"邦"。印度之所以能够轻易吞并锡金，其中一个重要的原因是，在尼泊尔移民的掺沙、稀释之下，锡金以藏传佛教为特色的传统文化渐渐淡化，多数国民不认同锡金传统，锡金丧失了国家的文化凝聚力。锡金的消亡悲剧绷紧了不丹的神经，我多次听到不丹人说，不能让锡金的悲剧在不丹重演。

不丹对保持传统的执著，还源于他们对自己文化的自信，这在第三世界不发达国家中相当罕见。一位研究不丹问题的西方专家认为，不丹没有文化的自卑情结，可能和不丹没有被外国占领过有关。因为不丹的文化从来没有在占领者的胜利面前被贬为"次等文化"，所以他们少有对自己文化的自卑、自弃感。他们虽然时时感到忧患，但他们没有被占领过，没有被征服过，他们的传统从来没有断裂过，他们的文化没有被征服者践踏过。

这和我们中国人的历史路径、集体记忆完全不同。在秦始皇统一中国之后，我们有过许多次被占领、被征服的记忆，小的不说，大的就有蒙古人的征服，清人的入关。但是，虽然我们的国土被征服了，社稷传统被打断了，我们的文化却没有消亡，而且，最终还能把异族的征服者、占领者给同化了。这样的记忆，使我们对国土的丧失非常关心，而对传统文化则不太在意。我们会高喊："王师北定中原日，家祭毋忘告乃翁。"而不会去说："王师光复传统日，家祭毋忘告乃翁。"鸦片战争之后，虽然中国没有如印度那样完全沦为殖民地，但是我们必须接受列强的许多屈辱条款，租界、驻军、开放码头、开设工厂、建立教堂学校等等。这和不丹的经验全然不同，不丹甚至从来没有同意让英国在不丹国内建立代表处。我们有太多的经验和记忆，让我们看到胜利的列强在中国的土地上显示着他们文化的优越，面对他们的胜利和优越，我们很容易对自己的传统产生自卑感，因此想改变我们的传统，甚至要抛弃我们的传统，以便我们能像征服者一样强盛和优越。

我们这种对传统的批判和割舍的态度，究竟会产生什么样的长远影响，我不想去随意预测，就像那位人类学教授不愿对"分治""合治"作最终的价值判断。从好的方面来猜想，批判和割舍也许能使我们的传统不断地更新改造，也许因此能使我们的文化有了那种最终同化征服者的力量，不过，我可不敢对远期影响妄下结论，那仍然是个未解之谜。我没有研究过宋元之际、明清之际的历史，不知道那时候有没有对传统的批判和割舍，更不知道后来又是如何同化了征服者。我所看到的，是"五四"运动之后的一些批判和割舍的现象。现在还看不到它们的远期影响，只能看到一些近期的。有一种近期影响，实在应该引起我们的注意，这就是道德失序。批判和割舍往往造成传统的断裂，而传统的断裂往往会引起道德的失序。当传统道德价值被抛弃、新的道德价值又没有及时建立的时候，社会出现了道德真空、价值真空，于是会有许多恶劣行为出现，这是我们在改革开放之后目睹的。反观不丹，就基本没有这个问题，不丹的政府以廉洁出名，社会上的犯罪率也极低，在国际上极获好评。当人们笼罩在传统道德的价值氛围之中，人们的行为能够自觉不自觉地被传统所规范。记得一位在非洲做过发展项目的美国朋友给我讲过一个非洲国家的"道德失序"的故事，那个国家仍有许多传统的部落，政府在这些部落体系之外建立了现代化的学校。朋友发现，当部落首领处理部落内部的传统事务的时候，譬如分配村社的公用土地、仲裁村中的财产纠纷，他们没有贪污的行为；可是让他们出来管理现代化的学校，就往往会有人搞贪污腐败。后来朋友才知道，这些部落首领在处理传统事务的时候，他们觉得祖先的神灵在监视着他们，如果他们不按传统道德去做，祖先神灵会惩罚他们。而在传统体系之外的现代学校里，他们觉得祖先神灵不懂这些事情，管不着了，所以就可以胡作非为。非洲的绝大多数国家都经历了被征服、被占领的殖民统治，他们传统的断裂比中国更加厉害。不丹没有经历传统的断裂，他们极其执著地保持着守护着传统，这使他们始终笼罩在传统的价值道德体系中。他们也建立了现代化的学校，但是这些学校是附着在传统的体系下面的，是通过传统的组织系统引进来的，就像长筒袜附着在帼袍下面，业报轮回中引入了环境保护，曼荼罗中加入了"国民幸福总值"。因为是附在传统的系统中，传统的道德规范就可以笼罩住这些新的附加之物，这是不丹模式的一大特点。

今天的信写得太长了，只回答了你一个问题："国民幸福总值"的概念是怎么提出来的？讲了一大堆这个概念背后的文化、历史背景，却没有谈实践中的具体作为。你一定又会说我有钻象牙塔的倾向，好在你还说过，你有时候也喜欢到象牙塔上来看看，因为在那里可以摆脱既得利益的干扰，可以闭门深思，可以站在高高的塔上开阔视野。当然，我知道，你更喜欢走出象牙塔，喜欢在现实中实践象牙塔的理想。下一封信，我一定告诉你，"国民幸福总值"这个象牙塔的理想是如何在不丹实践的？他们碰到过哪些问题？他们是如何处理这些问题的？他们得到的短期和长期效果是什么？

伊文

3

向环保祭台奉献牺牲之后

远征，你好！

你的信总是比我的信写得更快，在行动方面，你从小就遥遥领先于我，你是善于行动的实践家。在来信中，你问到许多不丹的环境保护问题。我知道，在搞环保方面你有切肤经验。你说，在国企工作的时候，你曾经被环保和效益的冲突搞得左右困扰，焦头烂额。一方面，市场化之后企业必须"效率优先"才能生存，才能发得出工资，才能不让工人下岗。但是另一方面，顾了效率就顾不上环保，你亲眼看着几年前清澈的水溪渐渐变成了臭水沟，真难两全。现在你在地方政府工作，你要面对的环保问题就更复杂了，要涉及的相关利益者就更多了，要追求的已不是"两全"，而是要"多全"。你说，中国地少人多，蛋糕太小，切了这一块，就顾不上那一块，实在难分。你问，不丹人口稀少，自然环境天生好，这是不是他们环保成功的主要原因？

关于不丹的情况，你只说对了一半，不丹人口稀少，但自然环境并不好，可耕地很少。你可以想象一下不丹的特殊地势，南面和印度接壤的地方只有海拔 100 多米，北部的喜马拉雅山峰则有海拔 7000 多米，而南北之间最大的距离只不过是 170 公里。就像一个直角三角形，底边很短，而对边却很高，斜边被兀然竖立起来，陡峭险峻。在中国，从海拔 100 多米的东部平原，到海拔 7000 多米的喜马拉雅山，有几千公里，如同一个底边宽大的三角形，斜边缓缓升起，所以我们能有许多平坦的可耕地。不丹就没有这样的平坦耕地，它是一片兀然耸起的崇山峻岭。讲到不丹的地势，我曾经有过一番遐想，我查了北京的地图，从最南端到最北端，大约也是 170 公里。你想想看，如果北京北边的山也像喜马拉雅山那么高，从南边到北边将会是什么样的情景？穿过北京市区的道路将会是一条多么陡峭险峻的山路！如果真是这样，咱们小时候还能骑车去上学吗？咱们得天天攀登陡峭的山峰去学校。不丹人就是天天攀登陡峭山峰，农民种地要攀山，小孩子上学也要攀山。

在一个多山的国家，解决耕地问题的最简便方法是开山，把山上的树砍了，开荒种地。中国以前不就这样做吗？毁林开荒，"向荒山要地"，"把荒山变良田"，中国毁掉了多少森林啊！长江上游森林覆盖率在 20 世纪 50 年代初是 30%，现在下降到 10% 左右。不丹山岭上的树很多，砍树可以卖钱，又可以增加耕地，恰恰可以一举两得地发展经济、增加 GDP。不丹是 1981 年加入世界银行的，在 1984 年世界银行第一份关于不丹的报告中，有一段是分析不丹将如何利用自己的自然资源来发展经济。"森林是不丹主要的自然资源，大约一半的土地上覆盖着森林，目前的采伐量很小……不丹有重大潜力发展林业为基础的出口；但是，不丹要注意防止发生滥伐森林等等的相关问题，这类问题如瘟疫般在喜马拉雅的其他地区蔓延。"[1] 世界银行的忧虑是有根据的，大多数的发展中国家有滥伐森林的问题，因为砍树很容易，不需要什么技术和资金的投入，可以短平快地获利，短平快地增加 GDP。喜马拉雅的其他地区就蔓延着滥伐的瘟疫，我在大吉岭和尼泊尔亲眼看到，三十年间尼泊尔丧失了 50% 的森林覆盖。滥伐的瘟疫引起了无穷的后患，水土流失，河道淤积，尤其是喜马拉雅陡峭的地势，更加剧了流失的程度。世界银行当然担忧不丹也会感染这种瘟疫，不过这次世界银行跌了眼镜，不丹似乎有一种神秘的免疫力。与 1984 年相比，不丹的森林覆盖率不仅没有减少，而且还大大增加，目前它的森林覆盖率已达到 70% 以上。

你反复问过，不丹是如何保护森林的，特别关注他们"法治护林"的经验。不丹的第一部《森林法》是 1969 年颁布的，那时不丹正处于现代化进程的初始阶段。这部《森林法》的最大特点是改革了森林资源的产权，把所有的森林资源收归国有，连私人土地上的森林，政府也拥有绝对的所有权，法律授权政府林业官员保护、管理和控制所有森林。法律规定："……在私有土地上的树木、木材和其他林业产品，政府保留绝对的所有权。……严格禁止买卖或物物交易这些木材，违规者将受处罚，处一个月以下的监禁，或 100Nu[2] 以下的罚款，或监禁罚款同时执行。"

---

〔1〕 世界银行：《不丹——一个喜马拉雅王国的发展》（*Bhutan-Development in a Himalaya Kingdom*，华盛顿，1984），第 XV 页。

〔2〕 Nu 是不丹货币努扎姆。按照 2018 年的汇率，100Nu 大约等于 1.4 美元。

你觉得不丹的《森林法》很特殊吗？我的感觉是，"把私人土地上的森林收归国有"稍有些特殊，但其他方面并没有什么异常特色，中国不是也有些类似的法律法规吗？中国也惩罚偷伐森林者，有些处罚甚至比不丹还严厉。但是，相似的法律并没有带来相似的结果。你说，你们那里常有人偷伐林木，有专业盗伐做大生意的，也有业余砍几棵树临时赚些小钱的，譬如结婚要花钱多租几辆汽车，就去偷砍几棵树，把国家森林当做"特殊提款机"。这些人被抓住都会受到处罚，但屡罚屡不能禁。林业执法人员数量有限，偷伐者总能钻空子，总有人铤而走险。

我觉得，不丹能够成功地保护森林，主要原因并不是它的森林法有什么特殊，而是全社会有一种保护环境的道德价值共识，使人们愿意自觉地遵守法律、保护森林。不丹的崇山峻岭遥远辽阔，根本没有足够的林业执法人员四处督察，偷伐树木很容易。用法律惩罚来影响人们的环保行为，是通过人的"趋利避害"动机，受到法律惩罚是"害"，偷伐成功卖得好价钱是"利"，人要计算利害，若获利的可能大于被罚，人就会去冒险偷伐。通过个人利害的动机来解决环保问题，总是会碰到一个难题：破坏环境造成的大害，往往不会很快地、直接地落到破坏者的身上。滥伐森林造成未来水土流失，滥伐者很可能那时候不在此地居住，他感觉不到"害"；森林减少引发气候异常，很可能是几十年、上百年后的事情，那是子孙后代受害，而不是破坏者本人受害。因此，当破坏者计算利害的时候，他不会计算未来环境的"大害"，只会计算本人会不会受法律惩罚的"小害"，而法律惩罚又因执法困难使破坏者易于逃避，这样的计算会使许多人觉得偷砍树木破坏环境是"利大于害"的。于是，他们会不断地去破坏环境，谋取私利。

如何才能使人以未来环境的"大害"来计算利害呢？这样的计算需要依仗一种超越个人利害的价值观。在不丹，这种价值观主要基于他们的佛教信仰。不丹非常自觉地把现代化发展和传统信仰结合起来，他们用许多佛教观念来诠释环境保护，譬如"万物有情""轮回""无我"等，我听到过官员用这些佛教观念来宣传环境保护，上封信里我给你介绍过。我还看到过一些具体项目，明确强调要利用宗教来改变人的行为。譬如一个环境保护教育项目开宗明义地说："以佛教信仰为基础，增强环保意识，改进环保行为。"具体做法是"从宗教经文、民间信仰和传统中汲取环境保护的训诫，用这些训诫来增强人们的环保意识，并促进人们把环保意识转化为环保行动"。

也许是受到了不丹的启发和影响，东南亚的几个国家上个世纪八九十年代纷纷涌起了"佛教环保运动"，泰国的运动最为突出。从60年代到90年代，泰国的经济发展很快，但同时森林的退化、环境的恶化也很快。当时的农业政策是毁林开荒型的，名为"让荒野森林'文明化'"，砍伐森林，出口林木，扩大种植面积，推行强化型、出口型农业。这样的经济政策的确带动了GDP的高增长，但也使泰国的森林退化速度位于亚洲最高之列。泰国地处热带雨林地区，它的森林覆盖率曾在50%以上，1998年却落到25%。最初的经济繁荣，掩盖了环境恶化的端倪，人们沉浸在物质繁华的既得狂喜之中。渐渐地森林退化的恶果露出了狰狞面目，砍伐森林造成了严重的水土流失，引发多次洪水灾害，大量的人死于洪灾。当环境问题引起越来越多社会关注的时候，政府却坚持"发展先于环境"的政策，声辩说经济增长比保护环境更为迫切，有了经济实力才好解决环境问题。泰国政府的这种说法并不奇怪，这是广为流行的"主流说法"，中国在改革开放后不也是流行这种说法吗？经济发展和环境保护难以两头兼顾、只有经济增长社会才能向前发展、要刺激人们的物质消费来拉动经济增长……这些都是甚嚣尘上的"主流说法"。泰国的佛教环保运动是在主流之外发展起来的，他们和不丹的环保理念很相似，强调发展不应该以物质增长为中心，更要重视精神层面。泰国出现了一批"生态保护和尚"，他们主要在农村社区活动，最有声有色的一项活动是"树木授圣仪式"。他们给大树披上橙红色的袈裟，让树木成为生态保护的神圣象征。在授圣仪式上，他们会宣讲达摩佛法，讲轮回，讲万物有情，讲人只是宇宙万物中的一种有情之物，讲人必须和万物和谐互助。"圣者生活在世界，如同蜜蜂采集花蜜，不损花木色香。""宇宙和谐，万物有情，日月星辰，人兽草木，山川大地，互助共存。"除了树木授圣仪式，生态保护和尚还搞了其他许多活动，譬如用寺庙的土地进行可持续的生态农作向农民示范，劝他们少用化肥；还有的和尚鼓励施主捐树苗种树来积功德。

说到积功德，使我想起在中国见到的一些情况，有些寺庙里的和尚借"积功德"之名来发财，他们让人买乌龟放生积功德，然后再把放生池里的乌龟捞起来卖给其他要积功德的人，折腾乌龟，循环赚钱。这些和尚与那些生态和尚相比，反差实在太大了。生态和尚利用积功德之说，把世俗的种树行为神圣化，推动环保；卖乌龟的和尚把积功德的神圣行为世俗化，谋取私利。中国改革开放后出现的道德失序，不仅发生在芸芸众生的世俗世界，也侵入了出家人的世界。那里本应该是看破红尘、蔑视物质的，现在也陷入了物欲的泥沼。以 GDP 增长为中心的发展模式很容易使人堕入物欲的陷阱而难以自拔，泰国是个佛教国家，但政府多年来推行的以 GDP 增长为中心的政策，使消费主义横流，把大多数人诱入物欲的陷阱。泰国的一些佛教徒看到了这个可怕的现象，起来对抗主流，一个佛教组织说，他们最深的担忧是消费主义的毒害，"暹罗在现代化的过程中远离了佛教传统，许多人，特别是精英们，崇拜和模仿西方文化，似乎文明和现代化就意味着西化。他们崇信西方的消费主义，相信物质财富是幸福的核心。因此，贪婪地劫掠资源、破坏环境，单纯追求物质发展。"泰国在现代化过程中的经历，是大多数发展中国家共有的，不丹是极少的例外。

从"佛教环保"的角度来看，不丹和泰国有两大不同。第一，不丹的"佛教环保"是和现代化同时起步的，泰国的"佛教环保"是现代化造成了大量环境问题之后才出现的。第二，不丹的"佛教环保"是由政府主导的，泰国的"佛教环保"是非政府组织或个人主导的。由于不丹的"佛教环保"起步早，那时不仅自然环境没有被工业化、现代化污染，社会的传统价值观也没有被物欲主义、消费主义污染，因此比较容易形成社会共识来保护环境。

又由于"佛教环保"是由政府主导的，国家在制定整体发展战略的时候，就兼顾了环境保护，因此大大增强了环保的效果。

不丹政府的整体发展战略总是把环保放在绝对优先的位置。不丹的资源优势主要有森林、矿产和水电，其中水电是再生性能源，没有资源耗竭的问题，对环境的影响也最小，因此水电被政府选为发展的中心支柱。不丹政府不仅选择了发展水电，而且是发展地下的引水式水电站。地上水电站需要修建大型水库，对环境会有一定的影响，设计良好的地下水电站对环境的影响则非常微小。发展水电和开采森林的重大区别在于，水电需要大量的前期投资，也就是说，不能够"短平快"地获利。地下水电站和地上水电站的区别也和资金有关，地下水电站需要的建设资金比地上水电站更多，而且建设的周期也更长。为了保护环境，不丹舍弃了"短平快"，选择了"长贵慢"。1986年，不丹拒绝了世界银行一项修建拦河坝的水电项目援助，因为那将淹没一片自然保护区。这样的选择需要理性，更需要道德上的自我约束、自我牺牲。

楚克哈是不丹的第一座大型水电站，挖掘了一条6.5公里长的地下压力隧洞，水流奔腾通过这个压力隧洞，推动发电机发电。水电站开建于1975年，1988年全部竣工。水电站开工建设的时候，不丹还处于非常贫困的阶段，眼睁睁地看着可以短平快换钱的森林，人们必须自觉地勒紧裤带不去偷砍树木，等待着漫长的压力隧洞慢慢挖好。

那时，不仅老百姓要勒紧裤带，政府也要勒紧裤带。当时不丹有两个预算，一个是发展预算，一个是政府预算。发展预算有

政府也有一些机构不在宗厦里办公，这个国家计划部属下的可持续发展秘书处就不在宗厦里面，而是在临街的一所小房子里。这所小房子非常简朴，难怪国际组织对不丹政府简朴自律的作风有很好的评价

在不丹的山野中，常常可以看到输送水电的高压电线。出于保护环境的长远战略考虑，不丹选择水电作为国家经济发展的主要支柱，因为水电是低碳的，是可再生的。为了更好地保护环境，不丹还把水电站都修建在地下，所以，在不丹可以看到许多高压电线，但是看不到水库。不丹生产的电力，大部分卖给印度。水电的出口给不丹带来了丰厚的收入，政府利用这些收入为全民提供了免费的教育和医疗福利

比较多的资金，主要来自外援外债，是用于经济发展项目的，譬如修水电站等等。政府预算的资金很少，政府严格约束自己，不挪用发展资金，只使用国内极有限的税收。60年代的时候，不丹进行了现代化的税制改革。以前的不丹税制仍是中世纪式的，以实物税为主，譬如各家各户要织布，用布匹来缴税。这让我想起唐朝的"租庸调"制，还记得小时候考试前咱们一起背历史题吗？"调，蚕乡每丁每年纳绫二丈，非蚕乡每丁每年纳布二丈五尺……"呵呵，不知道我现在记得还对不对，当时可背得滚瓜烂熟。不丹60年代的税制改革把实物税改为现金税，改革触动许多人的既得利益，为了缓和矛盾平稳过渡，新的现金税率都定得很低，因此使得70年代时政府的岁入非常有限。不丹政府很能自律，量入为出，勒紧裤带。有时为了建设一些市政工程，就使用志愿劳力或征募劳役，那是不用预算付钱的。我听不丹人讲起过当年服劳役修工程的事情，每家每户都受摊派，譬如，一户摊派一个劳动力14天的劳作，如果有志愿者愿意多工作，当然更受欢迎。讲到修建廷布（Thimpu）的宗厦，我听到过很浪漫的故事。廷布是首都，服劳役的人来自全国各地，年轻人远离家乡，一路上结识不少新朋友，又在工地上共同劳动，时时会擦出爱情火花。不丹人在男女关系上的态度相当自由，不仅没有婚前的性禁忌，而且一般人不举行结婚仪式。他们有一个被称为"纯净化"的仪式，那是在姑娘怀孕之后举行的。怀孕被视为不洁，只有举行了"纯净化"仪式，怀孕才能被净化。他们相信不洁的怀孕会引起灾害，如果怀孕的姑娘不举行"纯净化"仪式，万一村中这年发生了什么灾害，譬如风雪冰雹、疾病死亡，这个姑娘就会被认为是祸根，会被千夫所指。未出世婴儿的父亲要参加"纯净化"仪式，这是他对婚姻承诺的表态。有的男人不负责任，不愿意和怀孕的姑娘组成家庭，他就不参加"纯净化"仪式。在这种情况下，姑娘为了顾全面子多数会请另一个小伙子来充样子。也有倔强的姑娘，要向负心郎抗议，坚决不请别的男人充样子，而是用面团捏一个小人儿，在"纯净化"仪式时放在婴儿父亲应该坐的位子上。

不丹多山，70年代的时候公路还很少，许多服劳役的人要走好几天的山路才能到达廷布。荒山野岭中没有投宿之处，人们要在旷野中露宿。夜晚点一堆篝火，围坐火边唱歌跳舞聊天，不少浪漫的爱情故事由此衍生。当想象不丹人在服劳役途中夜宿荒野的时候，我可以把他们的活动想象成在大自然中露营，头顶着清澈夜空的万点繁星，呼吸着沁人心脾的森林气息，非常浪漫。但是，我也必须想到在这浪漫背后的艰苦，餐风宿露，翻山越岭，辛苦劳作。我想，世界上大多数人是会认为这是一种艰苦的生活，希望改变这种生活，盼望现代化能给他们减轻劳苦。不丹人何尝不想减轻劳苦呢？只是，他们在追求现代化舒适生活的时候，表现出惊人的节制。餐风宿露的荒山野岭中到处是森林，任意砍掉一片森林不就可以短平快地减轻一些劳苦了吗？政府捉襟见肘地组织劳役来修宗厦，多出口一些木材不就可以大兴土木建豪华工程了吗？但是他们都自我节制地选择了默默地等待。在全民等待地下水电站建成的漫长岁月中，没有牢骚，极少怨言，因为他们有对环保的道德共识。他们的等待并不是非理性的盲从，他们知道他们将最终得到回报。终于苦尽甘来，楚克哈水电站建成之后，大大推动了不丹的发展。楚克哈的电力大部分出口，卖给印度，市场稳定，收入稳定。这项收入使政府岁入增加了百分之五六十，使政府还能够降低国内的电费，给依赖电力的产业更好的发展机会。此后，不丹又兴建了另外三个大型水电站，其中最大的塔拉水电站的地下压力隧洞有22公里长，是2006年建成的，它的发电能力是楚克哈的三倍，绝大部分电力也是出口。塔拉的发电能力相当于大约同期[1]三峡发电能力的十分之一。作为水电能源的生产者，塔拉和三峡都比火力发电厂有更多的环保优势，它们不排放废气污染大气，不消耗地球上不能再生的有限资源。不过，塔拉比三峡更胜一筹，它没有淹没农田和森林，也没有破坏河流中水生物的生态，更没有造成库区移民的社会问题。

不丹在环保方面取得的成就，被全世界目睹，获得了许多国际嘉奖，包括联合国的"地球卫士"奖等等。在一次接受嘉奖的仪式上，不丹国王吉格梅·辛格讲过一段意味深长的话："这个嘉奖不是属于任何个人的，而是属于不丹政府和全体人民的，因为，是所有不丹人的共同努力才保全了我们的环境。……为了未来环境的可持续，我们都做出了牺牲，不攫取国家的自然资源作现时的享用……"为了国家的未来环境牺牲个人的现时享受，这正是不丹社会的道德共识，是不丹环保成功的最根本原因。

在你的来信中，你谈了许多具体的问题，也提了一个很"抽

---

[1] 同期是指2007年。

象"、很"学术"的问题：使用什么样的规范才能更有效地激励人的环保行为呢？这透露了你实践家内心深处的学者情结，渴望从更深的层面来分析政策。哈佛大学的桑德尔教授[1]对这方面的问题有精辟的见解。他是政治哲学家，他所教的有关社会公平正义的课程特别热门，上千人的大讲堂里总是挤得水泄不通，打破听课学生人数的历史纪录。

桑德尔认为，能够激励人的环保行为的规范主要有两大类，一类是市场规范，另一类是道德规范。道德规范是用"是非"来规范行为，市场规范是用"利益"来规范行为。以环境污染中的排放二氧化碳为例，拍卖排放许可证是典型的市场规范。污染者买了许可证就可以理直气壮地污染大气，不必觉得对不起社会、对不起受害者。污染大气不再是个"是非"问题，而是一个买卖交易、成本计算的问题。如同买门票逛公园，逛不逛公园不是一个是非问题，公园好玩不好玩、值不值得逛是一个利益问题。觉得"值"就去买票逛；觉得"不值"，就不去买票不去逛。买了许可证的污染者不再会有道德上的耻辱感，因为他是买门票逛公园，不存在是非问题，既然买了门票，他就可以理直气壮。对污染课以罚款游乎于"市场规范"和"道德规范"之间。一方面，罚款是一种"是非"的象征，被罚者会感到"犯规"了，做了不该做的事情，会有做错事的羞耻感。但另一方面，罚款也会被某些违规者理解为"污染代价"，付了代价就可以污染了。

---

〔1〕 迈克尔·桑德尔（Michael Sandel，1953—　），美国政治哲学家。

桑德尔指出，规范具有排挤效应，一种规范会排挤另一种规范在人们心中的心理重量。过多地使用市场激励，会使市场规范排挤道德规范，使利益动机排挤是非动机。人会只习惯于衡量划算不划算，而不习惯于去考虑道德不道德。他用两个调查案例来证实他的观点。他的第一个案例是在一个以色列的幼儿园做的调查，那个幼儿园面临家长迟接孩子的问题，一些家长不按幼儿园规定的钟点来接小孩，使幼儿园老师不能按时下班。幼儿园因此决定对迟接孩子的家长罚款，本以为实行罚款以后迟接的现象会减少，想不到迟接的现象更多了。调查家长的反应后发现，许多家长认为罚款是"延时服务费"，既然付了钱，就可以让孩子在幼儿园多待一些时间。当没有罚款的时候，家长迟接孩子会感到对不起老师，会抱歉，会有羞耻感，那是一种道德的规范。罚款本意是想加强这种违规的羞耻感，但由于和市场有紧密关联的金钱的介入，罚款却被人演绎为延时服务费，市场规范排挤了道德规范。第二个案例是捐血，社会学家蒂特马斯[1]对美国和英国的捐血体制进行了比较研究，英国禁止用经济利益激励捐血，美国则允许买血和卖血。他发现，美国比英国更经常发生供血不足的现象，而且血液质量更差，常有染病的血液进入血库。他解释说，经济利益的介入使捐血商业化，改变了捐血的规范。原本捐血者是出于利他的道德责任感，商业化以后捐血成了卖血，利益驱动排挤了道德驱动。美国虽然也鼓励人捐血，但当血液标上了买卖价格

---

〔1〕　理查德·蒂特马斯（Richard M. Titmuss，1907—1973），英国社会学家。

之后，人们会把它视为商业经济活动，不再用道德责任来激励自己，而是从获利的角度来激励自己。于是，有病的人为了钱会去卖血，健康的人不缺钱用就不去捐血，因此造成供血不足、血液污染。

桑德尔把最近三十年称为"市场必胜主义"时代，社会太过推崇市场规范，迷信"市场能最有效率地解决一切问题"，把市场规范用到许多原本不应该使用市场规范的领域。其结果是，经济领域中的市场化泛滥到了整个社会，市场化的经济演变成了市场化的社会。社会的市场化腐蚀了非经济领域的规范，败坏了生活中许多美好的东西。在人类社会多元化的生活中，有些东西是不能用金钱买卖的，也有些东西是不应该用金钱买卖的，当这些东西在市场化的大潮中演化成了商品，我们的生活质量被劣化了。譬如，爱情是不能用金钱买卖的，当爱情成了金钱买卖的性服务，带给人的感受就变质了，摄魂动魄的激情和以身相许的奉献消失了，剩下的只是性高潮，滥用市场规范使人类自我阉割了自己宝贵的幸福。桑德尔呼吁，当市场必胜主义在金融海啸的冲击下受到了严重质疑的时候，大家需要进行认真的反省和讨论，什么领域应该使用什么规范。

我想，这也是中国人需要进行的反省和讨论。在过去的四五十年中，中国不断地经历着规范越位、规范错用的摇摆震荡。在"文化大革命"的时候，一切领域都是"政治挂帅"，经济领域不使用市场规范，而使用"泛道德化""泛革命化"的规范。记得那时候工厂提拔技术干部，首先要看政治表现、阶级出身；

如果有人强调技术水平，就会被批，被扣上"唯生产力论""白专""技术挂帅"的大帽子。而在改革开放之后，规范越位又涌向另一个极端，一切领域都是"市场挂帅"，不仅经济领域使用市场规范，非经济领域也都使用市场规范，一切"向钱看"，医院、学校、文化机构都强调创收，都把自己商业化了。这种规范越位、规范错用给中国带来了许多灾难。在"文化大革命"的时候，处理经济领域的活动不按经济规律办事，把中国拖入了经济濒临崩溃的边缘。现在呢？处理非经济领域的活动硬要按经济规律办事，于是，经济高速增长，环境高速污染，道德高速失序……我真担忧，这样的社会市场化最终会把中国引向何处去。

从不丹讲到中国，今天的信又写得太长，让我还是回到不丹来做结尾。2005年，不丹制定了第一部宪法，明文规定"保护自然环境是不丹每个公民的基本责任"，"不丹国土上的森林覆盖率任何时候不得低于60%"。把森林覆盖率载入宪法，是一种规范的定位。宪法是现代社会体制中的最高道德共识，违宪是现代社会中的"大逆不道"。长期以来，不丹用传统的宗教道德规范保护环境，现在又引入了现代化的道德规范，使传统和现代的道德接轨。我想，用道德规范来处理环境保护领域的活动，是不丹环保成功的主要经验。下一封信，我要告诉你，在其他领域，不丹又是如何使用和调整规范的。

伊文

4

怎样才能让全社会共享繁荣？

远征，你好！

你的来信，又提出了许多需要认真思索的问题：道德规范和市场规范如何取得平衡？环境保护和经济发展如何舍取？不丹有没有因为保护环境而大大减慢了发展速度？如果发展太慢，就业问题如何解决？……这些问题要慢慢探讨，先让我告诉你不丹的经济发展速度。

用GDP来衡量经济发展的速度，不丹没有中国快，但是在南亚地区，它的表现是很出色的。在过去的二十多年中，不丹的GDP增长要比印度还快一些[1]。不丹没有牺牲环境，也没有牺牲经济发展。它在环保和发展的取舍中找到了一个合适的平衡点，这个平衡点深含在国民幸福总值的概念中。如果是用国民生产总值来主导发展，市场规范往往会成为至高的主宰，经济成果会成为唯一的目标，因为GDP的数字是要用市场价值来计算的。这种机械片面的计算，使以国民生产总值为主导的发展模式失去了市场规范和道德规范的平衡，极容易堕入牺牲环境的陷阱。国民幸福

---

[1] 1982—2008年的平均GDP年增长率：不丹7.7％，印度6.1％，中国10.1％（世界银行数据）。

总值的概念则不同，"幸福"包含了更多的规范、更全面的目标，因此它可以兼顾物质和精神、市场和道德。

幸福是需要物质和精神来平衡的。对于个人来说，幸福需要物质作基本的保障，需要精神作终极的寄托。对于社会来说，幸福需要通过市场来发展经济，需要依赖道德来保持和谐。在不丹的国民幸福总值的四大维柱中，有一个维柱是经济发展，表述为："公平共享的社会经济发展"。从这个维柱的表述来看，不丹的国民幸福总值是兼顾了物质和精神、经济和道德，不是追求一边倒的市场化、物质化的经济发展，而是给经济发展加了一个重要条件："公平共享"。它特别强调，发展带来的经济繁荣必须使国家的每个地区、社会的每个阶层都能共享。不丹清醒地认识到，只有共享的经济发展，才能带来国民幸福，提高国民幸福总值；不能公平共享的经济发展，只能提高 GDP，而不能带来普遍的国民幸福。

"公平共享"是不丹社会的道德共识，这种道德观念表现在它的经济发展政策中，也流露在它的社会精英的日常言谈中。尤其是不丹国王的一些不经意的谈话，生动地体现出这种"公平共享"的道德观。譬如，有一次国王吉格梅·辛格私下抱怨外国记者批评不丹政府曾经不允许居民安装碟形卫星天线，他说："这些记者不去看一看，当时不丹总共只有 29 个这样的碟形卫星天线，80%是属于皇室家族成员和富有商人的，每个价值两三千美金。为什么要允许这极少数的人花这么多钱来享受个人娱乐？而全国有很多人还没有安全洁净的水源，还没有合适的卫生设备，还没有机

在不丹看不到贫民窟，也看不到超级豪宅，廷布城里的房屋，多数是这样有着传统建筑色彩的公寓楼

城里的现代化房屋都披上了传统建筑的装饰，国民幸福总值的发展战略强调"传承发扬传统文化"。全球化给这所不丹的小楼带来了意大利比萨店和中国水泥公司，但它并没有丧失传统风格

会一年看一次电影。"他还谈起他的父亲对公平共享的看法,他说小时候父亲常常讲,以前不丹非常穷困,人们每天都要面对艰辛劳苦,但那时候大家很团结,也很满足和幸福,这主要是因为大家在贫困中是"共苦"的。不丹的国王们深刻地认识到了公平共享对国民幸福的重要意义,他们的社会经济发展战略一直把公平共享作为重要的目标。

我在这里讲不丹的公平共享,你可别误解成不丹是个平均主义的社会。20世纪60年代之前不丹有农奴制,当然有贫富差别。农奴制废除之后推行现代化,贫富差别也一直存在。从90年代开始,越来越多的私人工商企业在不丹发展起来,有些国有企业也私有化了。许多和政府有密切关系的人近水楼台先得月,成了先富起来的一批人。这种现象在中国、在欧洲、在美国都屡见不鲜,不丹也不能免俗。不过,不丹富人给我的印象是,他们不炫耀财富。他们也许在家里享受财富,但不张扬炫耀。不丹富人的房屋仍然保持了传统的朴素,看不到那种越盖越大、越盖越高的炫富求奢的现象。

一个富人,当他看到别人比自己贫穷,他会有什么感觉呢?我想大概会有三种不同的感觉。有人会感到优越,会炫耀自己的财富来增加优越感;有人会很冷漠,对贫富差距视而不见;有人会觉得郁闷,看到别人在受苦,自己也会不开心。不丹的富人大概多数属于第三种吧,起码不会是第一种。这也许是佛教的传统,也许是国王的表率,在不丹看不到炫富现象,倒是能看到不少助贫的例子。

不丹政府很注重助贫，它的助贫政策强调"治本"而不是仅仅"治标"。它的一项重要的"治本"政策是修公路，不丹多山，峰高谷险，人口分散，缺乏公路是导致贫困的最重要原因之一。不丹政府对这个问题有很清楚的认识，它的发展计划报告写道："虽然我们国家的大多数人已经从社会经济发展中得到了实际的利益，但是这些利益的分享却不是很平均的。……我们国家的人口非常分散，地势非常险峻，基本建设还没有全部完成。尽管公路网已有了快速的扩展，但全国仍有多过一半的人口需要步行半天以上才能抵达通行机动车的公路；在一些遥远闭塞的社区，仍要依赖山道、骡马道、绳索道。……保证弱势群体能够更充分共享社会经济发展带来的利益，是我们未来必须应对的挑战。"[1]为了应对这个挑战，不丹政府在修建道路方面投入了大量的资金和精力。国王和官员经常去全国巡视调查，研究修路规划。老百姓都知道公路能给他们的生活带来好处，总是争先恐后、想方设法要让国王为他们的村子修一条公路。国王常常要费很多唇舌来向村民解释，为什么有些地方还不能修通公路。听一位随国王吉格梅·辛格巡视的人讲，有一次，一个村民不停地要求修路，讲了有一百次，国王实在按捺不住，大喊一声："好了，吃午饭了！"才乘机摆脱纠缠。午饭让国王冷静了一下，但是午饭之后，那个村民又来要求修路。

---

[1] 不丹王国计划委员会：《不丹 2020：和平、繁荣和幸福的瞻望》(*Bhutan 2020: A Vision for Peace, Prosperity and Happiness*，廷布，1999)，第 32 页。

听了这些国王巡视的故事，我心中忽然涌出一个好奇的问题：在穷乡僻壤，在没有机动车通行的地方，在前不着村后不着店的路上，国王住在哪里呢？一位在不丹工作过的美国记者说，她在各地采访时看到过不少国王的"野外行宫"。那都是用常青类的植物围成的露天无顶的"房间"，常青藤编成大篱笆，用竹竿木棍撑着。有的还会连着一条短短的曲径，通到一个更隐秘的地方，当作厕所。这些常青植物气味甜馨，躺在这样的露天篱帷中，夜晚可以直接仰望喜马拉雅的苍穹。记得我还听人讲过以前不丹富人的旅行生活，当不丹没有公路的时候，富人带着仆人骑马长途跋涉，晚上仆人搭起帐篷，点上一堆篝火，富人和仆人一起围着篝火在苍穹下唱歌跳舞。这大概是不丹特色的贫富共享的传统吧。

除了修路帮助贫困地区"治本"，不丹政府还有一项更根本的"治本"助贫政策：福利教育。不丹政府认识到，穷人只有通过教育提高了自己的人力资本素质，才可能有公平的机会和别人竞争。人力资本对穷人最为宝贵，其他财富都有可能失去、都是相对暂时的，只有人力资本最具可持续性。修公路的一个重要原因也是为了让穷乡僻壤的孩子能够上学，有了公路可以便于政府提供教育服务。不丹边远地区的人口居住得很分散，许多村落只有几户人家，要让这些疏落分散村庄里的孩子们有受教育的机会，政府要建许多学校。不过，即使是建了许多学校，不少村落离学校还是相当远，学校还得提供住宿。一般来说，在山区农村，小学还有走读的，中学就全是住读，学生的食宿费是全免的。这些免费教育的确帮助许多贫困地区的孩子跨入了中产阶级的行列，我在牛津的一位不丹同学就是来自不丹东部的贫穷乡村（不丹有东西差别，西部较富，东部较穷）。在首都廷布，可以看到许多类似的例子，贫家子弟成了工程师、医生、教师等等的专业人员，也有自己开业做老板的。廷布有一家很有名的西式蛋糕店，主人是个三十多岁的"海归"。他老家在东部山区，母亲是个寡妇，家里非常贫穷。学校离他家很远，要走几天的山路。当年他母亲舍不得他离家到那么远的地方去住校，求村官别让他去上学，可村官坚持要送他去，还说，孩子有能力，上学会让他以后受惠无穷。完成中学教育之后，他在廷布的一家国营酒店找到一份工作。他的烹饪天分就是在那时候显现出来，后来他得到了一个去奥地利学习制作西式甜点的机会。从奥地利回来，他成了西点大厨。现在他的商店生意很好，廷布很多机构开酒会的时候，都会去他的商店订蛋糕西点。他买了一辆漂亮的汽车，还进口了许多西点烹饪设备。

　　用教育来助贫是解决公平与效率问题的好办法，可以避免"大锅饭"造成的"一窝穷"。虽然免费教育是大锅饭，但是吃了这大锅饭是可以提高人力资本素质的，是可以使受教育者提高未来的工作效率的。穷人如果没有这大锅饭吃，他们可能会永远处于低效率的状态。公平的大锅饭，可以造就高效率的人力资本，能够最终摆脱一窝穷。国王吉格梅·辛格对这个问题有很清醒的认识，他说："我们要让我们的人民接受教育，提高他们的生产效率。我们要让他们在各自的领域都成为专业人才。如果你是清扫夫，我们要你成为专业水准高的清扫夫；如果他是机械工，我们要他成为最棒的机械工。正是为了这个目的，我们办了200多所学校，办了158座医院。"不丹只有约70万人口，和中国一个县的人口差不多，能办起这么多的学校和医院是相当不简单的。

除了免费教育，不丹还提供了免费医疗，这也是一项重要的提高人力资本素质的措施。不丹的免费医疗很有名，因此吸引了周边邻国的穷人越境来看病。在和印度交界的不丹南方医院里，常常可以看到许多印度病人，据说那里有六成的病人是越境就医的印度公民。不丹的现代化改革要比印度和其他南亚邻国都起步得晚，直到60年代初，不丹还处于中世纪状态，还是农奴制、"租庸调"制，没有公路，缺医少药，它的第一条现代公路是1962年才修通的，它的现代医疗服务体制也是那时候才开始起步的。但是不丹的医疗服务发展得很快，现在已远远领先于它的南亚邻国。它的婴儿疫苗接种率自1990年起已达到90%左右，与发达国家的水平相近。在不丹这样人口分散、地形险恶的国家，做到这一点是很不容易的。不丹的医疗网有四层，包括中央、大区、小区的三级医院，再加基层乡村的诊所。许多乡村建立了提供基本医疗服务的诊所卫生站，在没有卫生站的偏僻村落，它提供了"行走医生"的服务。这些"行走医生"定时走访偏僻村落，给村民治病，宣讲防病方法和卫生常识。国王吉格梅·辛格还设想让喇嘛参与医疗服务体系，不丹的寺庙遍布全国，喇嘛和偏远社区、草根村民联系紧密。如果喇嘛能够成为医生或者保健人员，他们的工作一定会效率很高，因为笃信佛教的村民很相信喇嘛的话，喇嘛宣讲推广防病方法和卫生常识，村民会虔诚照办。

不丹全民享受免费医疗福利，这是廷布的一家医院

不丹的医院多数有两个大部门，一个是西医部，一个是传统医学部。
不丹的传统医学源自藏医，和中医也有不少相似之处，譬如都用针灸。
这是不丹医院里的针灸穴位图，带有点儿佛教的灵气不丹的医院多数有两大部门，一个是西医部，一个是传统医学部。不丹的传统医学源于藏医，古时不丹被称为"药草之乡"，因为那里盛产许多珍贵的藏医药材，是别的地方不能生长的。不丹的地理环境特殊，利于生长特殊的植物。孟加拉湾的茫淞季风给植物生长带来充沛的雨量，它的山又高，气候垂直分布，从山底的热带到山顶的高寒带，一层一层地长出多种多样罕见的植物。喜马拉雅山中还有许多特殊的矿石，也都是可以入药的。不丹传统医学有一种很有名的疗法：药浴，让病人泡在热水里，那水是用烧热了的大石头加热的，石头含有特殊的矿物质，据说疗效很好。藏医和中医有不少相同的地方，都用草药，也都用针灸。不过，藏医针灸的时候，针基本上不刺入皮肉，只是点压在穴位上。我去过廷布的一家传统医院，看见那里的墙上挂了几幅人体穴位图，我没学过中医，不知道不丹的穴位和中医的有什么异同。以我门外汉的视觉感受而言，中医的穴位图更像解剖图，图中的人画得和西医的人体图没什么两样；不丹的穴位图则更有佛教的灵气，图中的人画得像是曼荼罗中的形象。藏医和佛教渊源深远，西藏的五世达赖设立了藏医机构，培养藏医，他的大僧官就是名医，还写了许多藏医书，不丹的奠基人阿旺·纳姆伽尔喇嘛也有一位僧官是名医，推动了不丹的传统医学发展。由于和佛教的密切渊源，藏医特别强调医德，把行医视为修持。据说以前入门学藏医的时候要背诵医典中的医师誓戒：要对患者慈悲，不能贪图钱财，等等。用桑德尔的说法，藏医是用"道德规范"而不是"市场规范"来行医的。在不丹的医院里，我观察了一下他们的医务人员，无论是行西医的，还是搞传统医学的，态度都特别好，温和耐心，很有慈悲的心怀。回到美国后，我看到了世界银行关于不丹医疗服务的一些评价资料，里面有很多对不丹医务工作者的赞扬，有一份报告称他们有"令人感动的积极性"[1]。相形之下，在中国和美国医院里就很少看到这样的情况，我见到的美国医生大多数视时间为金钱，和病人谈话越短越好、越快越好，因为如此才能争得市场上的高效率。"道德规范"和"市场规范"泾渭分明。

不丹"公平共享"的教育和医疗服务的确提高了国民的人力资本，但是也间接造成了另一个问题：失业。不丹的失业问题呈现"中间大、两头空"的怪象。所谓"中间大"，是指失业率最高的人群是十五岁至二十四岁的年轻人，在过去三年中，他们的失业率增加了三倍多。所谓"两头空"，是指不丹缺乏低端和高端的劳动力，要进口大量的这两类的外劳，而且数量是连年增长。低端外劳主要是建筑工人，数量是最大的。我们在不丹旅行的时候，常常可以在修公路的工地上看到印度和孟加拉的外劳。同行校友中有一位英国人小时候是在印度长大的，上大学才回英国，他对印度的种姓很敏感，能够从印度人的服装举止上觉察种姓。他告诉我，那些修公路的外劳工人很多像是原本的印度贱民。除了印度人，孟加拉外劳也不少，孟加拉人多数信奉伊斯兰教，没有种

---

〔1〕 世界银行：《不丹，在独特环境中的发展计划》（*Bhutan, Development Planning in a Unique Environment*，华盛顿，1989），第xiii页。

姓制度，但是国家贫穷，虽不是贱民，却是穷人。无论是贱民还是非贱民，这些外劳们都是为了不丹的"高"工资而来，每天能挣三五元美金。不丹的受过教育的年轻人就不屑于挣这三五元美金，更不愿意干修公路的苦活儿。回想二三十年前，这些年轻人的父辈，那些没有受过教育的老一代，甘愿餐风宿露地劳作，修建了不丹最初的几条公路，今非昔比，不丹新一代已经不愿再干这些活儿了。发展改变了不丹人的经济状况，教育改变了不丹青年的就业标准，现在，不丹要依赖外来劳力来做底层劳苦的工作。不丹缺乏的高端劳力是有经验的技术人员，许多不丹公司需要的雇员，不是刚刚毕业的年轻人，而是要有一定的工作经验的，于是只好去招印度人，印度的现代化教育早在英国殖民地时代就开始了，印度人在各种公司机构中工作的历史也很悠久，有工作经验的人很多，成了高端外劳的主力。

为了解决青年人的失业问题，不丹酝酿了不少方案。譬如对于"两头空"之一的建筑劳工问题，不丹政府想通过机械化来解决，机械化可以降低修路工人的辛苦程度，又可以增加工作的技术含量，因此可以吸引有文化的年轻人加入建筑工人的行列。对于"两头空"之二的有经验技术人员的问题，我也听到一些讨论，有人建议政府资助私人企业搞"实习培训"计划，帮助刚刚毕业的年轻人通过实习培训尽快获得工作经验，成为有经验的技术人员。另外，还有一些讨论是关于加强农村建设的，现在年轻人失业率高的一个重要原因是，受过教育的年轻人不愿意留在农村务农，都往首都和城市跑，因为他们觉得农村的生活太枯燥，因此建议政府在农村发展网络通信，架设卫星天线，使年轻人在农村也可以上网和外部世界联系，也可以看电视、看电影，有丰富一点儿的娱乐生活。

不丹公平共享的教育制度造就了人力资本平等的劳动力，但是市场所需要的劳动力却是不平等的；原以为提高人力资本可以产生更高的效率，但是失业却使这些有高效潜能的人无法产生任何效率，这是不丹在现代化发展中面临的新难题。如何从发展战略的角度来解决这个问题呢？我也听到了不少的议论，其中有一种战略想法是，不丹应该把眼光放远，继续加强投资人力资本，以便未来可以发展高科技的服务业，尤其是高级医疗治理、特殊医药研发、优质教育服务、财经服务等等。这些服务产品的市场，可以先向周边国家拓展，再向全球进军。初听到这种议论，我颇有"好高骛远"的感觉。按照 GDP 的标准来排名，不丹毕竟仍是个收入不高的发展中国家，世界上其他收入低的国家绝大多数都在想着怎么发展劳动密集型的制造业，以低廉的劳动力优势在全球化大潮中竞争拼搏，成为"世界工厂""世界车间"，走中国式的发展道路。况且，目前不丹的高科技人力资源是很薄弱的，地方医院缺少专科医生，高等院校数量很少，很多人还要到印度或海外去上大学，金融机构更是落后。身处"第三世界"的不丹，是不是太超前了，不切实际地在做超越"第一世界"的梦？但是，我又仔细一想，我想起了三十多年前不丹提出的国民幸福总值的梦想。那时，不丹才跨出中世纪的门槛，第一个大型水电站还没有建好，修公路还要靠劳役，它却超前思考了发达国家多年以后

60

才意识到的问题。那一次，不丹成功地远瞩了国民幸福总值的问题；这一次，它是不是又能成功地远瞩另一个重要的社会发展问题呢？

离开不丹的前一天夜里，我们坐在露台上欣赏喜马拉雅的星空，这里天上的星星显得比美国和中国的更多，不知这是因为喜马拉雅山区离天穹更近，还是因为这里的空气污染和灯光污染更少。无名的花香透过清风阵阵袭来，偶尔会有几声狗吠，打破山谷中深邃的静谧。大家的话题渐渐集中到不丹目前面临的失业问题上，海阔天空地聊开来，纷纷自说自话地给不丹"出谋划策"。

彼得是自由派的经济学家，最崇尚撒切尔和里根的政策，他主张解决失业问题必须依靠市场、依靠私有企业的发展。他认为"中间大、两头空"是扭曲市场价格造成的结果，免费教育压低了教育的价格，使教育需求过度膨胀，创造了过多的劳工市场不需要的劳动力。而劳工市场需要的劳动力，则因为教育扭曲，出现了供给短缺。如果没有政府对教育价格的干涉，市场的无形之手会更有效率地配置资源。那些在劳工市场上日薪三五美元的人，不可能让他们的子女受很多的教育，这些没有接受很多教育的年轻人就会乐于从事修路的工作，使市场上不会出现这类劳工的短缺。政府用于免费教育的资金应该想办法转移到私人企业家手中，现在政府收入的很大部分来自水电出口，水电厂是国有企业，这些国有企业应该私有化，就像撒切尔夫人时代英国国有企业的私有化。如果水电厂私有化了，私人股东会把他们水电利润所得在市场上作更合理、更有效的投资，创造出更多的就业机会，而不是盲目地投资教育。他们即使投资教育，也会根据市场的信息，培养劳工市场需要的人力。现在，不丹政府对市场的干预太多，造成劳工市场的供求失衡，不丹本国的劳工不能有效地满足劳工市场的需求，因此要到市场化比较好的印度去吸收劳工。如果不丹能像印度那样市场化，不丹劳工市场的供求失衡问题就能解决……

听着彼得的侃侃而谈，我不由得想起我们第一天从印度进入不丹的情景，印度那边又脏又乱，到处是捡垃圾的小孩、要饭的乞丐、拥塞的交通；不丹这边一片宁静，没有垃圾，没有乞丐，

这是不丹的国门，从印度边境穿过这个国门进入不丹，立刻会感到反差的震撼，仿佛从脏乱的贫民窟来到了宁静的桃花源。这个传统建筑风格的国门，更使人有了跨入历史的感觉。为了保存文化传统，不丹要求所有的建筑物都采用传统的建筑风格

零污染的空气。真像是从地狱来到天堂,记得那时彼得就说过"来到了伊甸园"!如果不丹也像印度那样市场化,不丹会变成什么样呢?印度的地狱会在这里重现吗?无形之手会夺去南亚这个最后的伊甸园吗?"失乐园"的悲剧会在喜马拉雅山麓上演吗?

　　其他的校友没有像彼得这样主流、这样正宗的"市场原教旨主义",他们谈了一些另类的想法。一位在非政府组织工作的校友说,不丹应该多搞小额贷款,尤其是要通过小额贷款搞农村现代化、搞社区工商业建设,这样就既可以在基层社区创造出一个宜于有文化的年轻人居住的环境,又可以给他们提供自我创业的机会。另一位校友是学中世纪史的,她的意见更为另类,她说,不丹应该从佛教的观念来理解发展,并且从中找到更好的解决方法。佛教认为,真正的发展是人的般若智慧的发展,只有般若智慧才可以使人抵达真正的幸福。教育能够帮助人逐渐地获得般若智慧,从学校毕业的年轻人应该继续追求般若智慧的发展,他们可以进入寺院做僧侣,可以自我退隐进修,以抵达真正幸福,而不必踏着美国人物质主义的脚步,非要到劳工市场上去找出路,堕入消费主义的苦海。她还说,这想法可不是她自己凭空想象出来的,而是听到不丹的学者、官员用般若智慧来诠释国民幸福总值的时候,忽然就产生了这样的顿悟。

　　你一定想问,我的想法是什么?告诉你吧,我的想法是办"世界医院",这是受了不丹人的发展梦的启迪。他们不是说要"发展高科技的服务业,尤其是高级医疗治理"吗?最初我觉得他们是在做不切实际的白日梦,但后来仔细想想,又上网查了些资料，才发现并非不切实际。美国和欧洲现在都有专门的公司搞"旅行医疗"，组织病人到外国去接受治疗。最初这类治疗主要是美容方面的，现在已经扩展到其他许多方面，常见的有膝关节置换、胯关节置换、神经手术、心脏手术。美国没有全民医疗福利，近年来医疗费用飞涨，许多人在美国动不起手术。欧洲的一些国家虽然有全民医疗福利，但是好些非紧急手术要排队等候很长时间。这些人就会通过旅行医疗公司作中介，到外国去做手术。目前热门的国家有泰国、印度、阿根廷。当然，不丹现在的医疗技术水平还太低，比不上印度的著名医院，但是，如果它能潜心着力提高自己的人力资本素质，以后应该是能赶上印度的。另外，不丹的伊甸园环境是养病的好地方，对外国病人会有很大的吸引力。还有不丹的传统医学，也能对治疗发挥特殊作用。不丹的人口这么少，只需要不多的外国病人，就能解决他们许多的失业问题。

从不丹我想到了中国，在改革开放的"第一波"中，中国成功地成为世界工厂，创造了大量的就业机会，使农村剩余劳动力升级为流水线工人，促进了GDP高速增长，但也付出了环境污染的沉重代价。在金融海啸后的"第二波"中，中国是不是可以升级成为世界医院、世界学校呢？美国和英国都从世界工厂升级为世界学校，它们的世界学校地位大大增强了它们的软实力，使它们获得重大的世界话语权。但是，由于它们自身的经济结构的局限，它们都没有成为世界医院。世界医院也可以增强一个国家的软实力，它可以向世界传播一种更加健康、更为普世所需的普世价值。中国的医疗技术水平比不丹高得多，各方面的基础设施也比不丹强得多，中国应该比不丹更有可能成为世界医院。从世界工厂到世界医院，将是一种产业的升级，就业结构的升级，国民人力资本的升级；也将带动一种社会观念的升级，历史发展的升级。

佛家说生老病死是痛苦之源，正是医院能为人类减轻这些痛苦。世界工厂为人类解决了温饱问题，完成了现代化的历史使命。现在，世界正逐渐进入后现代化时代，阻碍人类幸福的物质屏障已不是温饱，而是生老病死，人类需要世界医院来减轻这些痛苦，使人类能继续向幸福迈进。但是，主流世界现在仍然把大量资源投入工厂，以为工厂生产更多的物质能让人类更加幸福。而对于办医院、提供医疗福利，许多国家则表现得很吝啬。美国至今没有全民医疗福利，中国的医疗制度也问题重重。虽然美国是世界上物质最富有的国家，中国是世界上 GDP 增长最快的国家，但都表现出了短视、愚昧的吝啬。

不丹在现代化刚刚起步之时就意识到幸福和物质之间复杂的关系，避免了许多现代化的陷阱；在进入后现代化阶段之前，又能够未雨绸缪地做高瞻远瞩的规划。中国在现代化的陷阱里已失去很多宝贵的东西，它还会在后现代化的门槛上再次失误吗？

伊文

5
怎样才能做出聪明的决策？

远征，你好！

上次给你发了信，写了一堆世界医院的梦想，心里直打鼓，怕你嘲笑我在做白日梦。今天接到你的回信，哈，真好，你没有笑我，还向我要旅行医疗的资料。你说，你在考虑世界医院是否可以成为你们地区发展战略的一部分。太好了！我真希望能在你们地区实现这个梦想，我一定帮你多多地搜集资料。你谈到世界医院可以拉动的上下游产业、创造的多种就业，我完全同意你的看法。世界医院可以拉动医学教育和医药生产，这些产业创造的就业是知识含量高的就业岗位。如果一个地区有很多在这样的岗位上就业的劳动力，可以提高这个地区的人口素质。世界医院还可以拉动酒店、餐饮、生活助理等等的行业，因为外国病人需要这些服务。这些服务创造的就业不需要太多的知识技能，正好可以使人力资本欠缺的弱势群体也有机会在世界医院的发展中分享到一些利益。这正是不丹提倡的"共享的发展"。

不丹搞世界医院要比中国困难得多。中国经历过了世界工厂的阶段，虽然付出了环境的代价，但也因此积累了大量的人力资本和财经资本。不丹的先天条件限制了它经营世界工厂，因为人口太少，若搞劳力密集型的工厂，难以取得规模效益。另外，不

66

丹没有海港，内陆又多山，使制造业产品的出口成本太高。正是因为看到了这些先天的不利条件，不丹才选择了几个高科技的产业作为突破口。这些高科技产业不是劳力密集型的，也很少受运输成本的制约。不过，不丹必须克服另外一个制约，才能发展这些产业。这个制约是人力资本，不丹现在还很缺少高科技人才，必须尽快培养出来。幸亏不丹有全民的免费教育和免费医疗，可以帮助不丹加速提高它的人力资本。

你来信中说，你简直不敢相信不丹能有足够的经济能力提供全民的免费医疗和免费教育，中国的人均GDP比不丹高一半，中国的外汇储备更是不丹永远望尘莫及的，但是中国政府在搞医疗和教育福利的时候，总是感到钱不够用，不丹是怎么解决福利开支问题的呢？我理解你的困惑，别说中国了，美国的人均GDP是不丹的三十倍左右，美国却一直没有免费的全民医疗福利，连半免费的都没有。奥巴马上台后，想搞出个小半免费的全民医疗福利，但是因为钱的问题，国会吵成一团。美国的钱都到哪里去了？不丹的钱是从哪里来的？

不丹的医疗教育福利开支主要来自水电出口。不丹的水电厂是国有企业，水电出口的收益都直接进入国库，是政府主要的财政收入来源；美国的财政收入则主要靠税收。美国人虽然想要医疗福利，可又都不愿意多交税，所以医疗福利的提案成了个难治的顽症。1990年代中期，克林顿花了巨大心血想搞医改，结果被利益集团杀得头破血流一败涂地；2008年奥巴马当选后也花了巨大精力来搞医改，想剔除美国医保制度中的痼疾，但面临各方压力，路途险峻。

不丹能够有足够的财政收入来支付医疗教育福利，全仰仗于前期国家经济发展战略的成功。和周边的国家相比，不丹的发展战略是很另类的。印度独立后最初的发展战略是搞重工业优先的"进口替代"。这种战略在 20 世纪 50 年代很流行，当时许多前殖民地半殖民地的国家刚刚独立，殖民主义时代的耻辱记忆犹新，民族情绪很高涨，都渴望能够彻底摆脱宗主国的控制。它们希望发展自己的重工业，以后可以用自己的重工业产品替代西方进口产品，彻底摆脱宗主国的经济剥削。中国在 50 年代不也是以"重、轻、农"为发展次序，以剥削农业来发展重工业的吗？以重工业为主导的"进口替代"发展战略在大多数国家都是不成功的，因为重工业是资本密集型产业，新兴国家资本稀少，把资本用于重工业，就顾不上发展农业和轻工业，而农业和轻工业更能够创造就业机会，更能够全面拉动经济的快速发展。60 年代之后，东亚"四小龙"和东南亚国家采用了以劳动力密集型产业为主导的"出口导向"发展战略，这个战略比"进口替代"成功得多，中国在 80 年代之后也是采用了出口导向的战略。

不丹的发展战略和这些国家的都不相同，它是以发展重工业的水电为主，但并不是"进口替代"，而是"出口导向"。就发展水电而言，不丹有它的有利条件，也有它的不利条件。有利条件是它的自然环境，喜马拉雅山给了它丰富的水利资源；不利条件是前期资金问题，水电是资本密集型产业，需要巨大的资金投入，当不丹刚刚跨出中世纪门槛的时候，它根本没有资金。不丹是从哪里得到了第一桶金呢?

不丹第一个大型水电站的资金全部来自一个外国的援助。这个提供援助的国家并非西方发达国家,而是一个比不丹还穷的国家。更加有意思的是,这个国家还威胁着不丹的民族独立。不丹是巧妙地踩着一条历史的钢丝,获得了这第一桶金。

援助不丹修建水电站的这个国家是印度。要想理解不丹和印度之间错综复杂的关系,尤其是要想理解贫穷的印度向不丹提供援助的深层历史原因,需要回溯到19世纪。在19世纪的南亚次大陆的版图上,英国完全占领了印度,建立了英属印度的殖民政府。在次大陆北部的喜马拉雅山麓,几个小王国还保持着独立,但是不断遭到英国的蚕食,频频和英国发生冲突摩擦。从18世纪开始,不丹和英国就发生过几次冲突,其结果有时是不丹割地,有时是不丹出让部分统治权、英国向不丹支付一些补偿金。1864年11月,不丹和英国爆发了一次最大的冲突,史称"杜阿尔斯战争"。当时不丹完全没有现代化武器,也没有正规军。不丹的军队是由各宗厦的卫兵组成,最先进的武器是火绳枪,多数士兵拿着弓箭、大刀、弹弓。这样的军队当然难以抵御英军,虽然也有几个小战斗的胜利,但是五个月后,不丹彻底被击败。双方经过谈判,签订了《辛楚拉条约》。根据这个条约,不丹割让了南方大片土地,其面积是不丹南方平原的三分之一,大约相当于不丹全部领土的7%。不丹北方多是喜马拉雅的高山高寒地带,南方平原对不丹的经济和政府的岁入有重大意义。但是作为战败之国,不丹只能割爱。不过,割爱之余,不丹争回一点点东西:英国承诺不干涉不丹内政，另外，英国每年支付不丹5万卢比作津贴。

1910年，《辛楚拉条约》又有了新的发展。那时喜马拉雅地区的形势变得更为错综复杂，英国要染指西藏，中国为了防止英国出兵，加强了对西藏的控制，同时对喜马拉雅山麓的那几个小王国，中国也要拉拢和进行控制。在这种形势下，英国需要稳住不丹，不丹则想要得到保护和获得更多的利益。于是，双方在普那卡签订了一个新的条约：《普那卡条约》。《普那卡条约》对《辛楚拉条约》做了两点修改。第一，英国给不丹的津贴将增加一倍，从5万卢比增加到10万卢比。第二，英国虽然承诺不干涉不丹内政，但不丹的外交要接受英国的"指导"。

当我读到不丹的这段历史的时候，我有一种又熟悉又陌生的感觉。熟悉的是，西方国家进行殖民战争，东方国家战败而被迫签订屈辱的条约。这和中国的历史很相似，杜阿尔斯战争和第二次鸦片战争发生的时间相差不过三四年，中国那时也签订了许多不平等条约。陌生的是，不丹作为战败国，虽然割了地，但却能让战胜国给它支付津贴！中国签的那些条约，不都是又要割地、又要向战胜国付款吗？《南京条约》割让了香港，又要付给英国2100万元；《马关条约》割让了台湾、澎湖、辽东半岛，又要付给日本2亿两白银。我不知道不丹的谈判代表如何施展了外交手腕，能够得到这样倒付津贴的条款。不丹的外交手腕很有独到之处，以后在处理和印度的关系上，更可以看到它的精湛。

1947年印度独立，它继承了英属印度的领土和权力。为了使印度和不丹的关系更明确化，1949年两国在《普那卡条约》的基础上又签订了《印度政府和不丹政府友好条约》。根据这个条约,在领土方面,印度继续占领当年不丹割让的土地,只把其中极小的一块还给了不丹;在津贴方面,印度继续支付给不丹,金额从每年10万卢比增加到每年50万卢比;在内政方面,印度承诺不干涉不丹内政;在外交方面,不丹要接受印度的"指导"。

对于这个友好条约,不丹最敏感的是它的第二条:不丹的外交要接受印度的指导。这项条款使不丹的独立国地位蒙上了阴影,如果不丹的外交必须受印度指导,不丹就是印度的"受保护国",而不是一个完全独立的主权国家。诡异的是,条约的英文版本和不丹文字的版本在这第二条的语意上有模糊的差异,英文的意思是不丹有条约义务接受印度的指导,不丹文字的意思是不丹"可以"接受印度的指导。

不丹采取了韬晦的策略来争取自己的主权独立国地位。在条约签订后的最初二十多年中,不丹没有向印度提起这个问题,让"第二条"静卧在模糊中。不丹也没有和世界上的大多数国家建立外交关系,联合国安理会五个常任理事国美、苏、中、英、法,没有一个和不丹有外交关系的,许多国家都是通过印度渠道来和不丹联系。不丹的策略是要取得印度的信任,有了信任之后,再讨论如何解决分歧。不丹认识到,印度愿意不愿意让不丹独立,很大程度取决于印度对不丹未来行为的评估预测上,如果印度觉得不丹独立后会成为一个在国际事务中支持印度的、可信任的友好国家,印度会比较愿意让不丹独立;如果印度觉得不丹独立后会成为一个在国际事务中和印度作对的国家,印度当然不会愿意让不丹独立。

不丹的判断很正确，它的韬晦策略也很明智，这使它能成功地处理和印度的关系。更凸显出不丹的成功是锡金的失败，锡金和不丹的历史情况相似，也是喜马拉雅小王国，19 世纪时也被英国割去了大片领土，其中包括最有名的大吉岭，印度独立后也成了印度的"受保护国"（锡金与不丹稍有不同，1950 年印度与锡金签订的条约明确规定锡金是"受保护国"）。但锡金没有采取韬晦的策略，锡金缺乏韬晦的一个著名例子是锡金王后的一篇文章，1966 年她发表文章重新审视锡金历史，其中大谈大吉岭，她说当年锡金只是把大吉岭的使用权让给英国，因为英国想在那里建疗养院，避开瘟疫流行的孟加拉湿热平原，但英国滥用权力，把使用权出让变成了主权割让。文章的言外之意是，印度现在占有大吉岭是继续滥用权力。这篇文章引起印度对锡金的极度不信任。

锡金的这位王后是一个美国人，她十九岁的时候在大吉岭的云达摩尔酒店的酒吧邂逅锡金未来的国王。当时国王还是王储，三十六岁正在鳏居，他的第一任妻子是中国人、藏族，两年前去世。王储和这位美国女大学生堕入爱河，四年后他们正式结婚，很快王储登基成为国王，美国妻子成为王后。一年之后，王后发表了那篇"著名"文章，搅出轩然大波，锡金和印度的关系日益紧张。1975 年 4 月，趁着锡金境内尼泊尔人的动乱，印度军队侵入锡金，包围了王宫，软禁了国王。然后马上匆匆举行了一场所谓的公民投票，表决锡金是否并入印度。开票神速，结果极端：97.5% 的票数支持锡金并入印度。5 月 16 日，锡金正式宣布成为印度的一个邦。在短短的一个月之间,锡金国王丧失了自己的王位,也丧失了国家的独立。他的美国王后在两年前已经离他而去,离开了锡金,再也没有回来过。

这次我去大吉岭的时候,也住在云达摩尔酒店。那是一个很有怀旧感的酒店,弥漫着英国殖民地时代的遗风,不见现代高楼大厦,只见一座座老式别墅,散布在山麓旁英国味道的花园里。客房里有壁炉,傍晚会生上火,虽然是初秋,大吉岭的夜晚已经很冷了,因为是在喜马拉雅山中。19世纪的时候,这里是来自英格兰和苏格兰的单身茶叶种植园主寄宿的地方,后来改成了酒店。我去了酒吧,喝了一杯波尔图红葡萄酒,还有一杯香醇无比的大吉岭茶,想寻觅锡金国王邂逅美国王后的遗迹……这里的人对这位美国王后都很反感,印度人说,她是垂涎王后的名号才下嫁锡金国王,当她看到锡金和印度的关系越来越紧张、王后位子保不住了,就一走了之;在她丈夫最痛苦、最需要她的时候,她却背弃了他。不丹人很憎恨她写的那篇搅事文章,表面上像是要为锡金争回领土,实际上却把锡金彻底葬送。美国人对她当然比较同情,一位美国记者说,根据王后的自传,她离开锡金国王完全是私人方面的原因,毕竟她恋爱结婚的时候是那么年轻,对人生和生活还懂得太少。的确,十九岁是很年轻、很不懂人生、很容易犯错误的,咱们十九岁的时候不也是年轻幼稚、犯过许多错误吗?那时候,咱们是根本不懂得韬晦,只渴望激进的变革,年轻人似乎和韬晦无缘。不过,不丹的国王是个例外,他继承王位的时候还不到十七岁,却很懂得韬晦。

不丹的韬晦增强了印度的信任感，印度觉得不丹的领导人比锡金的领导人聪明谨慎，比较靠得住，比较不会搅局。当印度和中国的关系在 60 年代恶化之后，印度很需要有更多的国际支持，让不丹加入联合国，可以多一个赞成票。1971 年，不丹加入了联合国，这使不丹离独立国家的地位近了一步。联合国的席位还不能等同于独立，在苏联时代乌克兰、白俄罗斯等都有联合国席位，但它们作为苏联的加盟共和国，事实上都不独立。不丹是一步一步慢慢地实现它事实上的独立。1971 年，不丹把它驻印度的代表升级为大使级，1978 年正式把它驻印度的外交机构正名为"大使馆"。这一步步的举动都争取到印度的共识，没有遭到印度的反对，于是，1979 年，不丹国王正式声明，印度和不丹的友好条约需要"更新"。所谓"更新"，就是要按照不丹的意思来诠释"第二条"：不丹在外交事务上没有条约义务接受印度的指导。此时双方的信任已久经考验，印度没有异议，同意了不丹的诠释。此后，不丹为了显示它确实不必接受印度的指导，在联合国表决一些与印度关系不大的议案的时候，不追随印度的取向来投票。譬如，1979 年表决是否赞成红色高棉政府继续保持柬埔寨的联合国席位，不丹没有追随印度，而是随着中国投了赞成票。

不丹和印度、中国之间有着错综微妙的关系，不丹要在这错综微妙的关系网络中寻求独立和发展。就不丹的独立国地位而言，不丹处于很不利的历史网络中，因为印度和中国对不丹都有历史留下的、模糊的"宗主权"遗产，印度有《普那卡条约》，中国有不丹和西藏之间的臣属传统。不丹长期以来向西藏缴纳名义贡金，虽然是名义上的,但西藏接受贡金就象征着有"宗主权"。尽管历史的网络对不丹不利,但在现实的网络中,却存在着对不丹有利的因素,这就是印度和中国有边界纠纷,双方都不愿意看到对方吞并不丹。面对这样的有利因素,如果是缺乏韬晦的策略家,会很张扬地打"敌国牌",向印度讨价还价时打"中国牌",向中国讨价还价时打"印度牌"。打"敌国牌"的策略有很大的危险性,它会增加猜疑和敌意,有可能触发对方过激的反应,成事不足败事有余。如果不丹张扬地向印度打"中国牌",表示若是印度不给它某些利益,它就要投向中国,就要在中印冲突时不帮助印度,很可能会引起锡金美国王后文章的效应,使印度认为不丹是个不可信任的"心腹之患",而生出灭掉"心腹之患"的决心。在不丹向印度争取独立国地位的漫长过程中,不丹从来没有打过"中国牌"。

不丹没有打"中国牌"向印度索取利益,印度倒是在中印关系复杂化的阴影下,主动把利益送到了不丹手中。从印度安全防卫的角度来考虑,不丹是印度北方防线中的软肋,中世纪状态的不丹完全没有现代的防卫能力,外国军队可以长驱直入通过不丹逼近印度。印度需要一个比较现代化的、比较有力的缓冲区,既然不丹是可信任的伙伴,就应该让它强大一点儿,以便在危急时刻可以帮一把手。1958 年,不丹还没有修通公路,印度总理尼赫鲁骑马来到帕罗,劝说不丹结束中世纪式的封闭落后状态,恳求不丹接受印度的援助搞现代化。为了怕不丹担忧接受援助后不能保持独立自主,尼赫鲁再三保证,不丹虽然接受印度的援助,但是不丹完全可以"按照你们自己的愿望，选择前进的道路"。以后，在不丹大量的现代化建设项目中，印度的援助占了很大的分量。

不丹聪明地从印度手里拿到了第一桶金，也拿到了独立。此后不丹又不断地拿到了第二桶金、第三桶金……不丹的初始发展资金几乎全部来自外援。除了印度给不丹援助，其他国家也大量地给不丹援助，而且条件都很优惠，数量都很大。为什么外国那么愿意给不丹援助呢？主要是因为不丹使用外援时的良好表现。世界银行对不丹使用外援的评价是："经济效益高、成本有效、透明度好。"这和许多接受外援的非洲国家形成鲜明对比，那些非洲国家的政府很腐败，外援没有用到建设项目上，大量落入了官员的私囊，贪污的官员把这些钱用来花天酒地，建豪宅、购地皮、买名车，一掷千金，奢侈消费。贪官的过度消费，往往会推高物价，引起通货膨胀。如此造成的宏观经济恶果是，外援涌入，货币供应增加，贪官奢侈消费，推高市场物价，百姓不仅没能得到外援的好处，还要承受通胀的恶果，生活反而愈加贫困。于是，外援越多，贪官越富，物价越高，百姓越穷，形成了一个恶性怪圈。难怪有人感叹道，外援成了"死亡援助"。

不丹使用外援的"良好表现"，不仅仅是没有贪污、把钱确实用在建设项目上，而且还能聪明地选择建设项目。他们选择的项目往往比提供援助的国家建议的项目更聪明，更符合不丹国情，更有发展远见。80年代的时候，世界银行要给不丹援助，建议他们修一个拦河坝，搞一个水电项目。不丹考虑到这个项目可能会对环境造成不利的影响，拒绝了这个项目。后来的事实证明，不丹的抉择的确比世界银行更有远见、更聪明。随着时间的推移，许多项目的远期效果展现出来，不丹抉择的"聪明"被愈来愈多的人认识到，这使得提供援助的国家和机构愈发愿意给不丹援助，而不丹也有了更大的空间可以选择外援，不是来者不拒，而是自主选择。提供援助的"卖方"货源特多，接受援助的"买方"可以挑拣，不丹接受外援是"买方市场"。不丹不是"拿人钱手短"要仰人鼻息，要被人牵着鼻子走；它可以选择，它可以独立自主地做决定。不丹创造了既依赖外援却又能选择自己独特发展道路的奇特模式，一般依赖外援的国家往往要受到提供援助的国家的干涉和影响，或者是明显的政策干涉，或者是潜移默化的文化影响。不丹的情况则截然不同，虽然外援是不丹初始发展资金的主导力量，但它的发展政策、发展理念却完全没有被外来力量主导过，它的"国民幸福总值"的发展模式是独创的，是另类于主流模式之外的。

看到不丹的这些聪明的决策，我常常在想，为什么不丹总能做出聪明的决策呢？是什么样的治理方式能产生这些聪明的政策呢？是一个集权的聪明国王做出了这些决策，还是一个分权的体制广集了民间智慧制定了聪明的政策？

自从现代化的西方殖民主义大潮冲开了不丹封闭的山门，集权和分权就成为不丹在现代化历程中的主要课题。旺楚克王朝建立于1907年，它的第一和第二位国王致力于集权，要把"散沙"分裂的国家统一起来。他们通过集权加强了统一，增强了对抗英国殖民扩张的力量。统一和现代化是许多亚非国家在 19 世纪和 20 世纪面临的严峻挑战，当现代化的西方列强打到了国门口，它们必须在兵临城下的危机中反省和应战，如何统一？如何现代化？如何才能不被亡国灭种？如何才能重新自立于新世界的民族之林？不丹的应战相对成功，前两位国王的集权统一努力使不丹保住了独立。不过，这个独立是在闭关自守的条件下实现的，那时不丹没有搞现代化。

不丹的现代化始于第三位国王——吉格梅·道吉，他 1952 年登基，妻子是锡金国王的表姐妹，在欧洲接受过教育，据说她对国王的"现代化"思想有很大影响。由于长期闭关自守，不丹绝大多数民众与外部世界隔绝，全然不知"现代化"为何物，国王必须自上而下地推动现代化的改革。好在那时不丹很"集权"，国王的祖父和父亲给他留下了集权的遗产，他有强大的、集中的权力来贯彻实行现代化改革的政策，譬如土地改革、解放农奴、寺院与政府关系的调整、司法与行政的分权、国民议会的建立等等。通过集权搞现代化有一个隐含的自我悖论，因为现代化有分权的倾向，国王要在集权推行现代化的过程中，不断地削减自己的权力。要想在悖论中取胜，集权执政者需要具备两个特点：第一，得有无私的胸怀，因为他必须从历史发展和社会责任的角度来考虑问题，要能够超越个人的得失。第二，得有重新分配权力的高超技巧，因为重新分配权力会涉及太多的利益纠纷和观念转变，需要有高超的技巧来完成这个复杂的历史过渡。

吉格梅·道吉是一个聪明的国王，他利用手中的集权优势进行了"具有不丹特色的"现代化的分权改革,他没有走全盘西化的道路。西方的民主强调分权制衡,强调获取权力要通过公开的竞选。吉格梅·道吉虽然建立了西方式的三权分立的框架,但框架里面的内容充满不丹特色。他设立了司法的高等法院,又建立了立法的国民议会,搭出了三权分立的西式框架,不过框架里面的议员产生方法,却是不丹式的。三分之一左右的国民议会议员是委任的,包括寺院的代表和政府的官员,另外三分之二左右的议员是非直接选举产生的,总之,不采取公开竞选的方式,而是采用传统的、协商的方法,通过协商达成共识,避免公开对立的冲突。

通过协商达成共识是不丹的传统,国王在推进现代化改革的时候,一直尽力使用这样的传统方法。譬如对寺院的调整改革,就是通过协商来重新分配财产和权力的。寺院曾经拥有大量的土地,用以维持寺院的各项开支。在进行解放农奴和土地改革的时候,国王和寺院通过协商达成共识,把寺院的土地收归国有再分配给解放了的农奴,寺院的开支则由政府补贴,僧侣领取政府的工资。这样的财产和权力的再分配,有几大好处。首先,农奴离开了昔日的农奴主,既没有去"共产"主人的土地而引起彼此的"阶级仇恨",也没有继续在旧主人的眼皮下生活而不能摆脱自卑感。他们来到了一个新的空间,得到了一片新的土地,开始了新的生活。其次,寺院和政府的关系有了新的调整,寺院失去了一些旧财产旧权力,得到了一些新财产新权力,使寺院可以在新的社会框架中扮演更适当的"现代化"角色。在现代化的改革中,寺院不仅失去了土地，还失去了他们对教育的"垄断"。以前，不丹没有现代化的学校，只有寺院办的宗教学校，这些学校给了寺院极大的软实力。在吉格梅·道吉国王的现代化改革计划中，开办现代化学校是最重要的内容之一，因为国王急需通过现代化教育来培养现代化的人力资源。现代化学校的开办使寺院失去了对教育的"垄断"，不过它也得到了"补偿"。这"补偿"不是钱，而是体制安排，使寺院能够通过现代化的渠道参与国家决策。在国民议会中，寺院得到近三分之一的议员席位，在国王的皇家顾问委员会中也有寺院的代表。另外，寺院所主张的佛教原则，更是深深地渗透进入了国家的现代化政策。所以，失去旧权力的寺院并没有成为反对现代化的阻力，相反还通过使用新权力，成为积极参与"不丹特色"的现代化改革的动力。

不丹的通过协商重新分配权力的道路，使社会避免了许多动乱和冲突。它没有发生一个阶级推翻另一个阶级的暴力革命，没有中国"斗地主"式的急风暴雨土改，没有美国废奴的南北战争，没有法国大革命的断头台，没有欧洲宗教改革纷争的血腥。

当然，这场走向现代化的财产权力再分配的变革，也不是完全没有流血事件。有过一次流血，1964 年，当国王在瑞士治病时，首相在不丹被一名军士刺杀。这次刺杀事件的表面原因是首相得罪了军人，因为他限制军人使用军车，还强迫 50 名军官退休。更深层的原因则复杂得多，据说牵扯到不丹两个最有势力的家族间的权力斗争，牵扯到对现代化改革进程的速度、对印度关系的不同意见，还牵扯到国王的西藏情妇和她父亲企图控制皇室继承人的野心。虽然矛盾如此错综复杂，最后还是通过协商达成了共识，没有演变成更大的暴力冲突。

吉格梅·道吉国王被不丹人称为"现代化之父"，他启动了不丹的现代化，在财产和权力现代化再分配的改革中，他完成了最棘手、最可能引发冲突的那部分工作。吉格梅·道吉的儿子是吉格梅·辛格，是旺楚克王朝的第四位国王，他对不丹的重大贡献是在经济发展方面，是他提出了国民幸福总值的发展战略。

在搞现代化的经济发展的过程中，吉格梅·辛格使用了集权的方法，也使用了分权的方法。国民幸福总值的概念是握有集中权力的聪明国王提出来的，但这个概念不是他坐在集权的皇宫里自己想出来的，而是他徒步走访全国之后酝酿形成的。他用了两年的时间在全国走访调查，吸取了无数民间的意见和智慧，才悟出国民幸福应该是发展的目标，而不是GDP。

重视走访民间是不丹治理的一大特色，是集权和分权的不丹式结合，集权者主动走访无权者，使无权者能表达意见，为决策输入有益的信息。不丹国王经常走访民间，老百姓很容易接近他，向他表达意见，他的"可接近性"被国际机构、西方媒体一致称颂。不丹的各级官员更是经常到基层去，决策的咨询都是从村级开始的。不丹的经济决策模式有集权的一面，譬如用五年计划来指导经济发展。但它的集权中渗透着分权的因素，基层可以通过许多渠道参与计划的制定和执行。不丹的第一个五年计划是1961年制定的，我在不丹的时候，正在执行第九个五年计划。最初的几个五年计划，主要是由中央政府的官员制定的，那时的基层参与没有正式的、体制上的渠道，只是官员走访基层听取民间意见。后来，为了使计划能制定得更切合实际、执行起来更畅顺，国王推动了一个权力下放的政策，让下层能更积极地参与计划。1981年，不丹在全国成立了二十个地区发展委员会；1991年又在地区发展委员会下面再设立小区发展委员会，这些发展委员会直接参与发展计划的决策和执行。究竟要如何分权、如何集权才能得到更聪明的决策，这一直是不丹探索的问题。当小区发展委员会进入了决策体系，不丹遇到了新的难题，在小区的层面上，懂专业的人员很少，因此小区做出的一些决策往往缺乏专业水准，不是很聪明的决策；但小区在动员基层民众参与执行发展计划方面，又有很大的优势。为了解决这些难题，不丹在不断地调整，放一些权，又收一些权，以求找到最佳的平衡点，同时也找到基层民众参与的最佳方式。

听不丹人讲他们的治理模式，常常会听到他们强调"参与"的必要性。他们强调，决策的时候有基层民众参与，可以使决策更符合人民的需要；执行的时候有基层民众参与，可以执行得更加顺畅。在西方的政治理论中，参与也是个很重要的概念。不过，当我细细品味不丹的参与概念和西方的参与概念，我发现其中至少有两点不同。

第一，西方的参与强调"参与权"，是从公民权利的角度来考虑问题，如果不让人民参与，那就是剥夺了他们的权利，一个好的政治制度，是要保护人民的权利。不丹的参与则是很"实用主义"，是为了能得到一个好的决策，是为了能更好地执行这个决策，是为了最终能为全社会增加国民幸福总值。所以，如果基层小区缺乏专业水准，那就让他们少参与正式的计划决策，让他们只是表达意见；如果基层小区有动员群众的长处，那就让他们在执行计划方面多多参与。一位不丹官员在谈到"民主"的时候说，不丹强调的是"治理"，而不是"选举"。国民幸福总值的四个维柱中有"良好的治理"，但没有"良好的选举"，这也反映了重实用、重结果的倾向，因为良好的治理是要用实际结果来检验的，良好的选举则只是一个参与的程序。不丹的参与是为了实现良好治理的结果，而不是为了体现良好参与的程序。

第二，不丹的参与有一道责任的门槛，尽了责任才能参与，不尽责任很难参与。这种所谓"负责任式的参与"，只是一种模糊的实践安排，并没有明确的制度规定，也没有明确的话语表述，但是可以感觉到。譬如，在不丹的国民议会中，虽然表面上所有议员代表对决策的参与是平等的，但实质上，有长期政府工作经验的公务员议员的参与要远远大于人民代表议员。因为那些人民代表议员多数在议会中的时间不长，对政府的运作很陌生；而公务员是政府官员，熟悉政府运作，又有专业知识，他们能够主导决策，人民代表很难与其匹敌。所以，在不丹若是想参与决策，最好是去做公务员。在不丹要做公务员难不难呢? 也难，也不难。不难的是，不丹有免费教育，读好书，考好成绩，就有可能当上公务员。难的是，考出好成绩并不容易。不丹公务员的名额不是很多，因为不丹很讲究精简机构，不丹政府机构的精简是备受世界银行和其他国际组织好评的。要想当上名额有限的公务员，需要很优秀的成绩。如果有海外大学的学位，机会就会大得多。不丹政府也提供海外留学奖学金，但是对成绩的要求很高。我们在不丹的时候，一位不丹导游的亲戚常来和我们套近乎，问我们能不能帮他在海外大学申请奖学金，他说他的成绩不够好，不丹政府奖学金的要求太高，他达不到。但他很希望去海外学习深造，这样可以帮助他以后能有更大的机会当上公务员。仔细分析不丹的这种参与决策的过程，可以看到其中隐含的一个机制：要想参与决策，就得先负起学习的责任；参与决策有一定的门槛，尽了责任的人才能跨过这道门槛。

这和我所熟悉的美国的参与很不一样。美国选民参与选举，既没有门槛，也不需要负责任。这种没有门槛、没有责任的参与方式，给政客忽悠选民大开方便之门。在美国要想当上国会议员或者总统，就要得到选民的选票；要想得到选票，就要使选民赞同竞选人所主张的政策。对于许多复杂的政策问题，如果选民没有通过认真学习和研究的门槛，他们并不清楚竞选人的主张究竟会产生什么后果，因此竞选人很容易"忽悠"选民。譬如前几年布什和共和党的议员们大力鼓吹美国社保养老金私有化，这个问题涉及经济、金融、保险等等许多专业知识，多数选民没有去认真研究，布什等人为了拉选票，就把这个复杂的问题歪曲成一个简单的问题，他们说社保养老金要破产了，未来的老人要拿不到养老金了，所以现在应该趁早把社保养老金私有化。这番危言耸听简单易懂，使很多不太了解社保养老金制度的人信以为真，以为自己将来完全拿不到社保养老金了。但如果认真研究一下社保养老金制度，就会发现"完全拿不到社保养老金"的说法讲不通。美国的社保养老金制度是现在工作的人支付现在退休的人的养老金，未来工作的人支付未来退休的人的养老金；"完全拿不到社保养老金"可能发生的条件是，社会上完全没有工作的人，只有退休的人，而这种情况几乎不会发生。可能发生的情况是，退休的人多了，工作的人少了，社保养老金会入不敷出。如何解决入不敷出的问题有许多方法，私有化只是其中一种，每种方法都有利弊。要想得到聪明的决策，应该是认真研究各种方法，再进行严肃的辩论，而不是用危言耸听来忽悠选民支持自己的政策主张。当选民没有认真负责地学习研究各种政策内容的时候，政客很容易忽悠他们。忽悠的结果是，一些"不聪明"的政策主张成为了决策，伤害了社会和大众。譬如，布什用伊拉克大规模杀伤武器的危言耸听忽悠了国会和选民，发动了伊拉克战争，最后给美国的外交和经济造成了长期的伤害。

看到美国政客忽悠选民、让"不聪明"的决策伤害社会，我真希望美国能改善这种参与制度。如果选民能够有责任地参与，政客就不能轻易忽悠大众。在参与其他许多事情的时候，美国往往有严格的、负责任的参与门槛。譬如开汽车就要驾驶执照，要想参与汽车驾驶的人，必须负责任地学习，通过严格的笔试和路试，拿到驾照之后，才能跨过门槛。设立开车的责任门槛，是为了避免不负责任地乱开车给社会带来的危害。驾驶汽车和大政决策相比，前者是小事，后者是大事，前者会造成的社会危害要远远小于后者。为什么对小事的参与有责任的门槛，而对大事的参与却不设门槛呢？这本身就不是一种聪明的制度，所以也难怪它会产生"不聪明"的决策。当科技越来越发达，当社会越来越复杂，需要决策的事情也会越来越难懂。如果不进行认真的、负责任的学习研究，是不能得到聪明的决策的，是会给社会造成越来越大的伤害的。聪明的参与制度应该是，参与的大门向所有的人敞开，但有一道责任的门槛。如果参与的大门不向所有的人敞开，而是设立种种限制，譬如种族、血统、出身、性别、财产状况、教育程度等等的限制，就会把许多对大政决策有认识、甚至是有真知灼见的人摒于门外，这是不利于获得聪明决策的。但如果不设立责任门槛，让不负责任、不了解决策内容的人也来参与，甚至是左右决策，这就如同让没有驾驶执照的人上街乱开车，在大政决策的超级公路上乱开车，其后果将不是撞死几个人的交通事故，而是引起伤及亿万人的灾祸。

设立参与的门槛可能会遭到指责，认为这会排挤教育程度不高的、非精英的草根阶层。其实理解许多大政决策问题，并不一定需要很高的教育程度，更不需要精英背景，只要肯下功夫认真学习研究，是可以跨越门槛的。这就像美国的陪审员制度，陪审员并不需要很高的教育程度，但是他必须认真聆听律师的辩论和法官的解释，认真研究讨论相关的材料，最后他能够在裁决时"参与决策"。聆听审讯和研读材料是陪审员的责任，他不能不负责任地不听不读就去参与裁决。对陪审员有这样的责任要求，是为了对被审判的人负责。如果对一个案件、一个人的审判决定，有如此严格的责任要求，为什么对一个国家、几亿人的大政决策，却不应该设立责任要求呢？

　　君主专制紧锁了参与的大门，西方的民主制度冲开了这个大门，这是一个历史性的进步。但是，当不负责任的人在大门里面无照驾车，引发了交通事故，人类就需要再次寻求历史的进步，寻求一个更理性的解决。怎么才能设置一个责任的门槛呢？怎么才能实行有责任的参与呢？现在还没有现成的答案，不丹的模糊实践安排，也只是朦胧的启示，他们也还在摸索试探。也许根本不存在"普世"的、千篇一律的参与模式，各个社会要根据自己的历史路脉摸索出一道合适的门槛。

　　今天的信是写得最长的，一直收不住笔，因为这是在讲述一个我们从年轻时代就热烈地讨论过、但久久找不到答案的问题。20世纪六七十年代的时候，我们激辩过巴黎公社的选举，80年代的时候我们崇信过西方民主制度，90年代的时候我们思索过各种政治改革模式，现在到了21世纪，我们还是没有找到最终的答案。也许根本没有最终的答案，这是一个需要人类不断探索的终极命题，是一个人类自我进化的发展过程。人是社会性动物，需要参与，需要组织。所以我们必须探索：什么样的参与和组织才能使我们更为进化？

伊文

6

怎样才能得到更大的自由？

远征，你好！

你的来信让我"刮目相看"，我觉得你快要成为"不丹问题专家"了。想不到你查了那么多不丹的资料、追了那么多不丹的新闻！你说你最感兴趣的是不丹近来的体制改革，你关心它的参与方式有了什么改进？组织的模式有了什么变化？你看到不丹正在脱离它的传统体制向西方体制靠拢，你问，在这个靠拢的过程中，不丹是否仍然还保留了一些传统的特质？

不丹向西式的民主制度靠拢早在20世纪60年代就开始了，最近的步伐当然迈得更快了，无论快慢，不丹一直在靠拢中巧妙地保留了适合自己发展的传统特质。回顾不丹向西方民主制度靠拢的历史，你可以看到它的脚步时快时慢，有时还发生过停步和倒退。它的步伐调整是和保留传统、适应国情密切相关的。1968年吉格梅·道吉国王颁布了一系列法令，推动民主化的体制改革，他放弃了国王的否决权，授予国民议会可以迫使国王下台的权力，如果国民议会有三分之二的议员对国王投不信任票，国王就要下台。后来，他还让国民议会每三年举行一次对国王的信任投票。但是1972年他逝世之后，"三年信任投票"及"迫使国王下台"等法律在1973年被废除了。当时议会是以无异议的全票通过了废

88

除这些法律的决定，根据议员们的说法，不丹是个内陆小国，"不受欢迎"的内外势力可能会利用这些法律来破坏稳定。那时的确存在着许多不稳定的因素，60年代财产和权力的现代化再分配引起的动荡还没有完全平息，发生过企图刺杀国王的事件，一些参与事件的人逃亡国外，形成了"不受欢迎"的内外势力。年轻的吉格梅·辛格国王就位之后尽力缓和派系之间的矛盾，营造稳定的环境。经过二十多年的稳定发展之后，他重新恢复了当年废除的法律。1998年，吉格梅·辛格颁布敕令，使国民议会可以对国王进行"不信任投票"，另外他还放弃了提名部长、控制内阁等等的国王权力。2005年，他向民主制迈出了更大的一步，宣布一年后他要退位，不丹要改制成为君主立宪的民主国家，要进行两党竞选。

　　我去不丹的时候，正是吉格梅·辛格将要退位前的几个月，也正是全国在酝酿选举的时候，可以听到许多关于"为什么要实行民主制度"的议论。最流行的说法是：不丹现在虽然有好的国王，但不能保证以后永远有好的国王；好国王能实行好政策，坏国王就不能实行好政策，所以要改成民主制；民主制能选出好的领导人，好的领导人能实行好政策，民主制能保证不丹永远有好的政策。但是，也有很流行的困惑：民主制真能产生好的政策吗？真能保证不丹人有幸福生活吗？看看不丹周围实行民主制的国家，它们的情况比不丹糟糕得多！印度实行民主制几十年了，贫穷、混乱、贪污，看不到什么"好政策"和"幸福生活"。很多不丹人不明白为什么非要改制，他们很满意现在的制度，不想改变。一个村妇说："我情愿让国王一个人来领导，如果把权力分了，让许多人来争，大家就会乱了套。"一位知识分子说："东西坏了才需要修理，没坏为什么非要去修它呢？可别越修越坏啊。看看南亚的其他国家，到处都是贪污腐败，我可不愿意生活在那样的环境里。"

我很能理解他们的困惑，尤其是他们对于"贪污腐败"的困惑。关于民主选举与贪污腐败的关系，中国很多人的观念是：民主选举能防止贪污腐败，因为民主选举产生的官员是受到选民监督的，如果他们贪污腐败，选民会让他们下台。这是民主理想的逻辑思维，但是不丹人从他们周边国家的民主制度中看到的，不是民主理想的逻辑，而是民主实践的现实。在印度、孟加拉、巴基斯坦，政客接受贿赂，官员舞弊贪污，比比皆是。别说南亚那些后起实行民主制度的国家，就是老牌的民主国家美国，民主也没有防止贪污，相反，有些美国的政客是为了"民主选举"而去贪污的。最近美国伊利诺伊州州长的"卖官鬻爵"就是一例，他出卖参议员的官位来为自己筹集"民主选举"的竞选资金。奥巴马本是伊利诺伊州的参议员，他当选总统之后，他的参议员席位空置了。根据伊利诺伊州的法律，州长有权指定一人当参议员，直至下一届参议员选举。这位州长向有意当参议员的人索取贿赂，让他们付给他竞选献金。他索取贿赂不是为了腐化享受，而是为了"民主选举"。在美国，竞选是非常昂贵的，电视广告的费用尤其庞大，参选人必须有足够的金钱才有可能当选。这种为了竞选献金而贪污的事情在美国屡见不鲜。所以，难怪不丹人要困惑，如果改成了民主制度，会不会引进了贪污腐败?

2008 年春天，不丹举行了第一次全民参与的民主选举。据不丹人讲，不丹的选举历史是很悠久的，只是没有搞过这种西方式的民主选举。不丹人总是很骄傲地告诉我，旺楚克王朝的第一位国王是 1907 年选举产生的，甚至在沙布隆时代，不丹就有选举。当然，那时候的选举和现在的西方式民主选举是很不相同的。在不丹奠基人阿旺·纳姆伽尔喇嘛 17 世纪创立的政教二元化国家制度中，最高首领是"沙布隆"，沙布隆是转世投胎的，不是选举产生的，但是，沙布隆手下二元化的宗教主管和行政主管都是选举产生的。宗教主管由宗教团体的精英选举，行政主管最初由寺院委员会选举，后来改为由国务委员会选举。国务委员会的成员包括沙布隆的近侍、地方长官领袖，还有行政主管自己。在很多时候，行政主管的真正权力并不是很大，地方长官领袖才是实权派。不丹最初是分为东、中、西三个大区，每个大区有一位大区长官；后来演变成两个大区：帕罗区（西）和汤萨（Trongsa）区（中、东）；大区下面还有小区，小区也有小区长官。大区长官握有很大的权力，他们掌管地方税收，负责司法治安，统领地方军队，还为中央政府采购物资。在 19 世纪和 20 世纪相交之际，汤萨大区长官就是后来成为旺楚克王朝第一位国王的乌格英，那时大区长官之间有激烈的权力纷争，乌格英在权力斗争中战胜了帕罗大区长官，撤了他的职，把自己的支持者、道吉家族的人扶上帕罗大区长官的位置。1903 年沙布隆逝世，三年后没有找到他的转世投胎者，于是沙布隆制度终结了，沙布隆手下的行政主管也被迫退休。1907 年，不丹召开了一个由僧侣精英、政府官员、有势力的家族首脑参加的大会，这个大会经过协商达成共识，宣布实行了近三百年的政教二元化体制结束了，不丹要建立世俗的君主专制体制，选举乌格英为世袭国王。

回顾不丹的选举历史，可以看到那些选举和 2007 年的选举有两大不同。第一，那些选举都是只允许少数精英参与，而不是全民参与。第二，那些选举都是协商共识式的，没有激烈对立的两党竞争，虽然长期以来不丹有不同的政治派别和利益集团，但没有政党。2007 年的选举则是全民参与，而且组织了政党，进行两党竞争。对于长久在协商共识的政治文化环境中生活的不丹人来说，他们还很不习惯在竞选中用激烈对立的姿态大骂对方。所以，在不丹竞选中很少听到美国竞选时常用的攻击性的火药味话语，多数听到的是执政承诺，譬如，要修多少公路，要提供多少水电服务，要建多少学校，要给基层医院配备多少医生和救护车等等。即使是在攻击对方的时候，不丹竞选人的语言语气也很温和，譬如，他们会说："虽然对方当选的话会把工作做好，但是，我们觉得我们会做得更好。"这样温和的语言和我所熟悉的美国竞选语言差别太大了！

我亲历了自 80 年代末以来美国的几次总统竞选，那些"恶毒攻击"很骇人听闻。老布什竞选的时候，攻击对手杜卡克斯把杀人犯从监狱里放出来为非作歹。小布什和凯里竞争的时候，布什家乡得克萨斯州的共和党人资助一些自称越战时和凯里在同一部队的人，让他们跳出来大做电视广告，说凯里骗取越战的勋章，说凯里根本没有受伤却谎报负伤窃取荣誉（其实海军医院明明有凯里负伤的记录）。当我看到这些竞选攻击的时候，总是想起"文化大革命"中乱贴大字报"揪叛徒""抓流氓"，想不到民主竞选竟然会和无法无天的"文革"揪斗异曲同工。美国的政治竞选广告要比商业竞争广告恶毒卑鄙得多，商业广告多数是吹嘘自己，而不是攻击对方，譬如通用汽车会标榜自己的汽车有多好，但不咒骂福特汽车如何坏。这些政治竞选广告则是把重心放在负面地诋毁别人上面，而不是正面地宣传自己。负面诋毁往往比正面宣传有效得多，因为负面诋毁简单易懂，正面宣传要费些脑筋去思索，对于不愿意多花时间研究大政问题的"不负责任"的选民来说，负面诋毁很容易打动他们，杜卡克斯和凯里都受了这些负面广告所累。

当不丹进行民主选举、立宪改制的时候，尼泊尔恰好发生了国王被赶出皇宫的事件。这两个事件的反差极大，不丹在"形势大好"的时候主动改制，尼泊尔在"形势大乱"的时候仓促废君。如此鲜明的对比引发了西方媒体大量的报道，不过这些报道多数是泛泛之言，缺乏深入的分析。一位负责组织大选的不丹官员则通过对比道出不丹此时改制的深刻原因："当政治经济形势好的时候搞选举和改制比较容易，如果等到危机发生的时候再搞，就会手足无措地胡乱引进新制度了。"

这位官员的话解释了不丹为什么要"东西没坏就去修理"的主要原因，在"东西没坏"的时候，可以从容地设计自己的新制度，不必匆匆忙忙把"全球化"传来的东西囫囵吞枣。细看不丹的选举制度，可以发现它不是囫囵吞枣地复制西方模式，而是糅进了许多"适合不丹国情"的东西，这些东西有的并不符合西方民主参与理念。譬如，不丹的竞选人不能谈论国家安全政策问题。在美国的大选中，国家安全政策是竞选人谈得最多的问题之一，从冷战时代的苏联问题，到后冷战时期的伊拉克、阿富汗、伊朗、朝鲜……都是热门的竞选话题。国家安全涉及最重要的大政，自然要大谈特谈，这才能体现民主参政，让大众来参与决定国家安全的大政方针。而且，国家安全与每个公民的安全利害有关，竞选人谈论这样的问题很容易打动选民。

为什么不丹不让竞选人谈论国家安全问题呢？深思一下可以理解。国家安全政策有两大特点：第一，它很重要，涉及国家和每个公民的根本利益，如果出了问题，危害面极大，而且它还牵扯到外国的反应，难以控制后果，难以挽回差错。第二，它很复杂，因为涉及外国，大多数人不容易了解全面的情况。譬如伊拉克问题，美国民众很难知道萨达姆的大规模杀伤武器的实情，也不清楚伊拉克在复杂的中东大局中的微妙地位，更不明白伊拉克国内各民族、各派系之间的错综复杂关系。如果参与有责任门槛的话，参与涉外的国家安全大政决策的门槛，应该比参与其他简单问题的门槛高得多，参与者必须花更多的时间来学习研究相关的资料。就好像陪审员裁决案件，简单的案件律师只需要陈述辩论几个小时，复杂的案件要陈述辩论几十个、上百个小时，陪审员需要聆听和研究的时间大不一样。不丹从自己处理国家安全问题的历史中，可以很深刻地体会这个问题的举足轻重和错综复杂。不丹最重要的安全问题是国家独立，不丹能从印度手中争取到实质性的独立，能使印度同意不丹对1949年友好条约第二条的诠释，全仰赖二十多年的韬晦外交政策赢得了印度的信任和好感。如果当时不丹有美国式的民主制度，两党在竞选中大谈外交安全问题，韬晦政策就很难执行得如此巧妙。一些竞选人很可能发表像锡金的美国王后那样的言论，说不丹的领土在杜阿尔斯战争中被英国非法掳去，说《普那卡条约》是不平等条约……这样的言论可以打"民族情绪牌"，攻击政敌在维护国家安全独立方面是"懦夫"，可以煽动民族情绪吸引选票。但是，这样的言论也很可能把不丹彻底葬送，使锡金的亡国悲剧在不丹上演。

在不丹选举中禁谈的一个重要话题是尼泊尔难民问题。你说你上网查不丹资料的时候常常看到有关这个问题的文章，许多文章措辞之激烈令人吃惊，有些攻击不丹国王的内容更令人匪夷所思，你让我给你介绍一下这个问题的来龙去脉。

在不丹南部有很多尼泊尔裔人，除了不丹的南部，在毗邻的印度阿萨姆邦（Assam）和西孟加拉邦北部的杜阿尔斯（Duars）地区、大吉岭地区，还有锡金地区，都有很多这样的尼泊尔人。他们多数是在英国占领印度后逐渐移居到这片土地上来的。这片土地很适于种植茶叶，盛产世界著名的大吉岭茶，英国人当年在这里开辟了大量的茶叶种植园，需要廉价劳力，因此吸引了大量尼泊尔人来这里做劳工。英国人让尼泊尔人大量移居，除了有廉价劳力等经济上的好处之外，还有政治上的好处。这个地区在历史上深受中国西藏的影响，英国人要削弱这种影响，就用尼泊尔人来掺沙子。这些廉价的尼泊尔劳力来到这里之后，当地的财主、地主也雇佣他们。不丹地主就雇用了不少尼泊尔人，这些人逐渐在不丹南部定居下来，成为不丹境内的尼泊尔裔少数民族。不丹和印度的边界线很长，没有什么防卫，住在附近的居民常随便越境，不断有尼泊尔人进入不丹。

不丹和印度交界的地方是杜阿尔斯平原，这片土地曾是不丹的领土，1865年杜阿尔斯战争之后割让给了英国，现在属于印度。我们从大吉岭开车去不丹，一路驶过的就是杜阿尔斯地区，那平原上遍布茶园，举目望去，一片深浓的油绿，隙间点缀着身背浅黄竹篾长篓的皮肤黝黑的茶农，还有徘徊的牛群，一派田园风光。在南亚灿烂的骄阳下，一片一片的茶叶好像是闪烁的祖母绿、温润的碧翡翠。我在汽车上被坑坑洼洼的公路颠得头昏脑胀，但是一看到那片温润闪烁的茶园，心里顿时舒服了许多，绿色的杜阿尔斯令人心旷神怡。

1947年印度独立，英国把这片当年从不丹、锡金等不同国家割掳过来的土地囫囵全都给了印度。这里的许多居民不认同印度的中央政府，他们希望有自己独立的国家，或者自治的地区，而不是归属于印度的西孟加拉邦。在印度多党制的政治体制框架中，这里的尼泊尔人形成了自己的政党组织，诉求独立自治；也有的尼泊尔人参加了印度全国性的政党，在那些政党中发出自己的声音。印度的政党很多，地方性政党更是多如牛毛不计其数。全国性的政党主要有甘地曾为领导人的国大党，还有共产党和其他几个党。共产党曾经在大吉岭的茶农中组织过劳工运动，不少尼泊尔人参加了共产党。50年代的时候，印度共产党主张大吉岭成为西孟加拉邦内的自治区；当地一个最大的尼泊尔人政党则要求这里成为一个中央直辖区。这里的尼泊尔人运动一直很活跃，他们从当时流行的各种政治理论中汲取着精神营养，有圣雄甘地的非暴力真理之路，有共产主义，还有民主自由主义，许许多多。

印度的尼泊尔人运动渐渐传到不丹境内的尼泊尔人社区，50年代的不丹仍处于中世纪状态，现代化改革还没有开始，绝大部分人还生活在闭关锁国的与世隔绝之中。开放的印度给不丹南部带来了外界的信息，新思潮启蒙了社区中的一些积极分子，他们受到印度独立成功的鼓舞，更受到印度地区尼泊尔人运动的感染，他们活跃起来，要民主，要自由，要平等，要革命。这些积极分子的活动引起了南方的动荡，不丹政府采取了措施，限制他们的活动，也限制外部的尼泊尔人再越界来定居。大部分积极分子因此离开了封闭压抑的不丹，移居到毗邻的印度阿萨姆邦和西孟加拉邦。1952年，流亡到印度的不丹尼泊尔人成立了"不丹邦大会党"，自称是代表了流亡的尼泊尔人和仍留在不丹的尼泊尔人，他们提出了废除封建制度、实行民主政治、保障公民政治权利等口号。他们派人回到不丹的尼泊尔人村落中去发动群众，招募支持者。但是，村民的响应并不热烈，村民们更关心自己衣食土地的实际问题，对空洞的大口号不感兴趣。1954年他们搞了一次越境示威活动，说要向不丹国王呈递他们的要求，企图能搞得像当年甘地反对英国殖民政府那样有声有色，他们准备被捕坐牢，誓言要挤满挤爆不丹的监狱。有数百人参加了示威游行，越过边卡之后，最初没有暴力行为，但后来发生了骚动混乱，不丹国民军对他们进行了镇压，据说造成了死伤，大多数人逃回印度，极少数人被捕，其中包括一些领导人物。这些人被关入不丹监狱后的第二十一天，国王吉格梅·道吉来了，国王把他们带到附近的尼泊尔人村落中，然后召集了村民，国王问村民："你们有什么问题吗？这些人从尼泊尔那边过来，说你们有问题。"没有一个村民说有问题，这使得高喊口号的示威积极分子们哑口无言。国王很策略，只把一个"不丹邦大会党"的领导人判了刑，然后把其他的领导人和积极分子们押到边界给释放了。这不仅使得不丹的监狱没有像当年英国殖民政府的监狱被甘地的追随者们挤得爆满，而且还使"不丹邦大会党"气势汹汹的运动泄了气。另外，不丹政府又对国内的尼泊尔人采取了更多的怀柔政策，譬如，1958年颁布公民法赋予在不丹定居十年以上的尼泊尔人公民权，还在刚成立不久的国民议会中增加了尼泊尔人的代表席位。这些政策很成功，南方的动荡平息了，"不丹邦大会党"在海外的活动也越来越弱，到60年代就销声匿迹了。1969年，不丹国王特赦了该党流亡海外的领袖，允许他们回归。

但是，一波才平，一波又起，这一波来自锡金。锡金境内的尼泊尔人比不丹境内的更多，而锡金国王又没有不丹国王的聪明与魅力，他在处理尼泊尔人的问题上很被动失败。当时锡金已有了宪法，也有了多党制，锡金的尼泊尔人成立了反对君主制的"锡金国家大会党"。70年代初，锡金国家大会党要求举行新的大选，要求议会中有更多的尼泊尔人代表，他们在王宫前举行示威，频频发生暴乱。国王和选举产生的首相的关系也紧张起来，从紧张到对抗，国王甚至企图阻止立法机构开会。1975 年，国王和首相的矛盾达到高潮，首相向印度呼吁求助。自从锡金的美国王后在 1966 年发表了那篇关于大吉岭的文章之后，印度对锡金极不信任，采用了很多手段来干涉影响锡金的政局，尼泊尔人的动乱和首相的呼吁给了印度一个大好机会，印度马上出兵入侵锡金，包围了王宫，软禁了国王，匆匆举行了公民投票，表决锡金是否并入印度。当时尼泊尔人占锡金人口的大多数，尼泊尔人不喜欢锡金国王，宁愿并入印度。公投的结果使锡金成为了印度的第二十二个邦，这个喜马拉雅小王国从此消亡。

锡金的消亡使不丹胆战心惊，如果没有尼泊尔人的问题，印度要想吞并锡金的困难会大得多，所以不丹决心未雨绸缪，解决尼泊尔人问题，谨防锡金的悲剧在不丹重演。导致锡金灭亡有两个重要原因是：第一，尼泊尔移民人口剧增；第二，尼泊尔移民不认同锡金的本土文化。不丹接受锡金的教训，决心从这两个方面下手解决问题。

在 80 年代，不丹推出了一系列有关解决尼泊尔人问题的政策，其中有减少尼泊尔人口的，也有增强尼泊尔人认同感的。它首先推出了"一个国家，一个人民"的政策，这个政策也叫"国家习俗和礼仪"，政府想通过让国民都实践同样的习俗和礼仪来加强认同感。这些习俗和礼仪主要包括，在正式场合要穿不丹传统服装（男人穿帼袍，女人穿旗拉），个人行为要以佛教规诫为准，宗喀语要更加标准化和普遍化。这个政策的主要着眼点是放在加强尼泊尔人的认同感方面。此外，不丹还推出了减少尼泊尔人口的政策，修改了 1958 年的公民法，以前的法律规定尼泊尔人如果在不丹定居了十年就可以得到公民权，现在改为十五年至二十年，而且要提供详尽的定居证明。这两个政策遭到了尼泊尔人的反抗，许多尼泊尔人不愿意穿不丹的传统服装，他们认为尼泊尔的文化历史比不丹悠久，不丹人是山里的野蛮人，他们嫌山里人的衣服太土，而且信奉印度教的尼泊尔人还有种姓观念，认为不丹人不是高贵种姓，更是不愿穿不丹服装。另外，尼泊尔人多数住在南方的山脚平原，那里气候湿热，不适于穿厚重的帼袍和旗拉。80 年代的时候，印度境内尼泊尔人的自由解放运动又火热起来，不丹的尼泊尔人再次受到感染，给反对穿不丹服装的运动火上浇油。尼泊尔人发动了有两万人参加的反政府示威游行，组织了"不丹人民人权论坛"，后来又发展出"不丹人民党"。他们的口号也渐渐升级，不再局限于尼泊尔人反对穿不丹服装的问题，而是提升到要为全体不丹人争取人权与民主。他们的活动遭到不丹政府的压制，双方的冲突越演越烈。1990 年，一些激进分子用遥控炸弹炸毁了一座桥，放火烧了几辆汽车，还焚烧政府的设施，一些学校、卫生院、邮局被毁掉。激进分子和不丹政府互相指控，都说对方如何如何残暴。激进分子指控不丹政府军杀人强奸；不丹政府指控激进分子在南方的尼泊尔人村落里为非作歹，看到穿了帼袍的人就去剥他们的衣裳，还敲诈勒索金钱，劫持车辆，胁迫百姓。

在激烈的冲突中，许多尼泊尔人离开了不丹，其中有运动的积极分子,也有大批所谓的"非法移民",根据新修改的不丹公民法,这些人不具备成为不丹公民的条件。他们先到了印度,后来辗转去了尼泊尔。90年代的印度已是不丹坚定的支持者,不丹成功的外交政策使印度成了它的"铁哥们儿"。印度表态说要竭尽全力协助不丹,要防守边界不让非法人群进入不丹。与印度不同,90年代尼泊尔的政治气候,却很适于尼泊尔难民运动的人权和民主的呼唤。当时尼泊尔的政治气候深受东欧民主运动的影响,柏林墙的倒塌在这个君主制的喜马拉雅山国激起了层层波澜。1990年春天,加德满都的街头涌起了波澜壮阔的游行示威,要求民主,反对专制。民主运动很快取得重大胜利,尼泊尔国王让步了,政治犯释放了,党禁开放了。几十个政党雨后春笋般涌现出来,其中最大的是国大党和共产党。1991年举行了大选,国大党在议会中获得最多的席位,共产党居次。国大党很支持不丹尼泊尔难民的民主诉求,该党领导人向不丹国王大声疾呼,要求不丹也实行多党制民主。那时候不丹人民党的领袖们非常活跃,他们到欧美西方国家去活动,希望把不丹的难民问题国际化,使国际社会能对不丹政府施压。

不丹政府采取了打太极拳的阴柔策略来应付西方国际社会,它和尼泊尔政府举行了多次部长级会谈,共同商讨如何解决难民问题,对难民进行甄别,符合条件的就让他们返回。许多年过去了,只有极少数人通过甄别返回不丹,大多数人还是滞留在尼泊尔东部的联合国难民营里。

岁月在漫长的甄别中悄悄流逝,世界也悄然发生了变化。尼泊尔难民的民主运动渐渐分离衰落，声音越来越小。西方国家没有对不丹施加什么压力，倒是为了帮助尼泊尔政府减少难民压力，让很多难民移居西方，这其实最终是帮了不丹政府的大忙，它不用再担心这些尼泊尔人要返回不丹了。最诡异的变化发生在尼泊尔，1990 年尼泊尔开放党禁实行了君主立宪的多党制民主，那时它还大声疾呼不丹也要实行多党制民主。但其后尼泊尔议会中的多党们一直在吵吵闹闹，没有对国家的发展宏图达成有益的共识。尼泊尔经济发展落后，贪污腐败弥漫，百姓生活困苦，尤其是山区的农民，深受重重剥削。共产党中的"毛派"人士向议会政府提过不少改革的方案，但都没有实质性的结果，于是他们不再相信议会斗争，1996 年他们决定到山里去搞武装斗争，走农村包围城市的道路，彻底推翻君主制，建立共和国。"毛派"的游击战使社会愈加动荡不安，使议会中的多党们愈加争吵不休。2001 年尼泊尔发生了神秘的王室灭门血案，国王、王后共 12 名王室成员全部被杀害。国王的弟弟继承了王位，他强悍地镇压"毛派"，也强悍地和议会争夺权力。2002 年他索性解散了议会，重新实行君主专制；2005 年他更是宣布全国进入紧急状态，软禁了首相和内阁成员。国王的专权不得人心，使"毛派"更加壮大，"毛派"的军队从农村向首都步步逼近，"毛派"的群众在城市里大规模地游行；在兵临城下的压力下国王终于让步，政府和"毛派"尼共签署了和平协议。2007 年尼泊尔颁布了临时宪法，组建了包含"毛派"尼共的临时议会，"毛派"尼共又回归议会斗争。2008 年 4 月，"毛派"尼共在制宪大会选举中大获全胜，当选成为执政党，5 月，国王被废黜,共和国建立了。但是,其后在共和国的联合政府中,各党派仍像90年代初那样吵吵闹闹,总理和总统对抗,参谋总长和总理冲突,将军不听国防部的命令,联合的党派分裂,总理辞职……多党们仍然无法对国家的发展宏图达成什么共识。经济情况也仍然很糟糕,食品价格飞涨,电力供应不足。尼泊尔的水电资源像不丹那样丰富,不丹可以出口电力,但尼泊尔首都却经常要每天停电16个小时。回顾这近二十年来尼泊尔的变化,好像是一个诡异的怪圈,议会斗争——武装斗争——议会斗争,多党制民主(君主立宪)——君主专制——多党制民主(共和国),多党吵闹——个人独裁——多党吵闹。当年尼泊尔向不丹大声疾呼"要实行多党制民主",想不到自己走入了一个怪圈,而不丹则过渡进入了具有不丹特色的多党制民主。当2008年不丹举行大选进行转制的时候,西方媒体一片喝彩,而对同时发生的尼泊尔国王被赶出王宫的事件,则是一片嘘声,至于不丹的尼泊尔难民问题,已经很少有人提起。

关于不丹的民主选举和尼泊尔难民问题之间的微妙关系,我听到过两个很有意思的说法。第一个说法是,吉格梅·辛格国王早就想搞民主选举,但是害怕尼泊尔人利用选举来改变不丹的文化传统,所以他要先把异类的尼泊尔人赶出去或者同化了,再在同类中展开民主选举。在同类中实行民主比较容易、比较有效率,因为同类有共识的基础,不太会出现失控的冲突和对立。因此,国王在八九十年代推出了新公民法和习俗礼仪政策,90年代后才搞民主化。第二种说法是,因为在八九十年代出现了尼泊尔难民问题，国王才不得不在90年代后搞民主化来应付国际社会。当时尼泊尔难民问题引起了国际社会对不丹政府的批评，成了不丹美好国际形象上的一个大污点。而国王又不敢让难民们回来，冒不丹文化稀释、锡金悲剧重演的危险。国王要想出一个方法来，既可以淡化污点，又可以防止传统消亡、国家沦丧的悲剧。民主选举就是这样的一个好方法。在当今西方主宰的世界话语中，民主的桂冠可以淡化许多污点，而且，有了民主制国家的名号之后，别国也不敢再冒天下之大不韪来企图吞并。

无论这两种说法是否描述了吉格梅·辛格的真实心理，它们都触及了不丹深层心理的一根敏感的神经：保存文化传统。这也是国民幸福总值的四大支柱之一。虽然习俗和礼仪的政策有同化尼泊尔人的实用主义的目的，但它也反映了不丹人心灵深处的一个理想。

你只要一踏上不丹的国土，你就可以感到不丹的这根敏感神经的跳动，看到这根神经传递出来的保存传统文化的强烈信号。最容易看到的信号是不丹的建筑，不丹的法律规定，所有的房子必须建成不丹传统式样。不丹传统式建筑的风格和西藏的布达拉宫、喇嘛寺院相似，墙壁多数是白色的，也有淡黄的、淡粉的等等淡色系列。窗框则多数是棕红色，或者其他深色，对比鲜明，反差强烈。最吸引人眼球的是房檐下面的那一圈古色古香的图案画，像是在房屋的额头上绑了一条长长的古典头饰。有的房子四周的墙壁还绘上图画，有龙，有虎，有我叫不出名字来的奇奇怪怪的动物，还有一样特殊的东西：阳具！不丹人相信阳具有特殊

这是不丹的机场大厦，也建成了传统式样，候机室的大窗户，被改造成"不丹式"的精美小窗

乡村的商店更有传统特色，这家商店的墙上画了扎着飘带的阳具，不丹人相信阳具有特殊的力量，能够驱除妖魔

的力量，能够驱除妖魔，增加生殖力，保佑家庭繁衍，甚至寺庙里的壁画上都会有阳具。典型的不丹民舍是四四方方的木结构小楼，两层或者三层，农村的房子多数是这样的。城市里有些较高较大的楼房，在廷布的街上，可以看到不少四五层高的水泥结构公寓楼，内里是西式现代化的，但外观也都保持不丹传统式样，房檐下有一圈古色古香的图案，有的窗户做成像佛龛装饰的圆拱形，有的窗框上描着吉祥的彩绘。最有趣的是飞机场和加油站，这些建筑本是现代化的产物，但不丹硬是给它们披上了传统的外衣。帕罗机场像是座宗厦，窗户的装饰尤为精致，候机室的大窗户由一扇扇小窗组成，每扇都有佛龛式的木框，描着精美的五彩图案。加油站是简陋的建筑，四壁徒空，根本没墙，本来没什么可以装饰的地方，但不丹人在加油站的棚顶檐上下了功夫，把传统房檐下面的那一圈古色古香图案画到上面，让加油站也在额头上绑了一条古典头饰。进入不丹感受到的"桃花源"震撼，和这些建筑有密切的关系。正是这些古老风格的建筑，而且是全景观的古老建筑环境，没有现代化瑕疵的掺杂，使人感到摆脱了现代社会的纷乱，回归到古老的"桃花源"。

许多国家对建筑物都有管制，尤其在一些有特殊历史价值的社区，管制是很严格的。因为建筑式样会影响整个社区的景观，而社区景观又是一种群体共有的财产，属于"公"的范畴，所以需要通过管制来维护群体的利益。外国游客对不丹政府管制建筑式样，褒奖居多，极少批评。不过，对不丹政府另一项"保存文化传统"的管制则批评极多，这项管制就是上面讲过的服装管制。

因为对个人服装的管制跨越了公私的界线，侵入了"私"的领域。如果仅从景观感受的角度来讲，看着古老建筑物中有穿古老服装的人活动，是更会增加"桃花源"的美好感觉，而且是"活桃花源"的感觉。但人和建筑不同，人是西方自由概念中的核心，如果要限制个人的自由，西方自由主义思维是难以容忍的。

不丹政府的服装管制主要是要求不丹人在上班、上学和在一些正式场合穿传统服装，其他场合则没有限制。对于外国人，不丹政府没有管制，不像伊朗政府让外国女人也要戴头巾。不过，外国人如果要参加某些宗教庆典活动，也会受到一定的服装管制。我自己就吃过一次管制的苦头。那天我去廷布的塔希朝宗厦参加一个盛大的宗教节日庆典，根据服装管制规定，所有不丹人都要穿传统服装，男人还要披上一条长长的围巾，以示庄重。对外国人的服装则没有严格管制，只是要求不能太随便、太不庄重、太没礼貌，一般来说不能穿拖鞋、短裤、吊带背心。在重要节日庆典的时候，国家电台还会在早晨广播时，发布特别的服装管制细则。那天我真倒霉，穿了条牛仔裤，到了宗厦的大门口才知道，早晨的广播规定，外国人不许穿牛仔裤，其他质料的裤子可以穿。这可把我急坏了，如果回酒店换衣服，我就看不到庆典开始时的几个精彩宗教表演了。万幸的是，我带了一条在大吉岭买的印度大披巾，围在身上可以充作裙子。检查服装的女警卫倒还很协助，帮我把大披巾搞成像不丹女人穿的旗拉那样的直筒裙，穿着还挺好看，在整个庆典活动中，我就穿着这条特殊的旗拉。

那天是"阁初"节，也可以翻译成"十日"节，是不丹最重要的宗教节日。各个大区小区，甚至许多村子，都会有自己的阁初节，具体时间可能不同，但都是在藏历某月的十日左右，多数在公历的10月，庆祝活动要持续三天到五天。阁初节还有集市，不丹人把自家生产的土特产品拿来摆卖。廷布和帕罗的阁初节是最大型的，很多很多不丹人从遥远的家乡赶来，有搭汽车来的，有走几天山路来的。一大清早，大家就到宗厦门口排起队来，等着早点儿进去能有个好位子看表演。我到塔希朝宗厦门口的时候，那里已经排了几百米的长队，大家都穿着传统的盛装，旗拉五光十色，手工织的点缀图案柔媚浪漫，上身配着锦缎绫绸小袄，在阳光下闪闪发光。塔希朝宗厦像个小布达拉宫，白墙红窗，屋顶金光灿灿，背倚青山面临秀水，里面有寺院，还有政府的办公室，国王的办公室也在里面，表演就在宗厦的内院举行。

阁初节是祝颂莲花生大师的，他是藏传佛教宁玛派的开山主师，8世纪的时候藏王赤松德赞曾请他去西藏弘扬佛法，他特别擅长密咒，密宗主张修持"三密"快捷成佛，密咒是"三密"中的口密。据说他在西藏用密咒降伏了妖魔，又和苯教辩论大获全胜。莲花生的老家在古印度的乌苌国，是斯瓦特山谷里的一个小王国，如今那地方常上国际新闻，倒不是因为莲花生，而是因为那里现在是巴基斯坦伊斯兰教塔利班分子活跃的中心。莲花生对佛教在不丹的传播影响很大，他在不丹中部的一个小王国降魔说法，使人皈依佛教。在帕罗附近的虎巢寺里有他静修的遗址，虎巢寺建在悬崖峭壁上，险峻异常，传说他用密宗法术把他的一位女弟子化成一只飞翔的老虎，他骑着飞虎升上悬崖。

　　一走进塔希朝宗厦的大门，我就听到了咚咚咚的深沉鼓声，喇嘛们已经开始表演。喇嘛跳舞是阁初节最重要的活动，这是宗教舞蹈，喇嘛们事先要静修，要在身心方面作许多准备。他们跳舞的时候，目光内敛，像是沉入在凝思冥想之中，这和一般世俗的舞蹈表演可太不一样了，世俗表演的舞者眼光流盼，与观众、舞伴眉目传情，这些喇嘛对观众、对周围世界则视而不见，完全沉浸在一个冥想的天地里。我那天看了很有名的"黑帽舞"，跳舞的喇嘛们都戴着圆形大檐黑帽子，上面有美丽的金饰，顶端还插着孔雀羽毛，身上穿着五彩缤纷的锦缎长袍，袖子又宽又大，一只手拿着一面圆形的扁鼓，另一只手拿着一柄弯钩的鼓槌，翩然起舞。黑帽舞是驱魔的，讲述一位喇嘛刺杀朗达摩的故事。在莲花生弘扬佛法之后六七十年，藏王朗达摩受信奉苯教的贵族大臣的影响，把当时西藏发生的一些自然灾害归罪于佛教，发动了禁佛灭佛，大昭寺被封闭，小昭寺变成牛圈，佛教壁画被抹掉，佛经被烧毁，佛像被扔到河里。佛教徒认为朗达摩是牛魔王下世，一个佛教喇嘛把弓箭藏在宽大的袍袖里，在大昭寺前面射死了这个牛魔王。黑帽舞喇嘛的舞袍袖子宽大，大概是象征射杀牛魔王的喇嘛藏弓驱魔。阁初节舞蹈的高潮是表演莲花生的八变相，有莲花金刚、释迦狮子、愤怒金刚等等，表现他做的许多事情，最后舞场变得像天堂般的极乐世界，莲花生给大家祈福，翩翩神灵载歌载舞颂扬莲花生。莲花生八变相是藏传佛教的重要内容，除了舞蹈还可以看到许多八变相的画，有怒目圆睁降魔的，有慈眉善目说法的。我甚至还看到过莲花生像欢喜佛那样的画相，和一

阎初节是不丹最重要的宗教节日，廷布（Thimphu）塔希朝宗厦的阎初节庆典享誉全国，各地的人都赶来参加。清早，人们穿着盛装，排队等候进入塔希朝宗厦

"黑帽舞"是阎初节庆典中的驱魔舞，和刺杀朗达摩的历史有关

位女伴面对面紧紧相拥相抱，据说这是密宗的一种特殊的修持和境界。阁初节表演的舞蹈节目，内容都和佛教有关，除了驱魔和讲述大师生平的，还有通过民间故事宣扬佛教理念的，有的故事内容曲折复杂，要演两整天才能演完，像是原始的电视连续剧。

在现代化之前，阁初节是不丹人重要的娱乐活动，那时候大多数人都是文盲，不能看书娱乐，社会上也没有电影电视，这些宗教舞剧给了他们娱乐，也潜移默化地向他们传播着佛教的理念，成为凝聚社会的重要力量。随着现代化的演进，随着娱乐形式和知识信息的增加，人们还会喜欢这些喇嘛舞蹈的娱乐吗？在塔希朝宗夏，看戏的人还是很多，但是，我看许多人未必认真看戏，他们好像更把阁初节当做社区活动，把喇嘛舞蹈当做例行的宗教仪式。这些宗教舞剧已经演了上百年，很多人已经看了无数遍，大概闭着眼睛就知道在演什么。咱们"文革"时候的八个样板戏，只看了十年很多人就能背戏文了。东西看多了会有视觉疲劳，会渴望新的刺激，记得"文革"后引进了一些港台流行歌曲和影视节目，许多中国人如醉如痴地着了迷。当不丹引进了西方和印度的流行娱乐节目，不丹人也会如醉如痴吗？这些宗教剧能和现代娱乐传媒竞争吗？

不丹是1999年才引进电视的，远远迟于引进公路、汽车、水电站等其他"物质性"的现代化东西。不丹迟迟不愿意开放电视，是惧怕电视会败坏它的传统文化，会使凝聚社会的传统价值观销蚀衰亡。它观察了电视在它周边国家产生的社会影响力，知道电视具有的洪水猛兽般的力量。但是它也知道，在现代化、全球化的大潮中，小小的不丹是无法和这洪水猛兽正面对抗的。它采取了有计划、有准备的策略来引进电视，其中的一个准备是制作自己的影视节目，传播传统的价值观。这很像是莲花生降魔，不是把妖魔杀死，而是调伏妖魔，把负面的妖魔调伏成正面的护法神。

不丹的第一部电影是 1989 年制作的，恰是引进电视前的十年，是民间传说剧，据说质量不行。但是我最近看过的几部不丹近期的电视电影，质量都不错，很贴近现实生活，又巧妙地融入了伦理价值。譬如一部电影是讲一个贫困家庭的两个兄弟的成长故事[1]，哥哥上了现代学校，弟弟进了寺院学校。哥哥学习努力，拿到奖学金去澳大利亚留学，学成归来做了工程师。弟弟寺院学校毕业后决定正式受戒做和尚，继续修行追求般若智慧。哥哥在求学期间需要用钱时，弟弟总是尽力援助。后来哥哥变得越来越追求物质享受，越来越自私。当弟弟要进行三年退隐静修的时候，哥哥先是劝弟弟不要费力做这种严格刻苦的修行，后来又不愿意花钱买东西帮助静修中的弟弟。对生活在偏僻山村中的父亲，哥哥也不愿意多给帮助。父亲逝世，兄弟俩都来参加葬礼。父亲的灵魂在葬礼中忽然表现出躁动不安，哥哥很恐慌，不知如何是好；弟弟用修行得到的智慧来安抚父亲的灵魂，使葬礼顺利进行。面对灵魂世界的启示，哥哥幡然醒悟，认识到追求虚幻的物质使自己丧失了真正的智慧。

---

[1] 不丹电影 *Tharchin*，由 Sangay Khandu 制作。

我最喜欢的一部电影是《旅行者与魔法师》[1]，那是关于一个年轻村官的故事。年轻村官是个城市青年，考上公务员之后被派到偏僻山村。他讨厌闭塞沉闷的山村生活，不屑于参加村里传统射箭的娱乐活动，他喜欢摇滚音乐，渴望外面的世界。他想到美国去，哪怕在美国摘苹果、洗盘子也能比他当村官赚的钱多。他的朋友给他介绍了一个去美国的关系，让他赶快到廷布去联系。他没能赶上当天的长途汽车，只好一路走一路想办法搭顺风车。那时正值廷布阖初节，不少人都要赶往廷布。他遇到几个同路的旅行者。一个是和尚，一个是卖苹果的老头儿；还有一对父女，父亲制了米纸，要拿到廷布阖初节的集市去卖，女儿高中刚刚毕业，放弃了上大学的机会，回家来陪伴照顾鳏居的父亲。和尚在路上讲了一个故事给大家解闷，那故事讲到两个兄弟，哥哥在一个传统的魔术学校学习，但他对魔术不感兴趣，一心只想到遥远的地方去看美女。弟弟喜欢魔术，常去偷听魔术课。有一天弟弟根据偷听来的魔术配方，给哥哥的酒里下了药，哥哥喝了之后产生幻觉，看到他家的小毛驴变成一匹大白马。哥哥骑上马向遥远的地方奔去，飞驰过风云变幻的美丽山野，在一个森林里跌下马背摔伤了腿。他瘸着腿找到密林中的一户孤独人家，请求他们帮助。那户人家只有一个老人和他年轻美丽的妻子，老人贪恋妻子的美貌，但又害怕她会被年轻男人诱惑拐走，就强迫妻子和他住在这与世隔绝的密林中。哥哥在这户人家住下养伤，等着老人去集市

---

[1] 不丹电影 *Travellers and Magicians* ，由 Khyentse Norbu 执导。

卖布时带他走出迷宫似的密林。但老人迟迟不能去卖布，因为他的妻子总说布还没有织好。妻子成心慢慢织布，是想让哥哥多住几天以解她的寂寞。她和哥哥发生了恋情，以至暗结珠胎。她怕老人知道了会打死她，就让哥哥去采些草药，用魔术配方来毒死老人。老人喝下药酒之后并没有死，但是痛苦得终夜呻吟，哥哥听到后极感恐怖，想一走了之，年轻妻子发现哥哥出走后，紧紧追去。哥哥在密林中恐惧万分地奔跑，美丽女人在身后凄厉地呼喊。当他跳过一道山涧，忽然听到女人一声惨叫，此后寂静无声。他回到山涧边，看见女人的围巾在水面上漂荡，再定睛细看，女人美丽的脸庞如幻影般在水中浮动。……哥哥慢慢地从魔术的幻觉中醒来，看到自己的木碗里只有如水的清酒，什么幻影也没有。……几个旅行者快到廷布了，一路上，村官和卖米纸的纯洁姑娘渐渐生情；他与和尚则频频辩论：到美国能不能得到幸福？什么是幸福？怎么才能得到幸福？当村官终于搭上了去廷布的顺风车时，他已不能决定，究竟是应该去美国，还是应该留在不丹？

这部电影有美丽奇幻的画面，喜马拉雅的山野，绿森森的原始密林，充满不丹风光的魅力。哥哥骑马飞奔的那一幕尤为奇幻，云层翻滚，大地飞旋，光影流转。密林中的小屋也很有魔幻的张力，既诡异阴森，又梦幻浪漫。这部电影用魔幻现实主义的手法来表现佛教的哲理，诠释痴妄追求物欲的可怕和虚幻，它把古老的佛教哲理非常自然地融入现代化、全球化的现实生活中。

我本以为质量这么好的电影一定是由一个阵容强大的专业团队制作出来的，后来才知道，那电影里的演员净是业余的，演村官的演员竟然是不丹国家广播公司新闻部主管，我后来在华盛顿见过他，他说不丹的电影通常用业余演员，很多人会客串演出，他的上司还在那部电影里扮演了一个角色，普通群众更是会被邀来扮演本色人物，那个卖苹果的老头儿本来就是个卖苹果的老头儿。不丹每年制作的电影大约有三十部，这个数字令我大吃一惊，不丹只有约 70 万人口，只相当于中国的一个县，你知道中国有哪个县每年会制作这么多的电影？不丹的这些电影都是为本土观众制作的，不是为了出口，也不是专为参加国际电影节得奖。这样的电影制作模式真是很奇特，由业余演员担纲，由普通群众参与，政府官员、社会精英也来客串。这使我想起咱们小时候在学校排话剧，咱们演过《灰姑娘》和《青年近卫军》，还演过一出自己编的小剧《再过十年你在什么地方》，你演一个地质勘探队员，我演一个宇宙飞行员登陆火星。当然咱们中学生的水平是无法和不丹电影相比的，但是二者有一个共同点，它们的目的都超越了商业的功利主义。不丹的目的是要保存他们的文化传统，要在全球化的文化冲击下求得自我传统的生存。不丹的一位官员说，不丹这样的小国，必须让自己的文化独特性生存下来，才不会在全球化中丧失自我。的确，大国在全球化的过程中，比较容易把自己的文化带入全球化大潮中，譬如中国的旗袍、印度的披巾，目前在欧美都很容易看到，小国就没有这样的优势，虽然旗拉的美丽绝不亚于印度披巾，但在欧美就很难找到旗拉。如果不丹人也不再穿旗拉，都穿起全球化的西装，旗拉将很快沦为只能在博物馆中看到的"出土文物"。

在文化传统的生存大战中，年轻的不丹电视面对的是四十几个好莱坞、宝莱坞频道。虽然不丹竭尽全力用自己影视作品的"软实力"来和好莱坞们抗衡，但在抵挡不住时也会使用"硬实力"：封闭一些外来的影视频道。有一个体育频道被封闭，因为那个频道的摔跤节目让无数男孩子疯魔，他们都模仿摔跤来斗殴。有个时装频道也被封了，据说是因为节目宣扬的价值观违背了不丹的佛教传统。不丹还封闭了其他几个频道，理由是"使文化颓败退化"，"颠覆不丹的文化价值"，"诱惑学生不努力学习"。

不丹政府的这些管制大众传媒的做法遭到外界的许多批评，被指责为违背保障新闻自由的普世价值。"自由"是现代西方人的核心价值，压制新闻自由是大多数西方人不能认同的，他们相信人生来是自由的，压制自由是违反人性的。当我们在不丹的时候，我的绝大多数校友都不认同这些管制传媒的做法，也不认同管制服装的做法。在讨论对市场自由进行管制的时候，有不少人赞同，只有正宗的市场原教旨主义者彼得坚决反对管制；但在讨论管制新闻和服装的时候，大多数人都成了自由原教旨主义者。

关于自由的定义，西方主要有两大学派。一派是从"免于强制"的角度来衡量自由，"自由是免于被强制去做自己不想做的事情"，是从被动的意义上来理解自由，所以也被称为是"消极自由"。另一派是从主动意义上来理解自由，强调自由不仅仅是"免于强制"地不做自己不想做的事，而且更是"人有自由做自己想做的事"，所以也被称为是"积极自由"。

不被强制穿不想穿的帼袍，这是"消极自由"。能够穿自己想穿的时装，这是"积极自由"。积极自由比消极自由更难实现，因为想做的事未必一定有能力去做，想穿时装但没有钱去买，这积极自由只是"空中楼阁"。怎么才能使"空中楼阁"变成"地上住宅"呢？这就需要经济、物质、信息等等的许多条件，因此，提倡积极自由的人往往还强调政府应该为国民创造和提供条件，譬如提供教育医疗服务以增加国民的人力资本，修建基础设施来改善物质环境等等。信奉市场原教旨主义的彼得只强调保障消极自由，那些主张管制市场的校友则强调要保障积极自由。当大家在热烈讨论这两种"自由"的时候，一位学哲学的校友提出了第三种自由的概念。更准确地说，不是第三种自由，而是第三种不自由。"强制穿幗袍"是第一种不自由；"没条件买想穿的时装"是第二种不自由。这第三种不自由的着眼点是在"想"上，它强调人的思想不是自由的，人的想法是受到外界的影响和控制的。譬如想穿时装，人"想"穿的时装是受时尚、品牌、广告、社会品位、时代潮流等等的影响，人被潜移默化，人被不知不觉地引导着去"想"穿一种符合潮流、追随时尚的服装，而不想穿其他服装。这也就是福柯[1]所说的知识权力，权力通过知识信息构建起一个系统来影响人们的心理和思想，这不是公开的强制，而是隐秘引导后产生的自律。这第三种自由是一种"自律自由"。

用这三种自由的概念来分析不丹的自由状况，不丹在保障消

---

[1]　福柯（Michel Foucault, 1926—1984），法国历史学家、哲学家，是20世纪最有影响的哲学家之一。

极自由方面存在问题，但在保障积极自由方面，不丹政府取得了很大成就，它提供了免费的教育医疗服务，修建了很多公路，提高了人民的收入，使人们有条件去追求自由。至于第三种自由，不丹政府采取了一系列措施企图加强人们的自律自由，不过，这也可以说是企图加强思想控制的不自由。制作宣扬不丹传统价值的电影、封闭颠覆不丹文化的外国频道，不都是为了构建一个系统来影响人们的心理和思想吗？它既是加强自律自由，也是加强思想控制的不自由。福柯是 20 世纪西方最有影响力的哲学家之一，通过分析西方国家的历史，他指出在控制社会中的偏常行为方面，现代权力和中世纪权力有很大的不同，中世纪权力使用强制性的手段，现代权力则使用思想影响、心理引导的手段。现代权力通过构建"真理"的知识系统，使人相信流行的知识是真理，并且建立起一套标准化、正常化的规范，引导偏常行为者的心理，使他们从内心深处反省自己的行为是"不正常"的，从而"正常化"自己。不丹也在进行权力现代化，不过它不想全盘引进西方的"真理"系统，而是要构建自己的"真理"系统，因为它不想让自己的文化在西方系统中消亡。

"自由"是西方自启蒙运动以来的一个核心价值，这个核心价值是建立在一个普遍认同的假设上："人生来是自由的"。我曾经很轻松地接受这个假设为普世真理，但当我仔细思索，却令我感到沉重的疑惑：人生来是自由的吗？和很多动物相比，人其实生来是更不自由的。鱼生出来就可以自由地游泳；蛇卵虽然需要孵化，但破壳而出的幼蛇能够自由爬行；小鸟破壳后虽然需要父母喂食，但很快就能自由飞翔。哺乳动物相对不自由，它们依赖母乳的时间比较长；但是它们仍然比人更自由，牛犊马驹在哺乳期已经能够站立，能够自由行走。人是最不自由的，初生的婴儿完全不能站立，要一年后才能摇摇晃晃地、由大人牵着手"不自由"地行走。人不仅在婴儿时期需要哺乳，断奶后还需要大人喂食；稍后孩子能够自己吃饭了，但还不会自己做饭；再稍后少年人能够自己做饭了，但绝大多数还不能够自己种地产米或者赚钱买米。随着生产力的发展，社会变得越来越复杂，人能够自己产米买米的年龄被越来越推迟。中世纪的时候，十三四岁的孩子可以下地干活产米，在现代社会，不仅有法律禁止使用童工，而且要想找好工作多赚钱买好米，就需要进行很长时间的学习，小学、中学、大学、研究院，社会越发达，人受教育的时间就越长。根据福柯的理论，现代学校是现代权力实行思想控制的工具，教育使人变得更加"正常化""标准化"，更加丧失自由。即使不接受现代学校教育，人只要开始牙牙学语，就会丧失许多自由。语言是自由的一大禁锢，人可以有言论自由，但没有语言自由，人没有自由来创造语言，人必须接受语言的束缚。人想要表达自己的思想，必须使用群体的语言词汇，这些语言词汇负载着群体的文化结构，只要使用一种语言，人就会身不由己地套上这个语言的结构桎梏。和许多动物相比，人在身体方面缺乏自由，在精神方面要被群体社会控制和塑造，因此，人生来是不自由的。

但是，虽然"人"比动物更不自由，"人类"却比动物更自由。人类可以制造轮船、潜艇，能够比鱼更加自由地游泳；人类可以制造飞机、飞船，能够比鸟更加自由地飞翔。人类甚至可以改变和控制基因，使人类能够有进化的自由选择，而不必被强制接受自然选择。人类之所以能够获得这些超越动物、超越自然选择的自由，正是因为人的不自由，人类的自由是以人的不自由为代价、为条件的。正是因为有了语言，人类才能够更好地沟通协作；正是因为有了学校，人类才能够更好地传播知识；正是因为人从小丧失了独立自由，人类才能够通过教化培养社会凝聚力。所以，人不是自由的，人类是自由的。

但是，人类的自由能力是需要不断进化的，而这个进化的过程，既需要有控制个体正常化的群体凝聚力，也需要有个体自由偏常的基因突变。生物进化显示，是突变的基因给进化提供了机会；但是，医学也告诉我们，基因突变是造成毁灭生命的癌症的罪魁祸首。当一个社会过度禁锢个人自由，会使社会丧失发明创新的动力；但当一个国家过度纵容个人自由，会使癌细胞泛滥腐蚀国家的凝聚力。人类的进化就是要在这矛盾的两极中寻找一个最佳的平衡点。不同的国家、不同的社会形成了不同的平衡点，有的较佳，有的较差，在全球化的生存竞争中，它们显现出各自的优势和劣势。

不丹平衡点显示的优势是，在全球化的生存竞争中，作为一个弹丸小国，它不仅没有被吞噬，被淘汰，还成功地用自己的另类发展模式取得了与大国抗衡的软实力。国民幸福总值的发展概念正被越来越多的国家接受，正对世界发生越来越大的影响。小国向大国输出了文化，边缘向中心辐射了影响，这是小国软实力的成功。它没有在全球化中丧失自我，它还向全世界输出了自我，它的国民幸福总值的文化基因正通过全球化传播到遥远的地方。这个基因是"类"的基因、这个自我是"群体"的自我，而这个"类"和"群体"的自我基因的形成和壮大，是以不丹"人"的自我个人自由的抑制为代价的。

今天的信比上次的信写得还要长，因为我要在这封信里把我在不丹的反省和思索全都告诉你。不丹的沉思终结于对自由的反省。自由是当今主宰世界的西方现代文化的核心价值，也是我们在极左压抑时代热切渴望过的，在改革开放初期激情颂扬过的。但是，当岁月使我们成熟，当经验使我们能从多种视角观察问题，当阅历使我们能通过另类模式感受世界，自由的价值就变得越来越复杂。在过去的十多年中，我们多次讨论过自由，但都没有得到满意的结论，我想我们一定还会继续讨论下去。

伊文

7

边缘范式进入了世界中心

远征，你好！

十年前我们曾经热烈讨论过不丹，那个喜马拉雅山中的小国，让我们看到了主流之外的一片天地，启发了我们思索无数的问题。那时，不丹还没有什么"名气"，知道它的人不很多。这十年来，不丹的"名气"越来越大，述及它的文章越来越多，谈论它的人也越来越多。

不过，不丹虽然名气大了，我却发现很多人其实并不了解不丹，很多文章对不丹的评述有基本的错误。

我常听到的一个错误是："不丹是世界上最贫穷的国家之一。""不丹幸福指数高，但是很贫穷。"

每次听到这样的说法，我都忍不住要告诉人家：不丹曾经是非常贫穷的国家，但现在早已不是了。按照世界银行的人均国民收入划分，非常贫穷的国家是属于低等收入国家，非常富裕的国家是属于高等收入国家，一般国家属于中等收入国家，低一点的是中低收入国家，高一点的是中高收入国家。早在十余年之前，不丹就"脱贫"从低等收入晋升为中低收入国家。以人均 GDP 来衡量，2016 年不丹比印度高 60% 以上，比越南高将近 30%，比乌克兰高27%。[1]从GDP的结构来看，不丹也已经不是低收入贫穷国家那种缺少工业的形态，2011年，它的GDP构成已是农业15.9%、工业43.9%、服务业40.2%，工业成为了经济的主要成分。

我常听到的另一个错误是："不丹的幸福指数是世界最高的。"

这种说法也是不符合事实的，因为世界上流行的、权威的幸福指数报告，没有一份说不丹的幸福指数是世界最高的。记得在我给你写的第一封关于不丹的信中，提到过怀特的"世界幸福图"，那是2006年根据问卷调查所做的一个研究，在这幸福图的排名中，不丹并不是第一名，而是名列第八。当然这第八名已经非常不容易了，因为很多比不丹更富裕发达的国家都排在它后面，譬如美、英、德、法、日等。怀特的这个研究是根据人对幸福的主观评价，没有根据GDP等客观指标。

自2012年起，联合国开始发布"幸福报告"，报告中的排名既根据主观评价，也根据客观指标（人均GDP和预期寿命）。在联合国的幸福报告中，不丹也没有名列过第一，而且比幸福图的排名更为靠后。这也是很容易理解的，因为就GDP而言，中低收入的不丹，比高收入的发达国家、中高收入的富裕国家都差。在幸福报告中名列前茅的多数是北欧富国，瑞士也名列过第一，把幸福指数化是西方经济学重视"幸福"之后发展出来的，不丹提出国民幸福总值的时候，根本没有提出什么指数，而是提出了四个发展目标（环保、公平、传统、良政），把这四个目标称为国

[1] 此处及下面GDP结构数据，均依据世界银行数据。

民幸福总值的四维支柱。指数化是西方主流经济学习惯使用的方法，GDP 就是一种指数。当主流开始学习不丹的"不以 GDP 为发展中心、以幸福为发展中心"的观念之后，他们把自己的习惯方法代入进去，创造出了幸福指数。这种代入如果搞得生硬，往往会产生令人啼笑皆非的结果。在联合国的幸福报告中就出现了一些这样的问题，譬如出现了有些国家的排名大大违反常识的现象。在"2015 世界幸福报告"里面，利比亚排名第 63，比越南（第 75）、不丹（第 79）、中国（第 84）靠前得多。难道在利比亚真是会比在越南、不丹、中国更幸福吗？2011 年的"阿拉伯之春"引发了利比亚的内战，此后数年都有大量难民逃离利比亚，有的是冒着生命危险乘小船渡海去欧洲，更多的是逃到邻国，据中东的媒体报道，利比亚人口中有三分之一的人在邻国做难民。这么多的利比亚人是因为国内"不幸福"才逃出来的，怎么可能比越南、不丹、中国更幸福呢？在这份报告中，还有一个国家的排名也非常奇怪，这就是匈牙利，排名倒数第三。匈牙利真是如此不幸福吗？2008 年的金融海啸对匈牙利打击很大，它不得不接受国际货币基金组织（IMF）的救助贷款，这当然是不幸福的，但是 2011年之后匈牙利的经济状况有了很大的改善，2013 年提前偿还了IMF 的救助债务，2014 年 GDP 以 4.2% 的速率增长，大大超过欧盟整体的增长率（1.7%），2015 年 GDP 的增长又达到 3.4%，再次超过欧盟整体的增长率（2.3%）。2015 年的幸福报告把匈牙利排名倒数第三，比索马里还落后十多位，实在是太奇怪了。

这种奇怪的结果是和计算幸福指数排名的方法相关，联合国幸福报告使用了非常复杂的计算方法，它对八个预测元素进行回归分析。这八个元素中的两个是客观指数：人均GDP、预期寿命；另外六个都是主观的评价：社会支持度、自由选择度、慷慨和睦度、腐败感觉度、快乐度、悲愤度。这些主观元素信息并不是来自统一的问卷调查，而是来自不同的民调和评测，因此潜伏着很多问题。

虽然幸福指数化的方法现在存在很多问题，但把"幸福"作为重要的发展目标，而不再只单纯追求GDP，这是主流思维的一个很有意义的转变。这个转变是受不丹的影响。

2008年的金融危机对西方的经济打击重大，对西方的经济理论思想更是震撼性触动。单纯追求GDP的主流发展模式开始被很多人质疑。2008年11月，几十位西方国家的经济学家和政府官员去了不丹，考察另类模式，寻求另类思路。不丹的以国民幸福总值为中心的发展模式开始被中心主流接受。2011年联合国大会通过决议，把幸福指数作为全方位发展的目标，不丹模式成为范式。2012年联合国召开了一次高层会议，名为"幸福：定义新的经济范式"，不丹的首相是会议的主持人。这是主流向另类的学习，中心向边缘的学习。

当主流向不丹学习的时候，不丹也在向主流学习。不丹现在也搞起了指数化，开始制定不丹的国民幸福总值指数（GNH Index）。

不丹的国民幸福总值指数包括九个领域：心理快乐、健康、教育、时间享用、文化多样性及弹复性、良政、社区活力、生态多样性及弹复性、生活水平；这九个领域里共含有33个可具体衡量的指标。根据不丹人的解释，那九个领域是要展示幸福的目标，那33个具体指标是用来对这些目标的实现状况进行量化分析。不丹人说，创制国民幸福总值指数是为了创造一种衡量工具，使得政府制定政策的时候可以进行科学量化分析，以便能够制定出更好的、更有效的政策，实现国民幸福。

不丹人对幸福指数的这种态度，使我想起他们对待传统帼袍和西式长筒袜的态度。以前我们曾经讨论过不丹对保持传统的执著，我用帼袍和长筒袜作过例子，不丹男士上身穿帼袍，腿上穿西式长筒袜，这种装束让很多西方人觉得不伦不类，因为帼袍是庄重服装，长筒袜不是，让人觉得是燕尾服配球鞋。但不丹人不以为然，他们不以西方的观念为标准，他们以自己的审美观和实用性来决定如何穿衣穿袜。长筒袜有点像不丹的软靴，配着帼袍是符合他们自己的审美观，另外，软靴又贵又不便清洗，长筒袜正好物美价廉，非常实用，所以就按照自己的需要搭配起来。"指数"是西方经济学中很流行的工具，GDP、预期寿命、入学率等等都是指数，不丹自己没有这样的东西。不丹把指数像长筒袜一样吸收到自己的发展模式中来，为帼袍似的国民幸福总值发展模式服务。

不丹这种把指数吸收进入幸福模式的做法，并没有得到所有不丹人的认同，不少人表示了异议。一位在媒体工作的不丹人说，这种指数量化幸福的做法歪曲了国民幸福总值观念，不丹的国民幸福总值观念是源于佛教信仰，是注重慈悲、知足、平静，这都是不能用指数量化的，现在把国民幸福总值搞成这个指数样子，普通不丹人都不认识它了，不丹的国民幸福总值概念进入了世界中心，但是被西方观念绑架了。

幸福中心的范式取代了 GDP 中心的范式，这是 2008 年金融危机之后出现的一个世界性动向，边缘范式移到了中心，成为中心赞赏接受的范式。不过，当中心接受了这个边缘范式之后，也把自己的一些惯性思维注入了进去，就像那位不丹人所形容的"绑架"。在国民幸福总值范式流行之后，我和一些西方人讨论过相关的问题，可以感觉到他们对"幸福"的理解是和有着佛教信仰的不丹人很不相同的。西方人讨论"幸福"，总是从"增加幸福"的角度去思考，这种思考角度很多中国人也有，他们强调的是要"增加幸福感"，而不丹人强调的是要"减少不幸福"。记得我曾经和你讲过一位不丹喇嘛对国民幸福总值的解释，他说，佛教认为"苦"是人生的本质，快乐都是暂时的，快乐总会带来痛苦，只有涅槃才可以使人最终彻底摆脱人生之苦，国民幸福总值可以做到的是使人在经历人生之苦时减少一些痛苦、避免一些不幸福。不丹人是从"避免不幸福"的角度来理解幸福，而不是从"增加幸福"的角度，这是他们佛教传统的思维惯性。正是这种思维方式，使他们在看到别人追求增加 GDP 的时候，能想到 GDP 快乐是暂时的，是会带来痛苦的，是会增加不幸福的，因而创制了避免不幸福的独特发展模式。这种对待幸福的态度，在一些具体政策中也能反映出来，譬如他们的旅游政策。由于指导旅游政策的原则不是主流思维熟悉的"增加快乐"和"增加享受"，因此到不丹去旅游的人，很可能会有不适应，会觉得"不幸福"。

不丹的商店不多，没有感染"消费主义文化"的恶疾。虽然商店不多，必要的商业服务并不缺乏。这是大山里的一个小咖啡店，有英国式的下午茶

山中小店里的孩子们都会说英语，他们兴致勃勃地和我讲话。他们身后的墙上挂着国王吉格梅·辛格的照片，是他提出了"国民幸福总值"的概念

最近几年很多中国人去不丹旅游，不少人很失望，抱怨去这个"幸福指数最高"的国家旅游并没有享受到幸福：酒店水平不高，食物单调乏味，公路塌方、汽车走得慢，没有什么东西可买，没有什么娱乐活动……有人总结说，吃、住、行、游、购、娱，是旅游的六大要素，不丹在这六方面都有缺陷，而不丹的旅游收费又太高，性价比太差。还有人根据这六大要素给不丹提建议，让不丹根据国际标准在这六方面改进。

当我听到这些批评和建议的时候，我深深地感到了主流思维和不丹思维之间的差异。我给你看一份不丹对自己旅游业的分析报告吧，他们也指出了旅游业存在的问题，也提出了改进的建议。不过他们说的问题和提的建议，和很多中国人从主流思维角度讲的非常不同。他们的分析，以国民幸福总值的四大支柱原则为框架，而不是从吃、住、行、游、购、娱这些要素出发。他们的报告首先用"公平"这个原则来分析不丹的旅游，他们认为，旅游应该为"公平"服务，而且是可以做出相关的贡献，尤其是在解决青年人失业问题方面（我在以前的信中讲过不丹年轻人的失业率比较高）。旅游业为受过教育的年轻人提供了就业机会，在这方面的确做出了贡献，不过报告指出，这种贡献现在并不是人人都能享受到，存在着不公平。首先是区域的不公平，东部、北部等交通不便的地方就享受不到旅游业带来的就业，报告因此提出了几种改进交通的建议。另外，旅游收益多数进了旅游运营商的口袋，基层社区却分享不到。有些社区虽在旅游景点附近，但是运营商不安排游客去住社区中的"民宿""农家乐"，而是搭帐篷给游客住，为的是能够自己利润最大化。改进的建议是要监管运营商，让他们必须雇佣基层社区的人当挑夫、马夫、炊夫、地区导游，同时也建议政府要在培育"民宿""农家乐"方面做更多的努力。报告还特别批评了一种影响公平的不良行为：有些运营商为了招揽顾客而私自把价格降到政府规定的最低价格以下，这种行为是要坚决制止的。不丹政府对国际游客有最低价格的规定，旺季是每人每天 250 美元，淡季是 200 美元，如此定价是为了保证进入不丹的游客是"高端"的，以防大量"低端"游客涌入而对不丹的环境和文化造成破坏。最低价格规定中的 65 美元是必须交给政府的"专利费"，政府用这些钱来改善交通、支付全民医疗教育福利等，以便旅游收益能够在社会中公平共享。不丹在旅游业方面的这些举措，都是围绕着"公平"这个国民幸福总值支柱原则的，而不是追逐多赚钱、多增加 GDP。

报告还用"环保"和"良政"的原则来分析不丹的旅游。"环保"是国民幸福总值四支柱原则之一，不丹把这个原则贯彻在"高价格、低影响"的旅游政策上。所谓"高价格"，就是通过规定最低价格把旅游价格定得很高，来控制不丹旅游的人数，以实现对不丹环境的"低影响"。近年去不丹的游客人数增加很快，这个报告特别提出了这个问题，建议要密切注意自然环境和文化环境的承载能力。"良政"也是国民幸福总值四支柱中的一个原则，报告建议了在旅游业中反腐败的举措，同时还建议了相关部门的协调举措，以改善对旅游业的治理。

最后，报告从"传统"的角度来分析旅游业，因为"发扬不丹的传统文化"是另一条国民幸福总值的支柱原则。根据这条原则，旅游业给自己的定位是要给游客介绍不丹的传统，帮助外国人理解不丹的文化。这里所谓的传统文化，既包括佛教的、历史的文化，也包括国民幸福总值这样的当代文化。报告认为，由于缺乏专业导游，现在不丹旅游业在这方面的水平还很差，建议要大力培养专业导游，要使导游具备历史专业知识，要能够透彻理解国民幸福总值的哲学，不是只会简单介绍景点。我想，很多失望而归的中国游客可能是没有遇到好的不丹导游，如果导游能够从国民幸福总值的哲学深度来介绍不丹的文化和社会，游客就可以从四大支柱原则来理解不丹，而不是从旅游六大要素的角度。

经常有人问我，要不要去不丹旅游？付那么多钱值不值得？我会跟他说，如果你是喜欢吃住行游购娱，从这六个要素来衡量值不值，你会觉得不值一去。那里吃的食品单调，不如泰国、越南的丰富可口；住的酒店不如印度的五星级豪华；那里山路太多，可能会遇到塌方，不便于行；游览风景很像西藏，而去西藏看风景更便宜；那里没有现代购物中心，无法满足"买买买"的欲望，无法享受消费主义的喜悦；那里的娱乐主要是宗教节日的活动，如果不在节日期间就看不到活动……但是，如果你不在意这些，而是想去看走了另类发展道路的一个社会，那是很值得去的。不过，"看社会"，可是和"看风景""看吃住"很不相同的。譬如，有人说不丹酒店都不够高档豪华，这说明不丹很穷，连高档豪华酒店都没有。我问他是否还看到了不丹的贫民窟，他说也没有看到。看不到高档豪华酒店，也看不到贫民窟，这两个"看不到"

可以让人"看到"的是一个社会现象：贫富差距比较小。这反映了不丹的另类发展模式，可以让人看到不丹社会的一大特征。这样的"看"和看风景完全不同，是不能光用眼睛的，还需要用脑子思考。因此到不丹去看社会，需要有心理准备，需要有另类的观察眼光。

最近一年来，关心不丹的人突然又增加了许多，增幅之大远超以前，这次巨增不是因为旅游和幸福，而是因为洞朗。2017 年夏天，当印度军队进入中国洞朗地区和中国军队近距离对峙之后，不丹成为中国新闻的热点，无数人在讨论洞朗、研究不丹。印度的说辞是：洞朗是不丹的领土，中国现在要在那里修公路，那里距离印度的战略要冲西里古里走廊非常近，因此威胁到印度的国家安全。其实隐藏在这说辞背后的是一个更深刻的地缘政治动机：印度要限制不丹和中国建立紧密的关系，生怕不丹以后会彻底摆脱印度的掌控。

2016 年夏天，中国和不丹在北京举行了第二十四轮边界谈判。中国和不丹的边界谈判从 1984 就开始，但三十多年都没有结果，主要是因为印度作梗。近年来中不边界谈判有了比较好的进展，尤其是 2016 年的谈判，双方很可能正式建立外交关系。这使印度如坐针毡。我在华盛顿曾经听一位印度外交官员说过，如果不丹和中国建立了外交关系、中国在不丹设立了大使馆，印度是无法容忍的。印度在洞朗惹是生非搞动作，深层目的就是阻止不丹进一步和中国发展关系。

为了阻止不丹和中国发展关系，印度以前就搞过很多次动作，譬如 2013 年在不丹的大选中搞动作。2013 年是不丹民主化之后的第二次大选。不丹议会中的两个大党是繁荣进步党和人民民主党，在 2008 年不丹第一次民主大选中，繁荣进步党获得 47 个议席中的 45 个，人民民主党只得到两个席位。这个结果当时令很多人感到意外，因为人民民主党的创始人[1]以前曾经担任过首相，而且他的姐妹是皇后，但他竟然没有在大选中赢得议席。人民民主党在大选中只有两个人赢得了议席，其中一位是哈佛大学公共政策硕士，在不丹政府中负责过人力资源的工作，后来他成为人民民主党的主席[2]。2008 选举获胜的繁荣进步党的主席是吉莫·廷礼[3]，以前在政府中也担任过首相，他成为不丹民主化后的第一任首相。这位首相对印度的"指导"不是言听计从，有时会绕开印度去和中国接近，譬如 2012 年在巴西里约热内卢召开的联合国可持续发展大会期间，吉莫·廷礼就与温家宝总理有所接触，谈到解决边界分歧、建立外交关系的问题。这使得印度怒火中烧，要把他赶下台，正好 2013 年不丹举行大选，印度乘机搞了动作。印度自己有几十年的选举经验，对于搞动作来影响选举结果驾轻就熟。不丹的液化石油气从印度进口，印度在不丹选

---

〔1〕 桑格·乃杜（Sangay Ngedup，1953—　），不丹政治人物，在不丹实行民主选举之前，曾经两度担任不丹首相（1999—2000 年和 2005—2006 年），他的四个姐妹是不丹国王吉格梅·辛格的妻子。

〔2〕 这位人民民主党的主席是策林·托杰（Tshering Tobgay，1965—　），人民民主党在 2013 年大选中获胜，他因此在 2013—2018 年期间担任不丹首相。

〔3〕 吉莫·廷礼（Jigme Thinley，1952—　），不丹政治人物，在 2008—2013 年期间担任不丹首相；不丹实行民主选举之前，他也担任过首相（1998—1999 年和 2003—2004 年）。

举之前提高了价格：它深知选民是短视而情绪化的，这种涨价会使选民不满，会让他们不把票投给执政党。果然，执政党的票被在野党抢去，繁荣进步党只获得 15 个席位，人民民主党得到了 32 个。印度利用选举向不丹的政客发出了警告：要想不接受印度的指导，就等着被赶下台。

我在前面的信中与你聊过不丹为了争取独立国地位而做的韬光养晦功夫，为了获得独立国地位，它韬光养晦地接受印度指导，让印度放心和开心，1979 年它终于获得了独立国地位，成为世界公认的独立国。独立国地位是不丹必须争取的第一步目标，在达到第一步目标之后，若要继续发展前行，必然会面临如何处理第二步目标的问题。现在，第一步目标已经实现了近四十年，这四十年来世界形势的发展变化，使不丹又面临许多需要处理的新问题，在处理这些问题时是接受印度指导、以印度利益为重？还是自己指导自己、以不丹利益为重？这是不丹必须走的第二步。若要以不丹利益为重，就需要摆脱印度的指导。

在实现第一步目标的时候，不丹采用的是韬光养晦战略，实行得非常到位，结果也非常圆满。在以前的信里，我对比过不丹的成功和锡金的失败。锡金没有韬光养晦，锡金王后写过一篇为锡金争权力而惹恼印度的文章，印度后来乘机就把锡金吞并了。不丹当年则是非常韬光养晦，绝不说过激的话惹恼印度，以培养印度对不丹的好感，最后争取到了独立国地位。不丹那时能够如此完美地实行韬光养晦，一个重要条件是没有民主竞选，政客不需要为了拉选票而发表过激言论，大家通过体制内的协商形成共识，韬光养晦地闷声努力争取第一步目标的实现。

现在要争取实现第二步目标了，而此时的政治大环境已今非昔比。首先是不丹已经实行了民主制，在政党层面，两党要竞选拉票，就有可能要说出不韬光养晦的话；在大众层面，人们可以对政治说三道四，出现过激言论的可能性就更大了，尤其在网络时代，发表政治言论的媒体空间非常多。我在不丹的社交论坛网站上就看到过不少激烈的言论，要比当年锡金王后的文章激进得多。我引几条给你看看。

有一条关于不丹和中国发展关系的言论，激烈批评印度和美国从中作梗："美国和印度为了他们蔑视中国的政策，粗暴残酷地把我们这个山中王国压扁，远远超过了肮脏政治的边界。这是血腥绞杀不丹。对于他们来说，不丹只是一枚用来贬低中国的棋子。他们根本不管以后不丹和不丹人民将如何。对于他们来说，只是为了他们自己国家的方便，不丹棋子是用了就可以扔掉的。"

有好几条批评印度不允许不丹修建连接东部和西部的战略高速公路。不丹东部发展落后、交通不便，这也是东部不能共享旅游业利益的一个重要原因，不丹从亚洲开发银行获得了资金，准备修建连接东西部的高速公路，但受到印度的极力反对，因为这条公路经过的地方，距离印度东北部频频发生叛乱的区域很近，印度怕因此会添乱，所以执意不许不丹修建，最后不丹政府不得不忍气吞声地屈服。

还有很多条是批评印度在不丹的水电项目方面捣鬼，让不丹债台高筑。水电是不丹国民幸福总值发展模式中的一大亮点，我们在以前的信中也讨论过，1975 年不丹开始修建第一个大型水电站，此后三十年的水电发展对不丹的国民幸福总值贡献非常大，一方面使 GDP 有了很大的增加，另一方面又没有破坏环境，而且水电带来的收入使政府可以提供医疗教育福利，提高了全民的人力资本，让全民共享发展成果。社交评论网站的批评都集中在 2006 年以后的水电项目上，一条评论说："2006 年 7 月，不丹和印度同意合作开发十个大型水电站，总计 1 万兆瓦。但由于项目推迟和成本上涨，这种合作的好处很快就消失了。在 Mangdechhu，项目的成本增加了 2.4 亿美元，在 Punatsangchhui-II 上翻了一倍，在 Punatsangchhui-I 上翻了三倍（从 5 亿美元到 15 亿美元），而且还在涨。"不少评论还说，在这些水电合作项目中，印度让不丹借印度的"高利贷"，使得不丹政府的债务大涨，由于债务与 GDP 的比例是衡量一个国家未来偿还债务能力的参考指数，债务多、比例高的国家在借贷时要付更高的利息，这就会加重这个国家的借贷成本。不丹的借贷成本提高了，印度因此一方面可以收取更多的利息，另一方面也可以从经济方面更强化对不丹的控制。一条评论说："在当今时代，主权和独立更有可能被经济控制而非政治控制所削弱，经济控制更为微妙和隐蔽。"

这些评论只是冰山一角，从这小小的一角，已经可以看到民主框架中的复杂境况。

不丹的民主化将对实现它的第二步目标发生什么影响，现在还是未知数。在追求这第二步目标的政治大环境中，不丹不仅要面对国内民主体制发出的声音，而且还要面对印度民主体制发出的声音。印度的政党成百上千，无数政客在民主框架中搞竞争、拉选票，激进的言论经常可以听到。在洞朗事件中激进言论就非常刺耳，洞朗对峙平息之后，声音小了一些，但2018年春天又强大起来，怂恿印度总理要向中国重提洞朗问题。在如何对待不丹的问题上，有些印度政客的言论更是离谱，竟然说不丹现在是印度的被保护国，印度有权随时派军队进去，根本不需要像洞朗事件那样事先询问不丹，他们称被保护国的说法是根据2007年重新协议的《印度政府和不丹政府友好条约》。这种说法是完全站不住脚的，2007年2月，印度和不丹就1949年签订的《印度政府和不丹政府友好条约》发表了声明，在协议的开头非常明确地表示："双方尊重对方的独立、主权和领土完整"，这说明不丹是有独立主权的国家，并不是什么"被保护国"。激进言论常常会用捏造的手法，编出迎合人们激进想法的"事实"，为采取激进行动铺路。这种手法往往可以煽动民粹情绪，而民粹们缺乏理性，不去核查事实，很容易头脑发热地冲向激进行动，结果使国家和社会的长远利益受损。目前在世界上，编造虚假新闻、煽动民粹情绪的情况相当严重，尤其在大众社交媒体越来越普及的情况下，用假新闻煽动非常容易，很多国家受到这个问题的困扰。

　　在今非昔比的政治大环境中，不丹要实现第二步目标面临着许多复杂的现代问题。民主化、自由化、信息化、网络化……这些是在它争取实现第一步目标时完全没有的大环境元素，那时它能够充分发挥自己的治理特长，让有社会责任感的精英通过协商达成共识，推行理性前瞻的战略，使它不仅能够实现第一步的独立国目标，而且还能够创造出国民幸福总值的发展模式，超越西方主流的范式。当不丹的政治体制"现代化"为民主体制之后，这些取得昔日成功的治理特色还能够保持吗？如果不能保持，又会有什么新变化呢？不丹能不能探索到新的另类治理方法而再次取得成功呢？我很希望不丹能够成功，那么它又可以给世界提供另类的宝贵启示，就像当年的国民幸福总值发展战略那样。

伊文

8

对抗全球化

远征，你好！

2009年初春我就从委内瑞拉回来了，但回来后几周都无法平静下来给你写信，因为委内瑞拉给我的印象太过丰富纷纭。委内瑞拉和不丹极不相同，不丹安详地端坐在喜马拉雅的云雾中，虽然神秘，但可以慢慢地观察，静静地思索；委内瑞拉荡漾着拉丁的热情，像激情洋溢的热带旋风，回荡在赤道的边缘，使我目眩。

就说"另类"吧，不丹的国民幸福总值发展模式是很另类的，不丹也在这条另类的道路上走了三十多年，但是很少听到不丹人充满激情地高声呼唤：我们是另类的！我们要和主流对抗！虽然不丹的另类模式已经引起主流世界的注意，它的许多另类的发展观念已经被不少主流世界的学者和政治领袖认同，它已经取得了和主流抗衡的另类软实力，但是，不丹很少张扬另类。委内瑞拉则完全不同，"另类"（alternative）这个词出现的频率极高，我到处听见委内瑞拉人用这个词来描述他们的各种各样政策，来表达他们要和主流对抗的雄心。

我在委内瑞拉的时候，那里正在举行一个冠以"另类"的高峰会议："拉丁美洲玻利瓦尔另类"（Alternativa Bolivariana para las Américas）的组织峰会，参加的有十多个国家的总统、总理、部长或其他的高官。这个会议高调宣示，要发展另类模式，要和美国的主流模式抗衡。这个拉美国际合作组织，是委内瑞拉总统查韦斯和古巴总统卡斯特罗在2004年发起的，打的旗号就是要对抗美国领导的"美洲自由贸易区"组织。他们说美国的组织是以自由化、利润最大化为导向，而他们的组织是以社会关怀为导向。查韦斯强调，这个组织要和资本主义的发展观念决裂，"它的名字就表明，它是另类，它不同于全球化的资本主义模式，它正在建设一个新的空间，一个经济地理、政治地理、社会文化、意识形态的新空间"。高峰会议在委内瑞拉首都加拉加斯（Caracas）的中央公园附近的一座摩天大厦里举行，大厦顶层有"拉丁美洲玻利瓦尔另类"的缩写——ALBA，这缩写在西班牙文中的意思是"破晓""黎明"，恰恰是查韦斯要表达的寓意。

我去参观一个"另类"电视台的时候，正好经过这个"破晓"大厦，只见大厦门口站了许多头戴红色贝雷帽、身穿墨绿军装的警卫人员，各国政要正在进入会场。门口附近有一幅巨型彩画，用五彩缤纷的马赛克锦砖拼砌成，画的是委内瑞拉独立战争中的英雄玻利瓦尔，他头上有一只和平鸽，衔着一长串国旗，大概这些国旗是这个"拉丁美洲玻利瓦尔另类"组织成员国的。大厦附近房屋的墙壁上满是光鲜醒目的大标语，还有五颜六色的漫画，和这幅巨画相映成趣。这类标语和漫画是委内瑞拉的一景，加拉加斯的街头到处可见，色彩大胆，随意浪漫，充满了涂鸦艺术家的想象力。这和不丹形成鲜明对比，在不丹，连不雅的阳具都画得四平八稳、端庄严肃；在这里，严肃的政治却激荡洋溢着浪漫的不羁。

离"另类"的破晓大厦不太远，有一个自称是"另类"的电视台。这是个社区电视台，在贫民窟中。它之所以自称"另类"，一是因为它发出的声音和主流媒体不同；二是因为它和主流媒体有着完全不同的经营理念。它认为主流媒体被精英垄断，普通百姓在那里没有话语权，所以要建立电视台给贫穷社区中的百姓提供一个发出声音的"另类"渠道。它的大多数的节目是由社区群众自己制作的，只要五个或以上的社区居民联名，就可以制作节目。不够五个人不能制作，因为怕有太大的个人偏见。节目的内容可以是和社区生活直接相关的，也可以是关于社区之外的问题的。为了能让没有制作经验的普通百姓掌握制作技巧，电视台办了培训班，已经先后有150多人参加了培训。电视台还出借摄影设备，使没有摄影机的贫穷百姓也有机会参与。目前在他们播出的节目中，70% 是社区居民制作的。

他们制作节目的时候不遵守主流媒体的游戏规则，譬如，主流媒体要求主持人和记者相貌漂亮、口齿伶俐。他们说，这种规则剥夺了相貌不漂亮、口齿不伶俐的大众的参与权。所以，他们的"另类"规则是，不以貌取人、不以口齿取人，相貌丑陋的人、有口吃毛病的人都可以制作节目。

他们和主流媒体的经营理念最大的不同是他们的经营目的。他们说，增加收视率、扩大覆盖面不是他们的经营目的；他们的根本目的是鼓励社区民众的参与。"不要看电视，要制作电视！"这是他们用得最多的一个口号。他们对贫民窟的居民说，物质上

查韦斯发起组织了一个冠以"另类"的拉丁美洲国际组织，高调宣示要和美国的主流模式抗衡，要发展另类模式。这个组织的名称是"拉丁美洲玻利瓦尔另类"，缩写为"ALBA"，这缩写在西班牙文中的意思是"破晓"，恰恰是查韦斯要表达的寓意。这张彩画是宣传这个组织的，其中的人像是玻利瓦尔，背后的高楼是该组织的大厦

这是个自称为"另类"的电视台，是草根民众自己办的社区电视台，不同于被精英主宰的主流电视台，他们说要通过这个电视台发出自己的声音，打破精英的话语垄断权。在电视台大门口近旁的墙上，画着这张壁画，鼓励社区民众的参与，共同培育梦想，实现梦想。这个电视台的节目制作得到了社区民众的积极参与，70%的节目是社区居民自己制作的

贫穷还不要紧，脑子绝对不能贫穷。他们把参与制作电视看作是一个自我教育、自我赋权的过程。他们说，主流媒体让百姓呆坐着看电视，让他们被动地接受精英向他们灌输的东西，让他们脑子深处贫乏。这种贫乏是最可怕的，使人失去了真正的自由，使精英能够主宰一切。在主流媒体上，精英掌握了话语权，任意歪曲贫民的形象。贫民窟的人们要想改变这种情况，就要自己制作节目，行使话语权，在媒体上展现自己的真正形象。

创建这个电视台的是几个在贫民窟长大的人，带我们参观的人就是创建人之一。他说，他的父母本是农民，20世纪60年代的时候来到加拉加斯，成为当时涌入城市的无数"农民工"中的一分子。这些农民工没有房子住，纷纷用简陋材料在城市边缘空地上搭建栖身之所。在委内瑞拉的城市化过程中，一大批贫民窟就是这样形成的。他说，他们那一代人成长的时期，电视传媒正蓬勃发展，他们的父母都忙于劳作，怕他们淘气吵闹，就让他们成天看电视。在电视里，他们看到的是一个漂亮光鲜的世界，魔幻一般，但是他们周围的现实生活，却不能在电视里看到。

当他还是个小孩子的时候，贫民窟的社区里就出现过一些"另类"媒体的苗头，那是60年代席卷世界的左翼运动孕育出来的。拉丁美洲60年代的运动主要是解放神学和大众教育，他记得在他生活的社区里来过一些巴西的修女，还有一些学生运动的积极分子。在这些人的影响下，社区里出现了自己制作的海报和简陋出版物，还有自制的录音带，这些东西发出了贫民窟自己的声音，是在主流媒体中从来听不到的，成为原始的"另类"媒体。

当他长大以后，他和几个喜欢音乐的贫民窟青年搞了一个社区的文化中心，在一所废弃的破房子里演奏自己的音乐，他们的活动吸引了很多社区邻里的参与，渐渐地人们每星期都聚会一次，除了听音乐，还讨论社区事务和政治问题，并且规划社区的文化活动。后来他们又成立了一个电影俱乐部，每周放电影，还借录像机学着拍社区中的活动。积累了拍摄经验之后，他们拍了一部贫民窟中搞传统活动的短片。他们在社区里放映了这个片子，有两千多人来看，比他们以前放外国电影时来的人多出十倍。这部短片放映的成功给了他们极大的鼓舞，使他们萌生了办社区电视台的梦想，最初他们设想过建立社区闭路电视，可惜未能实现。那时人们都说他们疯了，但是他们觉得，要想改变现实，就得有疯狂的热情。他们不停地在社区采访，制作短小节目，积累经验。1998年查韦斯在总统选举中获胜，社区活动受到总统积极的鼓励，他们得到了西部一个州的社区电视台的技术援助，终于在2000年实现了梦想，建立了自己的电视台。

因为他们不走商业电视台的经营路线，所以收入很有限。政府给社区电视台一部分资助，但是不够用。他们卖自己制作的节目，也卖广告，不过只限于社区内的广告。他们绝大多数的员工是兼职的，在外面有一份主要的工作，来电视台做事不是为了赚钱，而是为了参与，为了实现梦想。听他们谈论梦想，可以感觉到他们的梦想是和社区紧紧联系在一起的。他们在贫民窟成长和生活，对改进贫民窟的状况有强烈的要求。社区电视台为他们提供了一个平台，可以实现他们改善贫民窟的梦想。

　　加拉加斯有很大一部分居民住在贫民窟里，我看到的保守统计是有三分之一的居民，也看到有统计说高达60%。这所谓的"贫民窟"，当地人称它为"barrio"，绝大多数是非法建筑，建在空旷的公共土地上。贫民窟里的房子质量差别很大，有砖瓦结构建得不错的，也有用铁皮纸板胡乱搭建的。这些地方原本没有基本设施，水电、排污、道路都没有，不过，当一个贫民窟的房子越建越多、聚居的居民越来越密之后，政府会提供水电等基本服务。这些服务的质量往往非常差，譬如经常停水，缺少路灯，街道路面坑坑洼洼，山边的房子受山泥倾泻的影响等等。这些问题是贫民窟居民非常关心的，"另类"的社区电视台为居民提供了讨论这些问题的平台。通过讨论，不仅许多问题得到了解决，而且还能引起社会的关注，使贫民窟的声音可以进入社会主流的话语。

　　查韦斯大力提倡这样的"另类"社区电视台和其他一些"另类"的社区机构，强化社区建设是查韦斯的玻利瓦尔革命的重要内容，也是使他能够在选举和公投中连连获胜的重要原因。我这次去委内瑞拉就是想看看"另类"的玻利瓦尔革命，现代化往往伴随着社区的弱化，委内瑞拉的社区是如何"另类"地建设起来的呢？

　　我这次是随"环球交流"的旅行团去的委内瑞拉，这是一个很"另类"的美国旅行机构，它的旅游宗旨是要给旅行者提供切身接触当地社区的机会，使人能够看到真实的外国社会现实，用自己的头脑理解那里的问题，超越主流媒体的肤浅报道。他们说，这样的旅游，应该比单纯的游山玩水更有意思，也更有意义。所

委内瑞拉有很多"另类"的扶贫学校，它的学生大多数是家庭妇女和其他贫苦的成人，他们在少年时期因为贫困或早婚早育，失去了求学的机会，此后由于文化程度低缺乏良好的谋生技能，一直不能摆脱贫穷。他们渴望能有人生的第二次机会，"另类"学校给他们提供了第二次机会。这些学校允许家庭妇女带着小孩来上课，这是一堂英文课

办"另类"的扶贫学校是查韦斯的玻利瓦尔革命的重要内容，其中的许多教育项目是用玻利瓦尔时代的独立战争英雄命名的，譬如提供大学和研究院教育的项目命名为"苏萨"，他是玻利瓦尔最钟爱的将军。在这间"另类"学校办公室的墙上，挂着苏萨的侧面头像，旁边还有切·格瓦拉的画像，格瓦拉也是很多委内瑞拉人心中的英雄

以，在它的旅游安排中，有很多参与当地社区活动的项目，给人机会接触当地各色各样的人物。

我们在加拉加斯住了几天之后，就去西北部的拉腊（Lara）州，参与那里的小城镇和乡村的社区"另类"活动。拉腊州在安第斯山脉中，委内瑞拉的南部是亚马孙热带雨林，中部有湿热的平原，西北部有安第斯山。安第斯是世界上最长的大陆山脉，从北到南贯穿南美洲，北部的起点在委内瑞拉，山脉在这里从加勒比海升起。拉腊州就在安第斯山的北段，山区里有不少贫穷而美丽的小镇和山村。

我们参观的第一个社区活动项目是"另类"的扶贫学校。我本以为这些扶贫学校和中国的"希望学校"差不多，看了之后才知道它们根本不同。"希望学校"是给贫困地区的孩子们办的，而这些学校是给成年人办的，它的学生大多数是家庭妇女。这些成年人在青少年时期，或者因为家境贫困，或者因为早婚早育，失去了求学的机会。此后由于文化程度低缺乏良好的谋生技能，一直不能摆脱贫穷的困境。他们渴望能够有人生的第二次机会，这些学校给他们提供了第二次机会。这些学校设置了从小学到大学的各种课程，以适应各种人的不同需要。大学部的一位老师还告诉我，他们正雄心勃勃地准备办社区大学的研究院，提供硕士课程。

我问她目前的大学本科有哪些专业，她说有八个专业：新闻、法律、教育、社会管理、环境管理、体育教育、医疗保健、农业经济。我很好奇他们为什么会设立这些专业，这些专业既不属于传统家庭妇女热衷的家政、人文艺术之类，也不属于市场热门的电脑、财会、文秘之类。是不是这里的家庭妇女很"另类"、偏爱这些专业呢？她的回答很简单，她说："这些专业是社区需要的，我们的毕业生绝大多数都留在我们的社区，要在社区工作的。"

我恍然大悟！显然，我的思维太"主流"了，在我熟悉的主流学校里，学生大多是"适龄"的年轻人，他们毕业之后往往不满足于在自己出生的小小社区里生活，而是向往到更大的天地里去寻找更好的工作，越是贫困的社区，这种"社区离心力"会越大，优秀的学生离开了贫困的家乡，贫困社区陷入"人才危机"的窘况。而这些"另类"学校培养的学生，则没有这种"社区离心力"。她们是家庭妇女，有深深的社区之根，她们要在社区里长久地生活，她们渴望把自己的社区建设好。

把思维从"主流"调整入"另类"之后，我又仔细看看他们的专业设置，"新闻"和"法律"专业还是有点儿令我困惑，在我的印象里，新闻、法律是和大城市联系在一起的。不过，经那位老师的点拨，我再次恍然大悟：这里新闻专业毕业的学生多数去社区的"另类"电台工作。以后我又参观了几个社区的电台，果然发现那里的许多工作人员是从社区的"另类"学校毕业的。至于"法律"专业和基层社区的关系，我是后来才体会到的，原来那是和查韦斯的"大众主权""全民参与制宪"有关，容我以后再给你做详细描述。

在我接触的"另类"学校毕业生中，学"社会管理"的最多。这个专业和美国大学里的"公共行政管理"专业很相似，我自己在美国读的一个硕士学位就是"公共行政管理",虽然是近二十年前学的,但还记得当时的许多课程。在我的研究院课程设置中,三分之一的时间是要学数理统计,在我后来的工作中,数理统计也是经常使用的政策分析工具。我问这些学生她们是不是也学数理统计,她们都说学过,但绝大多数都说忘记了具体内容。虽然她们忘记了一些书本知识的内容,但"另类"学校的教育的确改变了她们的生活,也通过她们改进了社区。我后来见到过许多这类的例子。

我们住在一个山区小镇里,这是个很典型的委内瑞拉小镇,在镇的中心有一个玻利瓦尔广场,像个大花园,长着郁郁葱葱的参天大树,当中有玻利瓦尔的塑像,四周有教堂,还有镇政府的办公室,社区百姓喜欢坐在大树底下休息和聊天,许多社区活动也在广场花园里举行。我在委内瑞拉的时候,全国正紧锣密鼓地准备进行公民投票,表决总统任期是否应该受到限制。正方和反方都在进行激烈的拉票活动,从加拉加斯到山区小镇,到处都是海报,到处可以见到支持者和反对者在发表演说。政府已经设立了许多投票站,里面装了电子投票机,还有工作人员在教人如何使用这些机器。小镇的广场当中就有一个投票站,一位中年妇女在给人讲解电子投票机的使用方法。她很有讲解示教的才能,像个讲课清楚、很受学生欢迎的老师。我过去和她攀谈,才知道她一年前从社区大学毕业,学的是社会管理,现在正在准备上硕士班。她说她以前没有工作过,一直是家庭妇女。由于上了大学,毕了业,她才有机会做这份工作,使她能赚一些钱,不必总是伸手向丈夫要。她很喜欢现在的工作，可以服务社区，还能扩展视野。

在小镇里住了几天，我发现在这些"另类"社区学校上过学的人真是很多。我们投宿的地方是离广场不远的一个"合作"酒店，那酒店的房子是几排西班牙式的白色小别墅，红色的圆瓦，黑色的雕花门窗，客房前面有拱形回廊，可以眺望乡村山景。酒店里有一个餐厅，在这个餐厅的厨房里工作的三个女人，都在"另类"的社区学校学习过，一个学的是教育，另一个是旅游，还有一个是学"招待"（hospitality）。旅游和招待都不是大学课程，是"另类"社区学校提供的一个就业培训教育项目。

参加就业培训班的多数也是家庭妇女，这些培训班除了培训工作技能，还帮助学生"创业"。所谓"创业"，就是帮助他们创办一个"合作"企业。查韦斯的玻利瓦尔革命的一大亮点是推动合作企业的发展，大多数合作企业是由五个或更多的合作成员办起来的，企业内的高层管理人员由选举产生，每月企业举行一次员工大会，通过协商或表决做出重要决定。查韦斯推动合作企业是把它当作"另类"经济模式，用它来和主流的"资本主义"企业抗衡，自从查韦斯 1998 年当选总统之后，合作企业大量涌现，从以前的七百多个增加到二十几万个，成为世界上合作企业最多的国家。

我们在委内瑞拉参观了好几个合作企业，给我印象最深的是一个生产果酱的小厂，是由六个农村家庭妇女合作搞起来的，就在那个山区小镇附近。牵头的妇女看上去像有五十多岁，矮矮胖胖，她请我们去她家吃午饭。她家住在一所古老而简朴的小房子里，她说是祖上传下来的，还特别提醒我们注意这房子的"古老"特点：没有窗户。我本以为老房子没有窗户是因为那时候缺少玻璃，想不到她说，没有窗户是为了不让女人看到外面发生的事情。她说那时候的女人很少出门，只有当孩子生了重病，才会带孩子出去看医生。

一进房子是一个大房间，当中有一张大餐桌，铺着镂花的白桌布，上面有为我们准备好的午餐。四面墙上装饰着各种各样的东西，有一幅很大的格瓦拉画像，还有一个长架子，上面放着几十个体育奖杯，她说那都是她的孩子们得的奖。在这些画像和奖杯之间的空隙中，又见缝插针地挂了许多东西，圣母像、月份牌、风景画等等，还有她的"另类"大学毕业证书。房间里最夺目的是玻利瓦尔的画像，骑着白马，披着斗篷，占据了一整面墙，她说这是请人画的壁画。她从小就听说过玻利瓦尔的故事，后来读了诺贝尔奖得主马尔克斯写的关于玻利瓦尔的小说，使玻利瓦尔从一个空洞的历史人物变成了她心中真正的英雄。1992年查韦斯发动政变失败，被关入监狱，她就请人画了这幅壁画。我当时不明白为什么要在查韦斯政变失败的时候，而不是他成功当选总统的时候画壁画，后来当我对玻利瓦尔、查韦斯和委内瑞拉的历史有了更多的了解之后，才体验了她画壁画的心境，当然这是后话，以后再告诉你。

她们的果酱厂是十多年前开始办的，那是在查韦斯当选总统之前的一两年。她们当时完全没有资金，只能在自己家的厨房里做果酱。她们用当地的热带水果做原料，多是自家种的，有芒果、芭乐果、菠萝、木瓜……这些水果都是有机产品，不用化学肥料和杀虫剂。她们做果酱，也做蜜饯，午餐的时候我们都尝了，很好吃，有一股特殊的新鲜香味。她们的产品很受市场欢迎，果酱厂办得很成功。拉丁美洲举行过一次妇女合作企业的国际大赛，委内瑞拉有二十几个妇女合作企业被提名，她们是其中之一，得了第一名。她们用那次大赛的奖金在村里盖了一所房子，离她家不远，我们也去看了。里面有一个大厨房，果酱、蜜饯就是在这里做的；旁边有一个小房间放着柜台，摆着她们的果酱和蜜饯罐头，还有其他和她们联盟的合作企业的产品，我看到有肥皂、文具、手工艺品等等。这小房间算是个零售商店，不过没有专职售货员，经常不开门。她说她们的产品主要是卖给城里的经营零售服务的合作企业，这个小店只是为附近村民服务的，顾客不多，多数是认识的人，不开门的时候可以到她家去叫她。她很喜欢城里的零售合作企业，因为他们给的价格公道。如果卖给批发商，那些"资本主义"的中间商总是千方百计压低价钱，从中剥削。

听到她抱怨中间商，又尝到她果酱蜜饯的美味，我心血来潮想给她出谋划策，帮她促销产品、扩大生产。我对她说，现在互联网很发达，如果她们做网络销售，既可以避免中间商的剥削，又可以扩大市场，这些果酱、蜜饯是有机食品，很受西方消费者的欢迎，可以向欧美销售。如果开拓海外市场成功，她们就可以把企业做大，赚取更多的利润，获得更大的发展。

没想到，她的回答是："我们不想把企业做大，现在赚的钱就够了，可以给我的孩子们基本舒适的生活了。如果要做大企业，就要雇很多工人，剥削他们。我们只想把产品卖给附近的社区，没有必要扩展海外市场搞全球化，那是资本主义。那样做会给我的心理很大压力，会使我的灵魂失去平静，上帝不喜欢贪婪的人。"

听了她的回答，我哑口无言。我意识到我的思维又太"主流"了，他们有一个"另类"的空间，那是一个有着另类价值观、另类思维模式的空间。

在和委内瑞拉的合作企业家们讨论经济的时候，我常常会在"主流"和"另类"的空间碰撞中迷惑，记得印象最深的一次迷惑是和一位农业合作企业的成员谈论"市场"。那天我们去参观一个农业合作企业，他们的大棚暖房建在山坡上，四周有碧绿的青山，大棚旁边有五彩的野花，远近山谷里还有西班牙和印第安混合风格的农舍，环境很美。我们走进大棚的时候，一个皮肤晒得红里透黑的中年农民正和几个皮肤白皙的小青年在刨地。中年农民是这个农业合作企业的成员，那几个小青年是美国的大学生。虽然布什政府把查韦斯描绘成恶魔似的独裁者，这些小青年却想要用自己的眼睛来看看委内瑞拉的另类模式。

中年农民向我们介绍他们的生产，他说他们不使用化学肥料和杀虫剂，生产的都是有机农产品，他们种草莓，还根据城市消费者的口味，种消费者爱吃的蔬菜。我忽然想起曾经听到过的一些中国农业新闻，某年大蒜涨价，农民跟风种了很多蒜，结果后来蒜价大跌，农民亏了大本。这类新闻常有，农民不能把握市场价格的预测，跟风种东西，搞得血本无归。我很好奇这个合作企业是怎么解决这个问题的，他们怎么预测城市消费者的口味呢？他们怎么决定该种什么东西呢？我向他提出了这个问题，他回答说："市场会告诉我们该种什么东西、种多少东西。"看来他们是按市场规律办事，根据市场需求信号来决定生产。不过我仍有迷惑，农产品有较长的生产周期，若按上一季的市场需求信号，很可能不适合本季的口味；若要按本季的市场需求信号，又不可能即刻生产出来，于是我继续向他请教。想不到他继续坚持说："市场知道它顾客的口味需求，它早就告诉我们了，我们是按照它的要求来计划生产的，都是按计划进行的，没有发生过问题。"我越发迷惑，这究竟是什么样的市场？这又是什么样的计划？难道这市场的无形之手预先编好了计划，悄悄递给他们一张小纸条，让他们知道了未来的需求？若真有这样诡异的无形之手，那倒真是市场经济和计划经济的天作之合。

正当我迷惑不解的时候，我们的专职翻译听到这场持续迷惑的讨论走了过来。刚才我和农民谈话的时候，是由一个美国学生翻译的，他的水平不够高。来的这位翻译是委内瑞拉大学的英文讲师，而且参加过许多次"环球交流"的活动，对政治经济问题很熟悉，他马上破解了我的迷惑。他说，我所说的"市场"和那位农民所说的"市场"完全是两个概念，我说的市场是经济学的宏观市场，他说的市场是具体的市场，是指"农贸市场""超级市场"的市场。

原来，农民的合作企业和城市里的超级市场合作企业结成联盟，定向供给这些超市农产品。城里的超市合作企业也走"社区路线"，他们的顾客都是社区里的家庭，他们很了解顾客的口味，而且有些超市合作企业是消费者的消费合作企业，他们更是知道自己的需求，所以预测市场需求很准确。在合作企业联盟中，产品价格是由双方协议决定的，由于没有中间商的费用盘剥，双方都划算。超市合作企业知道社区消费者愿意接受的价格，农业合作企业知道自己生产的成本，通过协商他们达成一个合理的价格协议，并且计划需要的产量。在社区中、在较小的市场范围内，这样的价格预测和产量计划是相当可行的。当然，顾客也会有预测不到的口味变化，譬如，也许有人忽然爱吃外国苦瓜，合作企业没有及时生产销售苦瓜，爱苦瓜者会到其他商店去买。不过，这样的新爱好往往不会完全冲击掉老口味，按老口味生产出来的蔬菜仍然会有需求，起码在一季之内不会消失得无影无踪，农业合作企业可以根据新口味在下一季调整自己的生产。农民们虽然不能抢赚到苦瓜最俏时的高额利润，但也还可以赚到预期的一般利润，不会亏大本。

这种走社区市场路线的合作企业，让我看到了一个"另类"模式，的确和"主流"的、走全球化市场路线的"资本主义"企业大不相同。因为是在社区的小范围之内，供求的信息比较容易掌握，尤其当消费者本人参与了消费合作企业的经营，更是把消费者的需求信息直接带入销售决策。在这个模式中，生产者和消费者的关系非常密切，很容易沟通，较容易预测出供求平衡的最佳值。生产者和消费者的关系越密切，供求平衡越容易掌握。当人是自给自足的农民的时候，他知道自己的需求，他生产自己的供给，他掌控自己的供求平衡，他不参与商品交换，不需要无形之手，或者说，无形之手就是自给自足者自己的手。社区的合作企业经济比自给自足经济的规模大了，大家需要参与交换，但是因为范围小，信息流通很顺畅，无形之手的活动一目了然，生产者容易跟着无形之手的动作来计划生产，无形之手是一只友好合作之手。当交换范围进一步扩大，规模超出了社区，甚至超出了国界，进入了全球，信息流通就变得越来越复杂，无形之手的力量就变得神秘而巨大，社区合作企业难以应付这样复杂巨大的神秘之手，那里是主流的资本主义企业的角斗场。

　　一个企业是否走"社区路线"，和企业经营者的价值观有重大关系。我看到的那些成功的社区合作企业，他们的经营者都表现出安于小康、反对贪婪的倾向。如果那些农民想抢赚苦瓜最俏时的高额利润，如果那些果酱厂妇女想开拓海外市场增加利润，他们就不会采用这种社区路线的经营方式。那些农民和妇女并不十分富裕，那个大棚农民开着一辆很老旧的汽车，那个果酱厂女人住在一所没有窗户的老房子里，但他们都安于小康，不贪婪追求过多的物质消费。如果他们接受了消费主义的价值观，他们就会想买名牌的新汽车，想盖漂亮的新别墅，他们就必然要追求更多的利润，不能安于社区的小市场。是什么样的价值观使他们安于小康、安于社区的呢？是什么样的价值观使他们对全球化的大市场说"不"的呢？在他们的谈论中，我常常听到他们流露出很强烈的"反资本主义"的价值取向。他们说，在查韦斯当选总统之前，在所谓的"第四共和国"时期，政府推行自由资本主义政策，在全球化的名义下，富人和跨国公司勾结在一起剥削穷人，全国有 70% 的人属于贫困人口。这些资本主义的公司只顾自己贪婪追求利润，完全没有社会责任感，它们污染自然环境，腐蚀传统价值，用消费主义诱惑大众，鼓励极端个人主义，使社会道德败坏。他们认为，"主流"的经济模式是不公正的，所以他们要采用"另类"模式，合作企业就是他们抗衡"主流"的"另类"经济模式。

根据我的观察，他们的"另类"模式和"主流"模式主要有四个不同的地方。第一，他们的企业内部结构强调平等，反对剥削；第二，他们的企业目标不是利润最大化；第三，他们不追求规模增长；第四，他们把市场定位在社区之内，生产者和消费者沟通密切，采用社区市场计划经济的独特模式。后来我读了一些介绍玻利瓦尔革命"另类"经济模式的文章，对这个模式有了更理性的了解。他们把这个模式称为"内生发展"（endogenous development）模式，是和"外生"相对立的，所谓"外生"是指全球化，"内生"则是侧重社区的凝聚和发展。这个模式强调要把社区的文化、经济和社会潜能调动起来，构建生产和消费的本土网络，形成"参与和民主的大众经济"。在这个本土网络中，生产者、消费者、社区组成了凝聚性的交易体，他们不以利润为动力，而以社区凝聚为目标。我看到的大棚农业合作企业、女人的果酱合作工厂、城里的合作超市，就都参与进入了这种凝聚性的交易体。

在这个"另类"的发展模式中，合作企业是其关键成分。查韦斯当政以后制定的宪法明确规定，国家要推动和保护合作企业。政府设立了"大众经济部"，这个部的职责就是支持合作企业的发展，它负责把政府的合同订单优先签给合作企业，向合作企业提供低息或者无息贷款，对合作企业减免税收。政府还开设了一个培训项目，帮助大众开创合作企业，这个项目后来冠名为"格瓦拉使命"。培训除了提供生产经营方面的知识技能，还宣传合作企业的价值观，强调要打造"社会生产企业"。这种企业的定义是："在这种经济实体中，工作自身有合适的、可证实的价值，任何工种都不受到歧视，任何职务都不享受特权，企业成员之间平等，共同参与计划来决定生产。"

从 2004 年到 2007 年，委内瑞拉有超过 67 万人参加了培训，合作企业雨后春笋般涌现出来。但是春笋并非个个能成材，据统计，60% 的注册合作企业根本没有运作。大棚农民和果酱厂女人也说，他们知道好多合作企业一哄而上，但很快就办不下去了。尽管许多春笋没有成材，但从宏观效益来看，合作企业还是为委内瑞拉经济做出了很大的贡献，目前在 GDP 总值中合作企业的比重占14%，合作企业还为社会提供了很多就业机会，18% 的劳动力是在合作企业工作。更重要的是，这些在合作企业中工作的人很多以前是长期的失业者，是贫困人口，合作企业为脱贫做出的贡献要大过对 GDP 的贡献。

在委内瑞拉，我看到不少关于合作企业的文章，很雄心勃勃。其雄心不是要让合作企业对 GDP 做出大贡献，而是要把合作企业作为基本工具来构建新经济制度。根据玻利瓦尔革命的原则，这个新经济制度应该以社会凝聚为基础，不应该有剥削。合作企业具有包容性，能包容和凝聚更多的人，尤其是那些曾经被资本剥削排斥的弱者，所以可以成为构建新制度的工具。他们把合作企业称为是"另类商务模式"。

自从美国发生金融海啸之后，很多人在思考"主流商务模式"存在的问题，在探索另类商务模式。我最近看了尤努斯的一本书[1]，就是讨论新的商务模式和资本主义前途的。尤努斯是经济学家也是银行家，是 2006 年诺贝尔和平奖获得者。尤努斯在这本书里提出了一种新的商务模式概念，他称为"社会商务"。尤努斯的社会商务和委内瑞拉的合作企业有一点很相同，它们都不以利润最大化为经营目标。不过，它们也有不同，尤努斯的社会商务不反对资本主义，主张应该用纯粹的资本主义方式来经营社会商务企业，因为资本主义的经营方式很有效率；社会商务和传统资本主义商务不同的是它们的经营目标，而不是它们的经营方式。传统资本主义经营的目标是利润最大化；社会商务的经营目标是社会公益。按照尤努斯的定义，社会商务企业成立的时候要给自己制定一个社会公益目标，譬如扶贫、环保、卫生健康等等。然后它们像资本主义企业一样，去资本市场筹募资金，它们会清楚地告诉投资者，这个企业不追求利润最大化，投资者以后只能按合

---

[1] 穆罕默德·尤努斯（Muhammád Yunus）:《创造一个没有贫困的世界：社会商务和资本主义的未来》（*Creating a World without Poverty: Social Business and Future of Capitalism*, Public Affairs 出版社，2008）。

同逐渐收回本金，得不到任何分红；企业产生的利润都要留在企业内部，用于可持续地扩大社会公益服务。尤努斯说，用资本主义方式经营社会商务，可以使这些社会企业自给自足，避免慈善公益机构经常陷入的一些窘境，譬如要花费大量时间精力去募捐等等。当然，很多人会质疑，这些企业能找到投资者吗？有人会愿意投资给没有分红的企业吗？尤努斯在他的书里给出了许多社会商务的成功例子，包括他自己创办的孟加拉穷人银行"格拉明银行"（Grameen Bank），以及格拉明集团中的其他社会商务企业。最近，格拉明集团和著名的跨国公司丹侬集团（Groupe Danone）成立了一个合资公司，成为世界上第一个跨国社会商务企业，他们还在巴黎上市了一个社会商务基金，吸引了很多投资人。尤努斯说，"主流"的自由市场经济学含有一个谬误，它曲解了世界，把人扭曲为一元化的经济动物，似乎企业只能追求利润最大化，似乎人只有追求利润的一元化愿望。事实是，人类的愿望是多元化的，人类需要多元化的商务企业来满足多元化的愿望，其中包括追求社会公益的愿望。传统的资本主义企业只追求利润最大化，只能满足人的一个愿望；社会商务企业可以弥补传统制度的不足，使资本主义制度多元化。资本不仅仅可以追求利润，也可以追求社会公益。

尤努斯还描绘了一张未来的图景，看了真让人心潮澎湃、心驰神往。他说，当人类挣脱了利润最大化的一元化思维的束缚，当社会商务的观念被多数人接受之后，华尔街会出现"社会华尔街日报"，报道社会商务的消息，就像现在的《华尔街日报》报道传统商务消息一样；在道琼斯指数旁边，会出现"社会道琼斯指数"，标示社会商务企业股票的价值升降。这些社会商务企业股票的价值，是由它们的社会目标实现了多少来决定的。譬如，"社会华尔街日报"刊登了一条消息，A 城的传染病感染率降低了 30%，于是，那个以降低 A 城传染病感染率为目标的社会商务企业的股票价格就会上升。在社会商务周围，还会出现许多其他机构，会计、审计、监管、公证等等，这些机构曾经使传统商务透明有效地运作，未来它们将发展出专做社会商务的分支，使社会商务也能透明有效地运作。在大学里，会出现社会企业管理硕士的课程，吸引无数青年，就像现在的企管硕士一样热门。……尤努斯说，这不是乌托邦，这是资本主义的未来，是一个更为完整、更为完善的资本主义。

在尤努斯的"完整、完善"的资本主义社会中，人不再被扭曲成只有一元化愿望的经济动物，人的多元化愿望都能有渠道发展、有机会满足。虽然委内瑞拉的玻利瓦尔革命和尤努斯的完整完善资本主义理想有许多差异，但有一点是相同的，它们都反对把人扭曲成一元化的经济动物，都想提供渠道来满足人们多元化的愿望。

玻利瓦尔革命是通过在社区创立"另类"渠道，来满足人们的多元化愿望。这些渠道和社区建设融合在一起，多数建在社区中，社区电台提供谈论政治的渠道，社区学校提供修习文化的渠道，社区中心提供唱歌跳舞和其他各种各样多元化活动的渠道。离开山区小镇的前一晚，我们去了山里的一个小村庄，到最基层的社区中心，看那里的多元化渠道。

那个村庄离小镇挺远的，汽车在山里转了很久，夕阳西下的时候才到了村子里。村里的公路很好，堪称一流，但房子一般，多数是一层的平房，不少是西班牙建筑风格的，房顶上盖着红色的圆瓦，也有很多是平平常常的，说不上什么建筑风格。房子不像是新盖的，不过粉刷得干净亮丽，雪白的墙壁配着蔚蓝的大门，橙黄的农舍嵌着乳白的窗户。不少房子的门口停着汽车，但都是相当老旧的。

村里的社区中心在一个像是仓库的房子里，也粉刷得干净亮丽。里面沿墙放着一圈白椅子，墙上有几个墙报贴板，除了贴了几张通知告示之外，大多数贴的是村民们自己画的画。最大的一张是玻利瓦尔头像，是水彩画，鼻子画得很长很低，不像一般的玻利瓦尔标准像，不知道作者是没有掌握好脸部比例呢，还是有意的艺术变形，以突出玻利瓦尔的性格，表现他那充满成功和悲剧的复杂人生。旁边有一张画是山村集市，有好多人物，使我想起《清明上河图》。另外还有几张画，有画唱歌跳舞的，有画基督教圣徒的。

这个社区中心是村民们唱歌跳舞聚会的地方，那天晚上村民们为我们表演传统舞蹈，多数舞蹈是赞颂他们的庇护圣徒安东尼的。安东尼是天主教的一位圣徒，当地人崇拜他。在拉腊州，每年夏天7月有一个圣安东尼节，清晨人们在教堂做弥撒，然后簇拥着安东尼的圣像一边歌舞一边游行，弹着吉他，打着木鼓，摇着砂槌；喧闹的人群穿过弯弯曲曲的大街小巷，分发着节日的面包，畅饮着用龙舌兰仙人掌酿成的酒，从清晨狂欢到黄昏。游行的时候跳圣安东尼卫士舞，男人舞动着细长的木棍，互相敲打，噼啪、噼啪、噼啪，人们唱着激情的赞歌：

> 呵，我的父亲，圣安东尼，
> 你在哪里？我看不见你。
> 让我来和他同声歌唱吧，
> 我将带着我的梦想出发。
> ……

那天晚上表演的第一个节目就是圣安东尼卫士舞，是两个看上去已有六十岁左右的男人表演的，他们头戴浅黄色的巴拿马草帽，身穿米黄衬衫褐黄长裤，和墙上贴的唱歌跳舞画中人物的衣服一样。他们先向放在墙根的圣安东尼像单膝跪拜，然后挥舞细木棍跳起舞来。圣安东尼卫士舞是男人的舞蹈，不过那天表演的其他节目则多数是男女共舞的，女人穿着下摆很大的、层层叠叠的花裙子，很像是西班牙人跳弗罗明戈舞时穿的大裙子。有一个舞蹈节目非常喜剧化，男人是个懒汉，不想下地干活儿，愁眉苦脸地跳着舞装出各种病痛来，一忽儿装腰痛，一忽儿装腿痛，他的老婆信以为真，给他捶背、给他揉腿，男人越发装得起劲，索性浑身发抖，倒在老婆怀里；此时愁眉苦脸的黯淡音乐忽然转为明媚欢畅、热情的歌声响起来，男人不再装病，拉着女人的手旋转，跳起欢快的舞蹈。

　　给这些舞蹈伴奏的主要是三样乐器：吉他、木鼓、砂槌。村民们告诉我，这三样乐器代表了他们的三个文化之根。吉他是欧洲西班牙人的乐器，木鼓是非洲黑奴带来的，砂槌是美洲土著印第安人跳舞时用的。跳圣安东尼卫士舞的一位老人是村里舞蹈小组的领头人，他说他从七岁就开始跳这种舞，跳了几十年。这种舞蹈渗透着委内瑞拉民族混合的历史血脉，西班牙人、印第安人、非洲人，他们的文化血脉在共同生活中融合起来，培育出这种舞蹈。在他年轻的时候，大家都爱跳这种舞，一代一代相传。但是后来，年轻人迷上了电视里的那些东西，不再喜欢这种舞蹈，很

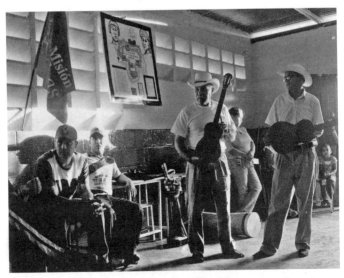

这是拉腊州的一个乡村社区活动中心在举办传统舞蹈活动。拉腊州人把安东尼视为庇护圣徒，夏天有圣安东尼节，平时跳舞前要向安东尼的圣像单膝跪拜。安东尼的圣像也摆在这个活动中心，就在右起第二个拿着吉他的男人的腿边

多人都不会跳了。玻利瓦尔革命推动社区活动，社区办了舞蹈学校，现在年轻人又开始喜欢这种舞蹈了，老人就在舞蹈学校里教跳舞。那天参加舞蹈表演的，有不少年轻人。不过年轻男人都没戴巴拿马草帽，也没穿规范的黄衣黄裤，他们很随意，穿着牛仔裤和T恤衫。表演舞蹈的女人无论年轻年老，倒都穿着大下摆的层层叠叠花裙子。有的女人身材苗条，也有的丰腴，甚至肥胖，但大家都跳得很认真、很开心。

表演完毕，社区舞会开始，刚才坐在墙边椅子上看表演的村民，都拥进了当中的舞池。浪漫的音乐响起来，节拍回旋激荡，让人感到腿脚隐隐骚动，村民热情地邀请我们和他们一起跳舞。你是了解我的，从小就不会舞蹈。但是，那激情音乐的召唤，那浪漫气氛的感染，我几乎是身不由己地和他们舞动起来，我自己都想象不到，我竟然能这么快就学会了跳舞，而且能够如此投入。我感到身上的一条从未开通过的渠道忽然被启动了。

因为第二天一早要离开这里去加拉加斯，我们不能在山村留得太晚，所以没等舞会结束，我们就离开了。但是大家都余兴未了，坐在汽车里仍兴致勃勃。我们这个旅行团里有个团员是美国牧师，他会讲西班牙语，刚才和村民们聊了很久。别人都不太懂西班牙语，只能和村民跳舞，没机会谈话，此时都想听牧师讲讲，刚才村民聊了些什么。

这个牧师属于"解放神学"派的，这是60年代在拉丁美洲涌现出来的一个基督教派运动。"解放神学"创新地诠释了基督徒应该如何传福音，主张传福音应该是像耶稣基督那样在物质上和精神上关怀穷人的福祉，而且是付诸实践的关怀。传福音不是仅仅在口头上传播教义，还必须付诸行动，实践真理要比信仰真理更为重要。它强调传福音首先是要采取行动，把穷苦人从贫困和压迫中解放出来。"解放神学"出现的时候，拉丁美洲弥漫着严重的贫富差距和社会不公平，大批追随者被"解放神学"深深地吸引，他们深入城市的贫民窟和乡下的贫穷村落，从基层社区开始搞"解放"，帮助穷人解决各种问题。"解放神学"遭到一些红衣主教的抵制，认为他们对《圣经》的诠释太过创新，有违正统教理。80年代之后，"解放神学"运动的声势渐弱，但是，在世界各地仍有不少人坚守"解放神学"的信仰，关注着社会的公平发展，关怀着人类的精神和物质福祉。

牧师说，刚才他和村民们聊了很多，给他最深刻的印象是，这些村民都能摆脱消费主义的诱惑，不把买大汽车、大房子当做幸福，而是把幸福更多地寄托在参与社区活动中。他说他在美国讲道的时候，常常宣扬这样的生活方式和这样的价值观，但他总是遗憾地看到，很少美国人能够坚持这样的价值观、实践这样的生活方式，大多数美国人仍然痴迷于消费主义，无节制地追求多赚钱、多消费。

牧师说的也正是我看到和感到的，为什么在消费主义横行的时代，这些委内瑞拉村民能够接受这样的生活方式和价值观呢？我问我们的英文讲师翻译，在委内瑞拉的文化中，是不是有些特殊元素能够使人更重视内在的精神享受而看轻外在的物质？他说我观察到的现象不全面，我没有看到另外一些委内瑞拉人是如何

地看重外在物质。他举了一个例子，委内瑞拉风靡选美，在环球
小姐竞选中委内瑞拉人得过许多冠军，很多人把选美成功当做人
生追求的幸福目标，为了外在的、物质性的美丽，人们争相去做
各种美容手术，委内瑞拉是世界上美容手术率最高的国家之一。
他又说，在委内瑞拉，你可以看到很多现象同美国惊人地相似，
尤其是在加拉加斯的大型购物中心，你会觉得就是在美国。那种
消费主义的文化，从商品的陈列、商场的布置，到人们的消费态
度，都和美国太相似了！最后他说，看到拉腊州这些社区里的人
们的生活方式和心态，他也很感动，希望以后有更多的委内瑞拉
人能采取这样的生活方式、建立这样的心态。

　　在以后几天的活动中，我接触了更多的委内瑞拉人，知道了
更多的委内瑞拉文化和历史，了解了更多的委内瑞拉生活和现实。
我似乎得到了更多的解答，却也触发了更多的疑问，我一直在追
寻着一个又一个的答案，让我慢慢地告诉你我的追寻。

伊文

9

当资源被精英独吞的时候

远征，你好！

你的思绪好像在陪伴着我的追寻，你来信提到的几个问题，正是我追寻时一直思索的。你很惊讶委内瑞拉会有70%的人属于贫困人口，你问，委内瑞拉有丰厚的石油收入，为什么它还会有这么多穷人？你查了委内瑞拉和中国的人均GDP，1990年委内瑞拉是中国的七倍多，2000年是中国的五倍，即使委内瑞拉的贫困标准定得比中国的高一些，贫困人口如此庞大也是令人费解的。你问，什么是"第四共和国"？为什么第四共和国会用石油财富"造就"了这么庞大的贫困大军？

我先讲给你听一点儿第四共和国的历史，再告诉你"石油财富创造贫困大军"的故事。第四共和国的时间跨度很大，从1830年延续到1998年。委内瑞拉的第一共和国创建于1811年，那是在独立战争时期，很快就被西班牙殖民政府镇压下去。随后玻利瓦尔领导创建了第二共和国，存在的时间也很短暂，也被西班牙击败。1819年建立了第三共和国，玻利瓦尔是第一任总统，那时他的雄心是要把西班牙在拉丁美洲的几个殖民地都"解放"出来，联合成统一的合众国，疆域涵盖委内瑞拉、哥伦比亚、厄瓜多尔、巴拿马等地。他解放了这一大片土地，但没有能够维系联合统一。

那时候分裂主义的力量很大，委内瑞拉最终从合众国里分离出去，庞大的合众国分崩离析。玻利瓦尔结局凄惨，分裂主义者们视他为死敌，委内瑞拉政府甚至不允许他回国。1830年，流亡中的玻利瓦尔贫病交加，凄凉地死在哥伦比亚的一个小城里，委内瑞拉的第四共和国也是在这一年诞生的。一位力主分裂的将军是第一任总统，在此后的一个世纪中，委内瑞拉经历的是典型的拉丁美洲"卡迪尤政治"。"卡迪尤"（caudillo）是指那些有传奇经历的强悍领袖，多数是军人，他们用铁腕推行社会政策。在这个卡迪尤政治世纪的末期，委内瑞拉发现了石油。1912年，委内瑞拉的第一口油井开发了，石油工业开始蓬勃发展。此后，石油对委内瑞拉的经济和政治产生了深刻的影响，给委内瑞拉带来了滚滚金钱，但也带来了贫富悬殊和贪污腐败。

石油给委内瑞拉经济带来的第一个大影响是"荷兰病"，这是许多石油生产国的通病。它主要有两大症状：一是非石油行业的萎缩，二是通货膨胀。这两个症状在委内瑞拉都非常明显，而且极其严重。非石油行业的萎缩造成了大量的失业，这些失业者是很难进入石油产业的，因为石油是资本密集型行业，能吸纳的就业很少。于是，一边是石油暴富者，另一边是非石油的失业者，社会向两极分化。"通货膨胀"更加重了两极分化的程度，面对飞涨的物价，低收入者、失业者的生活愈加穷困，陷入了赤贫。

除了"荷兰病"，石油还给委内瑞拉经济带来了另一个伤痛：财政赤字大增。石油本应该增加政府的财政收入，但由于国际石油价格的波动，使不善于规划未来的政府适得其反，"因福得祸"。

169

加拉加斯街头有许多政治漫画，这幅漫画延续几十米，讲述委内瑞拉的历史，从印第安人时代到当代。图中的片段是第四共和国之初，左下角的白发老人是第四共和国的第一位总统派斯（José Antonio Páez, 1790—1873）

第四共和国实行了一百余年的卡迪尤独裁政治。图中的军人是戈麦斯（Juan Vicente Gómez, 1857—1935），这位卡迪尤统治了委内瑞拉三十年左右，在他任内，委内瑞拉发现了石油

1958 年之后委内瑞拉进入民主政治时代。图中叼烟斗者是贝当古（Rómulo Betancourt, 1908—1981），被称为"委内瑞拉民主之父"，他是"老两党"之一的民主行动党的领袖。但是"老两党"的民主很快蜕变为腐败的"盟约民主"，最后葬送了第四共和国

当石油价格高涨时，财政收入大增，政府大手大脚花钱，还推出许多建设周期很长的大工程；国库的丰盈又使近水楼台者很容易贪污，腐败之风弥漫开来。当石油价格猛然下降，政府收不住自己的手脚，那些未完成的大工程则需要继续投资，而"蔚然成风"的贪污行为也刹不住车，国库骤然亏空。政府只好借债来填充国库，继续维持开支，因此造成了大量的财政赤字。从 1970 年到1994 年，委内瑞拉的外债从 GDP 的 9% 增加到 53%。

石油给委内瑞拉的经济带来的是病痛，给委内瑞拉的政治带来的则是一个更可怕的毒瘤。石油收入造就了一个庞大的相关利益集团，他们成为委内瑞拉的政治经济精英的核心，主宰石油工业，也主宰政府。他们和贫困的民众两极分化，形成了不能沟通、没有共识的两个阶级。在这样的阶级权力结构之下，他们掌握的政府总是推行优先保护他们自己利益的政策，而以牺牲普通民众的利益为代价。当经济受到巨大震荡的时候，这种牺牲会把普通民众推入无法承受的境地，引发触目惊心的结果。1989 年的撤销价格补贴暴乱，就是一个触目惊心的例子。

80 年代石油价格大跌，政府财政收入骤降，委内瑞拉货币贬值，某些精英乘机利用贬值时期的外汇政策来贪污投机，结果造成国库彻底亏空。1989 年初，委内瑞拉决定向国际货币基金组织（IMF）借款，来应付财政问题。IMF 信奉市场原教旨主义，以推行新自由主义的经济政策著名。它的核心宗旨是，让市场决定一切，政府不要以社会效果、贫富调剂等等为理由来干预市场。它坚信市场化能最有效地推动经济快速增长，不要怕一小部分人先富起来，只要蛋糕做大了，穷人最终也能分到一杯羹。向IMF借款，就要实行IMF主张的政策。其主张的一条重要政策是：政府撤销对民众生活必需品的价格补贴，因为这能减少政府对市场的干预，也能减少财政赤字。委内瑞拉实行了IMF的政策，撤销了一些民生必需品的价格补贴，譬如汽油、面包、牛奶、通心粉等的价格补贴都被撤销。霎时间，汽油的价格上涨了一倍，公共汽车的票价提高了一倍，食品的价格也大大上涨了。这些商品的涨价，对精英们的生活影响不大，因为这些东西在他们日常生活的开支中所占比例很小；但对贫困大众来说，则伤害极重，这些商品在他们的日常开销中所占的比例很大，若要涨价一倍，他们根本无法支付。这次撤销补贴的涨价引起了暴乱，群众抢劫食品商店，政府派出军队镇压，结果在加拉加斯造成了至少二三百人的死亡。我在委内瑞拉的时候，好几个当时在贫民窟生活的人向我描述过这次事件，他们都有认识的朋友被打死打伤。

从这个撤销价格补贴暴乱事件中，可以窥见"石油财富创造贫困大军"之一斑。如果石油财富只被一小部分人独占，当石油价格高涨的时候，他们独吞高价带来的利益，不把石油收入用于减少贫困人口；而当石油价格下跌时，他们却利用手中的权力，把跌价引起的问题转嫁给无权的平民，使更多的人沦落到贫困大军之中。正因为如此，委内瑞拉才会用它的石油财富创造出越来越庞大的贫困大军。

委内瑞拉的例子使我不由得想起咱们曾经多次讨论过的"蛋糕论"：当经济增长把蛋糕做大了之后，穷人得到的那份是不是也自然会增大？委内瑞拉的现实显示，穷人得到的那份未必自然会增大。在自由市场的经济结构中，当富人的蛋糕增加的时候，他们的资源和话语权也在增加，因此他们能够有更大的力量来控制蛋糕的分割，他们可以使自己的份额越来越大，使穷人的份额越来越小。如此的分割最终会导致社会的动乱，把整个蛋糕搅得一塌糊涂。当蛋糕增大的时候，如果不重视分配的公平合理，引起动乱的可能性会很大，甚至会比蛋糕不增加的时候更大。

高速增长、分配不均造成社会动乱的问题早已引起社会学家和经济学家的注意，也有不少理论是探讨这个问题的，其中很有意思的一个理论是"相对剥夺论"（the theory of relative deprivation）。根据许多国家的实证例子，"相对剥夺论"指出，在经济高速增长的同时，不满足感往往也在增长，这种不满足主要源于人们的一种"相对剥夺"的心理。"相对剥夺"和"绝对剥夺"不同，"绝对剥夺"是自己拥有的东西被剥夺了，而"相对剥夺"是因为看到别人拥有了自己想要的东西而产生的一种"被剥夺"的心理感觉。当经济高速增长的时候，绝对剥夺发生得不多，大多数人以前拥有的那一小块蛋糕并没有被剥夺；但是新增加出来的那一大块蛋糕如果分配不均，则会引发大量的相对剥夺感。如果这新增的蛋糕只被"先富起来"的一小部分人拥有，相对剥夺感就会在其他不能拥有这些新东西的人心中产生出来。譬如，在经济增长前大家都有白饭吃，经济增长后人们的白饭并没有被剥夺，但是"先富起来"的一小部分人忽然开始吃山珍海味了，面对这些人的暴富，广大仍然吃白饭的人会觉得自己吃山珍海味的权利被剥夺了。经济越增长，蛋糕越大，富人能消费的新东西越多，其他人的相对剥夺感也会越多。当富人拥有了电视，没有电视的人就会产生"电视剥夺感"；当富人拥有了手机，没有手机的人就会产生"手机剥夺感"；当富人拥有了汽车，没有汽车的人就会产生"汽车剥夺感"。新增的东西越多，可能产生的剥夺感越多；只有当这些新增加的东西能够合理分配，才能缓解剥夺感的增生；如果忽略分配问题，只是单纯追求经济增长，很可能会使剥夺感泛滥，而最终导致剧烈的社会动乱。委内瑞拉就是一个很典型的例子。

撤销价格补贴暴乱平息之后，委内瑞拉的经济曾有不错的增长，但增长并没有挽回第四共和国的颓势。新增加的蛋糕仍然按照固有分配模式落入一小部分人的手里，大部分人仍然分不到一杯羹，他们的剥夺感被激发得越来越强烈。如此的蛋糕分配模式，最终把第四共和国推向了坟墓。第四共和国失败于蛋糕分割的不公平，而查韦斯的玻利瓦尔革命也正是诞生于大众要求公平分割蛋糕的呼唤中。

查韦斯成长在蛋糕分割极不公平的时代，他出生于50年代中期，他的父母是乡镇学校教师。若在一个收入分配比较平均的社会，教师多数可以成为中产阶级。但在委内瑞拉，查韦斯的父母和社会中的大多数人一样，住在破烂的陋屋中，墙壁是烂泥土坯的，房顶是棕榈树叶的，生活很贫困。而在社会的另一极，富人们住着豪宅别墅，过着堆金积玉的生活，穷人们可以从电视上看到那里的奢华，看到一个高不可攀的、被剥夺了的世界。

在查韦斯生活的圈子里，他能强烈地感受到身边弥漫的被剥夺感，感受到人们渴望着改变被剥夺状态的呼声和要求。解放者玻利瓦尔是人们盼望的对象，人们常常幻想玻利瓦尔会再次来到人间，解放被剥夺者，改变这个不公平的世界。查韦斯也从小醉心于解放者玻利瓦尔的故事，他读了无数有关玻利瓦尔的书籍，深受玻利瓦尔的影响。

玻利瓦尔出身于当时美洲新大陆上最富有的西班牙贵族家庭之一，他幼年时父母去世，在舅舅和家庭教师的家里长大，二十一岁正式继承了巨额财产，成为新大陆数一数二的富豪。但他死的时候却一贫如洗，他的财产并不是在纨绔子弟的奢侈消费中挥霍掉的，而是被他追求的一个梦想所耗竭。这个梦想是：解放拉丁美洲，成立一个强大的、自由的拉丁美洲合众国。

这个梦想的产生可以追溯到他的童年。他出生于1783年，那时候北美洲刚刚赢得了独立战争的胜利，成立了美利坚合众国；那时候欧洲正处于法国大革命的前夜，自由、平等、人权的启蒙主义思潮召唤着越来越多的追随者去推动激烈的社会变革。在拉丁美洲的殖民地里，许多欧裔知识分子也是这种思潮的热情追随者。玻利瓦尔的家庭教师罗德里格斯就是其中之一，他是卢梭的信徒，不仅在口头上宣扬卢梭，而且还在行动中实践。他曾经是加拉加斯一所白人贵族学校的教师，出于自由平等的理想，他公然要求这所学校也招收黑人和混血族裔的孩子，结果惹祸上身，被学校开除。玻利瓦尔成长时深受他的影响，那个解放拉丁美洲、推翻西班牙统治、成立平等自由的合众国的梦想就在那时候开始酝酿。师生二人后来都参加了反抗西班牙的活动，也都去过欧洲。

1805 年他们曾在意大利相遇，一同登上罗马的山冈，在山上玻利瓦尔对神起誓："我将不允许我的臂膀和我的灵魂安息，直到我粉碎了那条压迫捆绑我们的锁链。"这条誓言现在家喻户晓，我在委内瑞拉时常常听到人们背诵引用。

玻利瓦尔除了在委内瑞拉接受了罗德里格斯的启蒙主义熏陶，他还在欧洲学习过三年，在启蒙运动的发源地研读西方现代文明的思想理念。他十五岁时赴法国和西班牙留学，那时法国大革命的影响正轰轰烈烈地在欧洲大陆蔓延，在这个沸腾的革命环境中他狂热地读卢梭，读伏尔泰。读书之余，他堕入爱河，爱上了西班牙一个显赫贵族的女儿。年轻的恋人很快结为夫妇，他结束学习之后带着新婚的妻子横渡大西洋回到委内瑞拉。不幸的是，妻子不适应南美洲的热带气候，感染了黄热病，几个月后死去。他们美妙浪漫的婚姻只持续了八个月，玻利瓦尔悲痛欲绝，发誓以后不再结婚。

的确，他以后没有再结过婚，但是他却有过无数的情人。他的浪漫不羁行为，常常成为批评者的重要话题。据说在他南征北战的时候，每当他解放一座城池，地方首领们总会让当地最美丽的姑娘去给他献上花冠；在秘鲁，他的仰慕者们排成长队，希望能得到他的青睐。许多奉献者、仰慕者成了他短暂的情人，不过在他生命的最后八年，他有了一位"长期"的红颜知己——玛纽拉。他们在厄瓜多尔邂逅，当时玛纽拉已是南美独立解放运动的积极参与者，自然也是玻利瓦尔的仰慕者。玻利瓦尔率领胜利大军进入基多（Quito），玛纽拉从阳台上向他抛掷了一个花冠，他抬

波利瓦尔画像

头望去，两人目光相遇，彼此都有触电般的感觉。当晚他们又在庆祝玻利瓦尔凯旋的舞会上相遇，从此开始了他们的罗曼史。玻利瓦尔南征北战，玛纽拉时时追随。玛纽拉还在玻利瓦尔遇到暗杀袭击时，帮他逃出困境，拯救过他的生命。

在委内瑞拉，可以听到关于玻利瓦尔的各种故事，罗曼史只是一小部分，大多数是他的卓越战绩。譬如他翻越安第斯山、攻打波哥大（Bogota）的壮举，那是在世界军事史上可圈可点的一次战役。1819年，委内瑞拉的独立战争处于僵持状态，经过十年的战争，独立革命军精疲力竭，无法取得突破性胜利。此时，玻利瓦尔构想了一个突破僵局的军事行动计划，极端聪明，极端大胆，也极端冒险：他要避开委内瑞拉，他要翻越安第斯山去攻打西班牙军事力量薄弱的哥伦比亚。玻利瓦尔的军队只有大约2400人，还有不到1000名的妇女和其他追随者。他决定在雨季中穿过洪水泛滥的平原，再翻越高耸的安第斯山，出其不意地抵达哥伦比亚。那是一次艰苦卓绝的"长征"，辗转跋涉3000里。玻利瓦尔带领他的军队，在热带风暴的瓢泼大雨中急行军，到处是齐腰深的滔滔洪水，举目是弥漫滞重的浓雾，无数的蚂蟥和寄生虫袭击着他们，浑身的肌肤被咬得血肉模糊。他们历经千辛万苦来到安第斯山脚下，又面临一个更大的挑战。这里有三个隘口可以翻越山脊，玻利瓦尔选择了其中最高的一个。这个隘口海拔4000米，比拉萨高得多（拉萨的海拔是3600多米），仿佛是喜马拉雅山。玻利瓦尔的选择是基于军事因素的考虑，因为这个隘口太高，敌人自信不会有军队要从这里穿越，所以没有设防。玻利瓦尔的决定使一些将军却步，他们认为如此翻越要付出的牺牲太大。后来成为第四共和国第一任总统的那位将军就是其中之一，他不同意翻越这个隘口，没有跟随玻利瓦尔进军哥伦比亚，留在了委内瑞拉。玻利瓦尔执著坚定，带领追随者踏上登峰之路。他们刚刚走出热带暴雨，没有御寒的衣服；他们刚刚经过漫长急行军的辗转跋涉，耗尽了粮草和体力。他们翻越安第斯山的艰苦卓绝是难以想象的。翻山路上为了充饥，他们宰杀了所有的战马和驮畜，高寒地区没有柴草，只好吃生肉。随着海拔的升高，高山反应越来越强烈，许多人因此丧生。冰雹、大雪、强风，把许多只穿褴褛单衣的士兵活活冻死。一路上，他们留下了无数的尸体，但终于坚韧不拔地抵达了哥伦比亚。西班牙军队做梦也没有想到会有人如此翻越安第斯山来袭击哥伦比亚，玻利瓦尔把他们打得措手不及，当玻利瓦尔攻入首府波哥大的时候，西班牙总督仓皇出逃，连财库中的金钱都来不及带走。这次战役的胜利，扭转了南美独立战争的局势。此后，玻利瓦尔领导的大军节节获胜，横扫千军如卷席。委内瑞拉、哥伦比亚、巴拿马、厄瓜多尔、秘鲁、玻利维亚都先后获得了独立解放。玻利瓦尔被无数人欢呼为"解放者"，几个国家都选他做总统，秘鲁更是让他当独裁官"狄克推多"（Dictator），玻利维亚还用他的名字来命名自己的新国家，这是世界历史上极少人能享有的殊荣。

当玻利瓦尔登上荣誉极峰的时候，却也进入了执政的迷宫。对于独立后要建立什么样的国家，玻利瓦尔有他的梦想。自由平等是他梦想的核心，他要让所有公民都享有自由平等的权利，不分种族和阶级。他废除了奴隶制，让黑人、印第安人、混血族裔都享有和白人同样的权利。在这一点上，他表现得比美国的建国之父们更为激进赤诚。美国的独立宣言虽然声明"人人平等"，但却允许奴隶制存在，而且也没有给印第安人同样平等自由的权利。美国独立宣言中所谓的"人人"，只不过是"同类"的白人，并不包括"异类"的黑人、印第安人。美国的国父中有不少人是奴隶主，他们一面高呼"人人平等"，一面却使用着奴隶。玻利瓦尔继承的庄园中也曾有大量的奴隶，但他早就自觉地进行了废奴，在他颁布废奴法令前十多年，他就让自己的庄园里的奴隶们获得了自由。

玻利瓦尔以极大的热忱起草宪法，他信奉卢梭的思想，他相信制宪的力量。在独立革命的十多年进程中，他先后书写起草过许多有关制宪的文件。这些文件都表述了他一以贯之的自由平等梦想，但如何实现自由平等，他的思路随着执政现实的复杂而彷徨起来，宛如步入了迷宫。他坚信，所有异类的人士都应该享有平等的自由权利，但是，所有异类的人士是否也都应该持有平等的参政权利呢？如果让所有异类的人士都平等参政，他们能达成"所有异类的人士都享有平等的自由权利"的共识吗？玻利瓦尔面对的异类纷纭复杂，各个异类都有不同的利益要求、不同的价值理念。譬如来自委内瑞拉中部大平原的牛仔们，他们是独立革命中的一支举足轻重的军事力量，他们和平原上的大小庄园奴隶主们有着千丝万缕的联系，他们并不想让黑人奴隶享有平等自由的权利。还有，各个不同地区、不同行业的人们，对税收、对经济政策都有不同的要求，他们为了各自的利益，宁愿分裂，不愿意共同生活在统一的合众国里。将军们之间还有私人恩怨，这些强悍的卡迪尤，都有忠实的追随者，都有地方势力的支持，都能各自为自己拉到许多选票，他们互相倾轧、争权夺利。在与共同敌人西班牙军队作战的时候，玻利瓦尔常常用他个人的魅力和威望使对立的派系达成妥协；在独立成功后的建国时期，他也试图搞妥协调和，但他对一个派系的妥协，往往会引起另一个派系的愤怒，结果两边不讨好，双方都怨恨他，都成为他的政敌，令他焦头烂额。玻利瓦尔渐渐失望，越来越怀疑民主制度的可行性。他起草的玻利维亚宪法是他写的最后一部重要制宪文件。在这部宪法里，他设立了终身制的总统，并且还赋予总统指定继承人的权力。

他生命的最后两年是他最困扰、最痛苦的两年。一方面他的结核病日益严重，另一方面他身边的政治形势也日趋恶化。叛乱、暴动、哗变在许多地方发生；几个卡迪尤蠢蠢欲动，企图各自成立小国"称帝"；国会中的政客们热衷于游说拉票，不顾大局，只求私利；副总统和反对党使用各种立法手段，阻碍他的政策；新独立的各国互不宽容，有的出兵争地盘，有的要脱离他苦心经营的"合众国"；亲西班牙的势力乘机死灰复燃，组织反抗；西班牙的海军也在海边觊觎。玻利瓦尔身心交瘁，为了维系他那岌岌可危的梦想，他动用了铁腕，限制新闻自由，废除副总统，宣布实行独裁。他的独裁引起了更多人的反感，他的政敌趁机散布诋毁他的谣言，危言耸听，活灵活现，煽起人们怨恨恐慌的情绪。支持副总统的军人闯入他的卧室企图暗杀他，幸亏玛纽拉机智镇定，使他能从阳台逃脱。

当结核病折磨着他躯体的时候，他的精神经历着更大的折磨，他目睹着自己的威望销蚀、自己的梦想幻灭。昔日的支持者变成了今日的政敌，昔日欢呼他为"解放者"的大众，现在上街反对他。波哥大的大学生们冲进最高法院，把他的画像扔下阳台，要求对他公审。游荡的闲民在街上呼叫着他的蔑称诨名："瘦畜生腿！瘦畜生腿！瘦畜生腿！……"（玻利瓦尔长年骑马征战，他有两条很瘦的罗圈腿。）

在波哥大，他陷入了四面楚歌的境地，最后不得不黯然辞去总统的职务。他心灰意冷，决定到欧洲去。此时他个人的经济状况极为拮据，他的庞大财产都已被他投入争取独立的事业。为了筹措欧洲之行的旅费，他卖掉了自己的战马和随身的首饰。由于政治形势复杂，玛纽拉需要留下来，没有和他同行。他孤独地离开了波哥大，向海边踟蹰行进。当他抵达一个海滨小城的时候，病弱得无法继续前行。他死在那个小城里，死前他迷茫地哀叹："我如何才能走出这个迷宫？"

玻利瓦尔是一个有着超前梦想的政治家，他的很多梦想太过超前，和现实的距离太大。他梦想给异类纷杂的所有人以平等自由的权利，不像美国的建国之父们，先在较有共识的同类中搞民主。他梦想建立一个拉丁美洲的国际合作组织，共同防御可能发生的欧洲北美列强入侵。他还梦想建立一个包括欧洲美洲国家都在内的国际组织，通过合作协商来解决争端，实现国际的平等正义。他甚至构想了如何创立一个国际维和组织，简直可以媲美150 年后的联合国维和部队。可惜，这些梦想都发生在 19 世纪早期，远在鸦片战争之前。那时的西方列强都在用"炮舰政策"抢夺亚非殖民地，哪会有兴趣去搞什么"国际维和组织"？这就是玻利瓦尔的悲剧，当绝大多数人还在沉睡的时候，他已被远大的梦想激醒；他听到遥远梦想的召唤，却找不到走出迷宫、实现梦想的道路。

在今天的委内瑞拉，玻利瓦尔是一个被神圣化了的"解放者"，很少有人谈论他的缺点和错误，人们铭记和强调的是：他解放被压迫者，他反抗不公正，他拒绝贪污。他出身于拥有万贯财富的贵族之家，死时却贫病交迫。当他解放秘鲁之后，盛产白银的秘鲁为了表达感激之情，决定犒赏玻利瓦尔的军队 100 万比索，同时还奉献给玻利瓦尔个人 100 万比索。玻利瓦尔让他军队的官兵接受了这 100 万比索的厚礼，但拒绝了秘鲁国会给他个人的酬谢。他说："在我自己的祖国，我从来不接受这类酬谢。如果我从秘鲁手中接受了我拒绝从祖国手中接受的东西，这将是荒谬可怕的不和谐。"

反抗不公、反对贪污，这是附在玻利瓦尔身上的解放者象征。当委内瑞拉社会被贫富不公和贪污腐败充斥的时候，解放者玻利瓦尔的形象具有了更大的吸引力。查韦斯就是在这样的社会环境中长大的，他目睹到不公和腐败，他感受到平民们深深渴望解决的两大问题：制止贪污腐败，维护穷人权利。当他进入军校之后，军人使命感更激发了他要改变社会的冲动，他开始思索用什么方法可以解决这两个问题。从委内瑞拉的历史和拉丁美洲的经验中，他看到了人们曾经使用过的三种方法：搞民主，搞政变，搞武装斗争。

不公和腐败的问题在委内瑞拉存在已久，在卡迪尤的军人独裁政治时代，军阀总统把开采石油的特许权给自己的亲信，国家的石油财富滚滚流入一小撮特权者手中，腐败和不公的状况极其严重。在 20 世纪 30 年代前后，委内瑞拉爆发了民主运动，人们希望民主政治能解决这两个问题。经过二三十年的斗争，委内瑞拉终于在 1958 年之后跨入了民主政治时代，政坛上形成了两大政党：自由派的民主行动党和保守派的社会基督教党。两党竞争，民主选举，不再有军人独裁。在实行民主政治的最初年代里，贪污腐败状况有所改善，但很快就"故态复萌"，而且发展得"有过之而无不及"。尤其是当石油价格上涨、国家财富大增之后，丰盈的国库诱惑着无数近水楼台者，贪污腐败之风弥漫得更为深广。委内瑞拉的政治成为学者所称的"盟约民主"，在"盟约民主"的框架下，主要政党的精英们签署盟约，保证无论谁当选，政治经济特权都只在他们中间分享。委内瑞拉的两党签有盟约，按照选票的比例来瓜分石油财富的各项肥缺，肥水不流外人田。如此的民主制度当然无法解决腐败和不公的问题。

在委内瑞拉和拉丁美洲的历史上，还有不少人尝试用另外两种"非民主"的方法来解决不公和腐败的问题。第一种方法是"上山打游击"，用武装斗争的方法来打碎旧的国家机器、建立新的社会制度，古巴革命走的就是这条道路。60 年代的时候，许多拉丁美洲国家都出现了左翼游击队活动，委内瑞拉的共产主义游击队也很活跃。在当年的左翼游击队活跃分子中，有两个人后来在查韦斯时代也很活跃，一个是查韦斯的盟友，被委任为能源矿产部部长，谐称"石油沙皇"，在捍卫查韦斯政府的"石油大战"中扮演了重要角色[1]。另一个是查韦斯的政敌，此人的经历更为传奇[2]。在 60 年代，他信仰共产主义，冒着生命危险上山打游击。他曾两次被俘，竟然两次成功越狱。第一次他和同伴用手挖了两百

---

〔1〕 阿里·罗德里格斯（Ali Rodriguez, 1937—　），委内瑞拉政治人物，在查韦斯政府中曾担任部长等职。

〔2〕 特奥多罗·佩特科夫（Teodoro Petkoff, 1932—　），委内瑞拉政治人物。

多英尺的地道，趁着嘉年华狂欢节的混乱逃之夭夭。第二次他生吞下牛血又吐出来，让监狱当局以为他得了重病，送他去了军事医院；他把病床上的床单结成绳子，偷偷从七层楼的病房窗户里爬下来，再次越狱成功。苏联出兵捷克镇压"布拉格之春"，深深地动摇了他的共产主义信仰。他的思想开始转变，渐渐离开了激进的左翼。他决定放下武器，接受政府招安的特赦。此后他走上了在民主制度的框架内参政的道路，组织了一个社会党，竞选当上了参议员。后来他变得更为右倾，成为市场原教旨主义的忠实信仰者。在第四共和国的末期，他被委任为计划部长，推行了一系列新自由主义的经济政策。查韦斯当选总统之后，他一直是查韦斯的激烈批评者。这两位前游击队员，无论是坚持左翼，还是转为右翼，都放弃了通过武装斗争来解决社会问题的方法。

另外一种企图走"非民主"道路来解决不公和腐败问题的方法是"政变"。委内瑞拉和不少拉丁美洲国家都发生过许多次政变，大多数是右翼军人搞的，与反腐败无关。但是，也有少数政变带有反对贪污腐败、维护穷人权利的进步色彩。有两次这类的政变给了查韦斯深刻的影响，一次是秘鲁的政变，另一次是巴拿马的政变。由于因缘凑巧，查韦斯有机会和这两次政变的领导人切身接触。查韦斯在军事学院学习的时候，因为醉心玻利瓦尔、熟读玻利瓦尔的传记，常有人请他去做有关玻利瓦尔的演讲，成了小有名气的"玻利瓦尔专家"。1974年，秘鲁要搞一个纪念阿亚库乔战役胜利150周年的活动，这次战役使秘鲁最终获得了独立，许多历史学者视其为南美洲独立战争胜利结束的标志。玻利瓦尔最钟爱的手下大将苏萨指挥了这次战役，玛纽拉亲自观战。查韦斯所在的军事学院要派一个学生代表团去秘鲁参加活动，查韦斯作为"玻利瓦尔专家"被选了去。那时秘鲁正值政变后实行新政的时期，新政是以"印加计划"为中心展开的，包括土地改革、国有化外国石油公司、鼓励工人参与国有工业的经营管理等等向穷人倾斜的新政策。秘鲁的经验开启了查韦斯的眼界，他在那里的时候，新政的革命气氛激荡，给了他深刻的印象。他离开秘鲁前夕，政变领袖[1]接见了学生代表团，还给了每个团员两本书，一本是《秘鲁武装力量革命政府宣言》，另一本是这位领袖的演讲集。回来后查韦斯如饥似渴地读那两本书，有些文章甚至能成篇地背诵。巴拿马政变和秘鲁相似，也是为了要解决贫富悬殊和贪污腐败的问题，政变后推行的新政也包括土地改革等向穷人倾斜的政策。巴拿马政变领袖[2]的儿子恰好和查韦斯是军事学院的同学，查韦斯通过他了解了很多巴拿马政变革命的情况，后来还亲自去过巴拿马，见过那位领袖，目睹过革命实况。

从军事学院毕业后，查韦斯成为一名下级军官，他有了更多的机会接触到军队和地方官员的贪污腐败行为，这使他更认真地考虑如何进行社会变革、解决不公和腐败这两个社会问题。他和一些志同道合的军中好友常常讨论这些问题。委内瑞拉的"盟约

---

[1] 胡安·贝拉斯科（Juan Velasco，1910—1977），秘鲁军人、政治家，曾于1968—1975年任秘鲁总统。

[2] 奥马尔·托里霍斯（Omar Torrijos，1929—1981），巴拿马军人、政治家，曾于1968—1981年主政。

民主"现实使他们不愿意走民主参政的道路，他们认为被腐败精英把持的"盟约民主"机器是不可能反腐败的。"上山打游击"也不是他们愿意选择的方法，这一方面是因为他们在意识形态上并不完全认同共产主义革命，另一方面是因为他们直接参加过"反游击战"的军事行动，他们的战友被游击队打死打伤过，他们有情绪的抵触。他们更倾向于走"政变"的道路，作为军人，他们有掌握武装力量的优势，比较容易搞政变。

打游击需要建立一支强大的游击队，搞政变也不是只靠几个人单枪匹马就能成功的，也需要建立一支秘密力量。查韦斯建立秘密力量的活动是从推展玻利瓦尔革命运动开始的，1982年底，他和两个志同道合的军官朋友成立了第一个玻利瓦尔革命运动的小组。80年代初政治精英们的贪污腐败造成了严峻的社会问题，失业严重、货币贬值、债务失控……社会上弥漫着强烈的不满情绪。在一个纪念玻利瓦尔忌日的军中大会上，查韦斯发表了半明半暗鼓吹反叛的讲话，他说玻利瓦尔如果还活在人世，会非常愤怒，因为有些委内瑞拉人把他解放的国家搞得一塌糊涂，搞得到处是穷困和悲惨。那天大会之后，查韦斯和这两个志同道合的朋友跑到20里外的一棵大树底下，这是一棵有名的大树，据说玻利瓦尔在一次著名的战役前曾在这棵树下歇息。他们三人仿效当年玻利瓦尔在罗马山冈上的誓言，也在树下起誓：我将不允许我的灵魂和臂膀安息，直到我粉碎了那条权势者压迫人民的锁链。那一年，查韦斯二十八岁。

在此后的几年中，玻利瓦尔革命运动发展壮大。当时查韦斯

查韦斯

在军校任教，这给了他绝好的机会在学生中招收追随者，他们组织了许多玻利瓦尔革命运动小组。运动的中坚力量主要是军官，也有不少平民知识分子参加进来，其中包括被称为是查韦斯的"玛纽拉"的一位历史学女教授[1]。1989 年政府对撤销价格补贴暴乱的镇压把人们的不满情绪推到了新的高峰，查韦斯和他的同志们感到，发动政变的时机正在逼近。恰巧，查韦斯和几个运动的中坚分子在随后两年里都获得晋升，成了能指挥调动一些部队的军官，他们有了小小的军权。

1992 年初，一个绝好的机会来临，空军要搞一个飞行表演，这给了他们用参加飞行表演作借口调动部队的机会。他们决定起事，制定了三个备用方案来劫持总统，本以为胜券在握，但没有想到，

---

[1] 赫尔玛·马克斯曼（Herma Marksman），历史学教授。在 1984—1993 年期间，和查韦斯有亲密关系。

一位军官因为个人的感情问题向军方泄了密。军方加强了防范，他们的三个方案都未能得手，总统逃离了被政变部队包围的总统府观花宫。由于军方加强的防范，政变军人计划使用的通信系统也未能建立起来，这对查韦斯是一个致命的打击，他既无法获得各处政变行动的信息，也无法指挥各处的部队协调互助。因此，忠于总统的军队很容易把他们一一击破，加拉加斯的政变很快被瓦解。

当时除了加拉加斯，政变军人还在另外几个城市起事。其中一个是委内瑞拉的第二大城市，那里的政变进行得很顺利。这一是因为泄密事件对那里的影响不大，二是因为"贫富悬殊、贪污腐败"使军人和民众的反政府情绪极为强烈，三是因为那里的政变领导人工作做得细密。阿里亚斯[1]是那里政变的领导人，在加拉加斯起事前几小时，他把手下的35名军官召集起来。这些军官中约有一半事先已经知道要搞政变，即使是不知情的那一半，阿里亚斯也已经给他们做过长期的"思想工作"，争取和培养了他们的共识。此刻，阿里亚斯发表了即时的起义演说：委内瑞拉深陷在悲惨之中，到处是贫困、腐败、滥权，军人不应该为制造悲惨的政客做看家狗，而应该站起来反叛，来建造一个真正民主的国家。他宣布他要领导部队加入全国的政变，所有在场的军官当即表示也要参加政变，包括那些事先不知道要搞政变的人，甚至包括国防部长的一个亲戚。随后，阿里亚斯又来到士兵的营房，士兵们

---

[1] 弗朗西斯科·阿里亚斯·卡德纳斯（Francisco Arias Cardenas，1950— ），委内瑞拉政治人物。与查韦斯和解后，曾出任驻联合国大使等职。

事先都不知道要搞政变，但当他们听了阿里亚斯的演讲之后，竟然都欢呼雀跃起来。士兵们绝大多数来自贫困家庭，他们对社会不公、贪污腐败有切身感受，反对第四共和国的情绪很强烈。有人高喊起来：让我们去终结悲惨！终结耻辱！终结压迫！……有人激动得热泪满面，有人兴奋得互相拥抱。营房里的激情达到了沸点，以至于阿里亚斯不得不下命令让大家冷静，先去执行任务，成功后再来庆祝。阿里亚斯带领这支反叛士气高昂的队伍开始行动，他们占领了警察局、国民卫队总部、秘密政治警察办公室、州长官邸，还有各种石油设施。这个州有大油田，有很多石油设施，对委内瑞拉的经济至关重要。他们没有遇到什么抵抗，两个小时左右，他们控制了整个城市。但是他们的胜利无法抵消加拉加斯的失败对政变结局造成的致命影响，加拉加斯是首都，是第四共和国的命脉所在，加拉加斯的命运决定全局。当加拉加斯的政变被瓦解之后，查韦斯决定投降，阿里亚斯则飞往首都去和当局谈判。在阿里亚斯降落之前，另一个政变起事重地的危急形势，迫使查韦斯在电视上发表了要求政变参与者放下武器的投降讲话，而使阿里亚斯没有了谈判机会。

政变起事的另一个重地是一个拥有许多军事基地和军事设施的城市，那里有委内瑞拉最大的两个空军基地中的一个，还有陆军和伞兵的基地。在那里指挥政变的军官是查韦斯在军校的多年好友[1]，

---

[1] 赫苏斯·乌达内塔（Jesus Urdaneta, 1952— ），委内瑞拉政治人物。在查韦斯政府中曾主管政治警察。

当年曾和查韦斯一起跑到玻利瓦尔歇息的树下起过誓。此人性格倔强，政变前就说过：如果政变失败了，绝不降服，要战斗到死。他的政变行动不是很顺利，没有能够控制空军基地，但是占据了一些地方。当查韦斯决定投降之后，他表示坚决不投降，并且掐断了电话线，不再和加拉加斯通话。当局很恼怒，要派飞机去轰炸他们。查韦斯知道，轰炸将造成大量的流血伤亡，恳求当局让他通过媒体来和那里的政变官兵沟通，劝说他们放下武器。当时情况紧急，国防部长同意让他在电视上发表劝降演说。总统老谋深算，要求查韦斯以囚犯的形象出现在电视上，戴着手铐，不穿军装，而且演说词要写下来事先审查。查韦斯没有写演说词，他对国防部长说他只是劝降，不演说别的东西，他也不肯脱军装。时间紧迫，国防部长没时间仔细思考，也没有再通知总统，就让他直接上了电视。事后，国防部长后悔万分。

查韦斯穿着军装，戴上了红色贝雷帽，还特别到盥洗室洗了脸。他非常注意自己的出镜形象，因为他记得几年前美国入侵巴拿马抓捕诺列加总统的事情，在电视上出现的诺列加蓬头垢面、衣衫不整，给人的第一印象就是"坏人""罪犯"，他要绝对避免这样的"坏人"形象。他的电视演说只有72秒钟，他说："……同志们，很不幸，在目前，我们还不能在首都实现我们的目标。我们在加拉加斯不能夺得权力。你们表现得很好，但现在是反省的时候。新的机会将会出现，国家将会走向更好的未来。……请进行反省，请放下你们的武器。……在国家和你们的面前，我要承担玻利瓦尔军事运动的责任。非常感谢你们。"

　　这个"劝降演说"虽使政变官兵们放下了武器，但却造成了极深远的"反对第四共和国"的影响。在此之前，大众的"反对第四共和国"的情绪虽然很大，但弥漫的情绪缺乏一个凝聚点。查韦斯以"反对第四共和国"的政变领袖的身份在电视上亮相，许多人仿佛在银幕上看到一个"解放者"出现了。他们在悲惨生活中等待了那么多年，终于，一个想象中的玻利瓦尔来临了。弥漫的情绪有了凝聚的中心，可以凝聚起来形成有效的反抗力量了。我想起了那个果酱厂的女人，她在查韦斯政变失败后让人画了玻利瓦尔的壁画，当时我不理解她，知道了这一段委内瑞拉历史之后，我终于明白了她请人作画的心理：她从政变中看到了一个当代的玻利瓦尔。

　　这次电视演说给查韦斯带来了无法估量的政治资本，使他从

果酱厂女人的无窗老屋里有一幅巨大的玻利瓦尔壁画像，这是在查韦斯发动政变失败之后，她请人为她画的。当我对委内瑞拉的社会和历史有了更多的了解之后，我才理解了为什么她会在那个时刻请人画这样的壁画

一个默默无闻的军官骤然变成了一个家喻户晓的反腐败政府"英雄"。正如一位住在贫民窟中的人所说："查韦斯就在那一天进入了我们的心中，从此没有再离开过。"查韦斯讲话中的巧妙措辞"在目前"，一夜之间成了大街小巷中最流行的词语。人们想象驰骋地诠释着"在目前"的意义："在目前"是暂时的挫败，"在目前"是对未来的承诺，"在目前"没有实现的目标要在未来实现。

政变参与者们被关进了监狱，由于广大民众对政变目标的认同、对政变领袖的同情甚至敬仰，所以当局没敢亏待他们。政变领袖们得到了相当不错的待遇，他们住在附带厕所的单人牢房，他们可以聚在一起开会聊天，他们可以接见各种各样的访客，甚至能接受媒体访问。在监狱中，他们对委内瑞拉的社会问题、对玻利瓦尔革命运动的未来方向进行了深入的讨论。他们得出的一个结论是，委内瑞拉需要重新制定宪法，需要召开一个能让被压迫者的代表参与的制宪大会来制定出一部维护社会公平公正的宪法。至于如何才能达到重新制宪的目标，他们中间发生了分歧。查韦斯认为，委内瑞拉当前的政治制度已是一个被腐败的政治精英牢牢控制的僵化游戏机器，只有军人和平民的起义，才能打破他们的控制。阿里亚斯激烈反对查韦斯的观点，他认为起义的时机已过，现在需要寻求一条和平参与政治的道路。

在玻利瓦尔革命运动中，阿里亚斯一直比较倾向于走和平参与政治的道路。这大概和他个人的教育背景有关，在青少年时期，他曾在神学院学习过十年，深受"解放神学"的影响。他最终离开神学院是因为觉得那里的神甫们经常待在教堂里，没有花足够时间深入社区去实践"解放神学"的信仰，去关怀和解放被压迫的穷人。离开神学院时他还不到二十岁，他家里经济状况不富裕，不能供他去收费昂贵的大学，因此他进了军事学院。

当政变领袖们在监狱里辩论如何改变社会的时候，监狱外的一些军人酝酿着另一次政变。他们趁着探监的机会通知了查韦斯，查韦斯支持他们的行动，阿里亚斯则极力反对。阿里亚斯再三强调，这些军人现在的力量不够强大，政变不能成功。阿里亚斯的判断是正确的，第二次政变又失败了。这次政变的参与者主要是空军，他们没有得到陆军的配合。虽然他们掌握了大部分的制空权，他们的战斗机轰隆隆地飞到加拉加斯上空，却没有看到地面部队与平民群众去攻击总统府和其他预定的目标。最后，空军们着急了，他们决定向这些目标发动空中攻击。他们用火箭攻击秘密政治警察的总部，还向总统府扔炸弹。这些攻击造成了流血伤亡，但并没有带来最终的胜利。第二次政变造成了 171 人的死亡，第一次政变的死亡人数只有 20 人。

这两次政变都发生在 1992 年，中间相隔不到十个月，这么频密的政变反映了人心思变的强烈情绪，在委内瑞拉轮流执政了几十年的那两个老党已失尽人心。在年底的地方选举中，这种思变情绪有了更强烈的爆发，一位左翼党派的黑人当选为加拉加斯市长，打破了"盟约民主"两党的长期垄断。到了 1993 年总统大选的时候，思变症甚至传到老两党里面，一位老政客曾经是两党中的社会基督教党的创始人，竟然脱离了该党，以独立竞选人的身份参选，因为他知道那两个老党的名声现在实在太臭了。面对狱外选举形势的发展，阿里亚斯认为他们应该积极介入，支持一个候选人，反对那两个老党的候选人。查韦斯却不同意，他认为应该号召大家杯葛选举。两人争辩了几个星期，最后内部投票表决，查韦斯的意见以 6∶3 占了上风，他们发表了一个宣言，号召大家杯葛这场"非法的"选举，还说参加选举就意味着做"帮凶"，最后引用了一段玻利瓦尔的语录："所有的历史都指出，身患坏疽的政客是不能用姑息剂治愈的。"阿里亚斯拒绝在上面签名，因此退出了玻利瓦尔革命运动组织。

　　1994 年春天，查韦斯、阿里亚斯和其他参与政变的人都被特赦释放。出狱后查韦斯仍然想走政变起义的道路，他觉得腐败的选举机器是不会让"盟约民主"局外的人获胜的，他希望能有一次平民和军人的联合起义，然后召开制宪大会，彻底改变现存的秩序。阿里亚斯则走上了和平参政的道路，利用现存体制提供的机会来实行社会改革。他先是接受了政府部门的工作，管理一个向孕妇供应牛奶的项目；一年之后，他决定竞选州长。这个州就是他三年前搞政变的石油富州，他受到了选民的热烈支持，当他开着皮卡巡回竞选的时候，人们争先恐后地跑来一睹政变英雄，向他欢呼致敬。他成功当选州长，三年前他发动非法政变占领了州长官邸，这次他通过合法选举进入了同一座官邸。

　　阿里亚斯的胜利向查韦斯显示，竞选的道路是走得通的，查韦斯身边的一些文人政客也劝说他走竞选的道路。当查韦斯还在监狱里的时候，很多文人政客就慕名来探访他，成了他的朋友。

其中一位是前工会领袖、前共产党人[1]，后来成了查韦斯的长期顾问，给了他巨大的影响，并指导他从"政变领袖"转型为"民主领袖"。此人熟悉民主政治舞台上的运作规则，对其中的奥妙机巧有深刻领会。在监狱里的时候，他就告诫查韦斯和其他政变领袖，若想在政治舞台上获胜，他们必须造就一位明星式的领袖人物，让他成为公众注意的焦点，其他人必须退到后面，不要影响明星的光彩。这个明星应该是查韦斯，其他人应该在媒体面前保持沉默，让聚光灯集中在查韦斯身上。查韦斯觉得这个告诫很中听，阿里亚斯的感受则完全不同。阿里亚斯和查韦斯同是政变的主要领袖，阿里亚斯指挥的那部分政变成功了，查韦斯指挥的那部分政变失败了，尤其是查韦斯没有及时带领部队进攻总统府、坐失了扭转败局的机会，一直受到许多政变参与者的批评指责。凭什么查韦斯应该成为"唯一"的明星领袖，而阿里亚斯却要沉默地退到后台？一个有政治雄心的男人，往往会有强烈的荣誉感，极少人能够毫无怨言地做到"相忍为党"，"鞠躬尽瘁死而后已"的。

搞竞选的方法和搞政变的方法是完全不同的。那是要在媒体上闪光、要快速抓住选民的眼球，而不是秘密地在军队中招募追随者、悄悄地在军官中做长期的"思想工作"，那是一套完全不同的游戏规则。为了塑造一个闪光的明星形象，查韦斯的文人顾问

---

[1] 路易斯·密其来纳（Luis Miquilena, 1919— ），委内瑞拉政治人物。在查韦斯主政期间，曾任制宪大会主席、内政和司法部长等职，后成为查韦斯的反对派。

给过他许多告诫。其中有一条是让他甩掉他的"玛纽拉",那位历史学女教授。查韦斯在家乡有一位发妻,她不关心政治,没有参与他的运动,他们的关系相当冷漠疏远,在搞玻利瓦尔革命运动的十多年中,女教授和他并肩战斗了九年,对运动的发展有重要贡献,他们的关系是一个公开的秘密。但是这样的"婚外情"会影响明星的闪光形象,查韦斯深知其中利害,他接受告诫,决定利用媒体把自己包装成一个"好丈夫"。他利用媒体访问的机会,信口开河地把发妻描述成全心全意支持运动、在革命中扮演重要角色的人,当然绝口不提他的真正的"玛纽拉"的贡献。这样的媒体作秀使女教授伤心,导致了他们的分手,后来女教授还成为他的激烈批评者。

在现代的民主竞选中,媒体的影响举足轻重。对这点查韦斯有深刻的认识和体验,他自己利用媒体作秀,他也接受了政敌用媒体对他进行的残酷攻击。一个残酷的例子发生在总统竞选中,残酷得近于恐怖。政敌让一个演员模仿他的声音说,他当选后要把那两个老党成员的脑袋拧下来扔到热油锅里去炸,然后电视屏幕上出现了可怜巴巴的人,站在一个沸油吱吱作响的煎锅前面。这真让我想起"文化大革命"中的恐怖大字报:"如果×××当权,就会千百万人头落地!""火烧走资派×××!""油炸反革命×××!"……和"文革"相比,现代民主竞选更"现代化"了,有了更成熟的设局,有了更多媒体的渲染。

查韦斯是1997年正式宣布参加第二年的总统大选的,他的竞选纲领亲穷苦平民,反特权精英。他鼓吹摧毁现存的特权结构;

他要召开制宪大会，重新制定宪法；他要掀起一次和平革命，让贫苦大众受惠。这样的竞选纲领得到了穷苦平民的热烈支持，他的支持率节节上升。选举结果，查韦斯获得了 56.2% 的选票，当选为总统。那个晚上加拉加斯沸腾了，无数的支持者们从贫民窟里涌出来，欢呼雀跃地奔向大剧院，查韦斯站在大剧院前面的平台上，发表了胜利获选的演说：

"⋯⋯委内瑞拉的复活已经开始，没有任何东西可以阻挡它！"

万众欢呼，旗帜招展。绘着查韦斯巨像的一面大旗，垂挂在大剧院前面。第四共和国终于结束了，第五共和国将要展开它的历史。

玻利瓦尔革命要用什么样的方法来实现复活呢？委内瑞拉真能从贫富悬殊、贪污腐败的悲惨境地中复活吗？不公和腐败这两个困扰着委内瑞拉和其他很多发展中国家的问题能得到彻底解决吗？我在下一封信里再告诉你吧。

伊文

10
寻找治愈腐败的药方

远征，你好！

你来信说你最关心的是查韦斯用什么方法来解决贫富悬殊和贪污腐败这两个问题的，因为在你的工作和生活中这两个问题给你的困扰最大，你特别想知道查韦斯是怎么用"制宪"来解决这两个问题的。我很理解你对"制宪"的兴趣，记得还是在80年代的时候，咱们就热烈讨论过宪政主义、法治、制宪。那时候中国刚刚走出"文革"的浩劫，"文革"初期无法无天的混乱，"文革"后期的理想沉沦和风气败坏，都在咱们心灵中留下了无可言喻的阴影，咱们都渴望能找到新的阳光，再次照亮人生、照亮前途、照亮一个美好的新世界。正是在这个时候，西方的民主法治思潮涌来了，像一道灿烂的朝阳，向我们揭示了一个阳光明媚的新大陆。这道炫目的阳光使我们相信，"文革"的悲剧是"无法无天"造成的，如果有了公正的法律，如果能够实行法治，就能够铲除腐败和不幸。宪法是最高的法律，因此，关键是要制定出一部好的宪法来，这样才能防止未来再次发生悲剧。

查韦斯的"制宪"信念是在监狱里形成的。在那些被监禁的日子里，他和他的政变战友们苦读各种书籍，探索出路，寻找解决委内瑞拉问题的方法。法国大革命给了查韦斯深刻的启示，他

199

感悟到要用宪法的力量来进行革命，摧毁旧的腐败制度，制定一部与第四共和国全然不同的宪法。在后来查韦斯领导制定的第五共和国宪法中，可以看到许多法国大革命的影子，那是深受卢梭的影响。卢梭的思想和英美式的制宪思路有所不同。英美式的宪政核心是"权力制衡""限制政府"，而卢梭则更强调"人民主权"的理念。"人民主权"是要让大众直接参与国家政治，而不是通过议员代表来"代议"国家政治。卢梭认为，议会中的民选代表，并不是人民的真正代表，只是他们的代理人，这些人不能代表人民做最终的决定。他说："英国人认为他们是自由的，这实在是个严重的错误。他们只是在选举国会议员的时候是自由的。一旦议员当选了，人民就被奴役了，成了微不足道的草芥。"（卢梭：《社会契约论》）卢梭主张，"任何法律，如果没有人民亲自的批准，是无效的"。只有当大众直接参与了立法、当法律由人民亲自批准，此时形成的社会契约才有效，才能代表"共同体意志"。而当人们通过有效的社会契约形成了"共同体意志"，社会成员就应该让渡任何违背"共同体意志"的个人自由意志，政府则有权力按照"共同体意志"来压制"共同体意志"的反对者。第五共和国宪法特别强调大众的直接参与，查韦斯后来常以"共同体意志"的名义来要求更大的总统权力，都反映了卢梭的思想理念。

委内瑞拉的第四共和国是基本按照英美式的民主宪政模式构建的，有"三权分立"，有"代议制"的国会，它曾经被西方国家誉为"拉丁美洲的民主模范"。但是，老两党在这个民主宪政模式下形成了"盟约民主"，无论是"三权分立"还是"代议制"都不能制止老两党成员的贪污腐败行为，许多所谓的民主机构成了繁衍贪腐的毒瘤。查韦斯认为，玻利瓦尔革命必须要铲除这些毒瘤，不能让已经腐败了的老国会来制定新宪法。所以，在查韦斯竞选总统的活动中，召开制宪大会制定新宪法是他的核心纲领。

查韦斯就职总统之后，立刻紧锣密鼓地推动制宪大会。为了使"召开制宪大会"有"民主"及"合法"的名分，也为了让制宪大会更体现大众直接参与的"人民主权"理念，他先让全国就"是否要召开制宪大会"进行了公民投票。查韦斯2月就职，4月就举行了公投，结果令他欢欣鼓舞，90%左右的票数是支持召开制宪大会的。不过反对党对此很有异议，因为有60%左右的人弃权没有参加公投。查韦斯自有他的辩解，他说，美国总统大选中的弃权票也常常高达50%，所以不必对这60%的弃权大惊小怪。紧接着全国展开了制宪大会代表的选举，大众又轰轰烈烈地投入参与。从贩夫走卒到律师医生，从体育明星到占星术士，从土著印第安人到现代化的警察，成千上万的人亢奋地投入了竞选，争夺那131个代表席位。潜在的候选人拿着各种各样的宪法条款提案，走街串巷拉选票。这是一次有极广泛的民众参与的制宪，尤其是底层的民众，以前制定宪法从未咨询过他们的意见，他们从未如此直接、如此热忱地参与过。一个竞选制宪大会代表的街头小贩激情地说："这是五百年来的第一次，人民被咨询他们需要什么。"经过几个月热火朝天的竞选鏖战，支持查韦斯的候选人大获全胜，他们夺得131个席位中的125个，查韦斯派绝对控制了制宪大会。制宪工作马不停蹄，进展迅速，8月召开大会，火速起草新宪法，

12 月再次举行批准新宪法的公民投票。1999 年 12 月 15 日，第五共和国的新宪法正式通过，此时距查韦斯就职总统还不到一年。

我在委内瑞拉的时候，曾听山村里的人说，宪法中的某条是他们提议的，脸上透出很自豪的神色。这种现象在委内瑞拉相当普遍，常有人会说，宪法中的某条某条是他们社区、他们小组提议的。在制宪的热潮中，很多人结成小组，提出自己的"宪法提案"。这些提案中有许多内容是相似的，譬如公民有获得免费医疗服务、免费教育的权利，当宪法中包含了这些条款，很多人就会兴高采烈地相信，是自己的提议使宪法写上了这一条。

这个新宪法的一大特点是，强调"人民主权"，而不强调"权力制衡"。"人民主权"突出地表现在频繁使用"公民投票""大众罢免"方面。譬如，根据这部宪法，国会不能弹劾总统，但是大众可以罢免总统，只要有人征集了足够的签名要求罢免总统，就可以举行罢免公投来决定总统的去留。总统的权力不是由国会来"制衡"，而是由大众来赋予和剥夺。在英美式的宪政框架中，"权力制衡"是防止腐败的重要工具；但在这部新宪法中，反腐更侧重于依赖公民直接参与的"人民主权"。

第五共和国要制定的新宪法和第四共和国留下来的旧立法司法机构之间，隐含着不和谐的因素。在查韦斯好斗张扬的紧逼之下，这不和谐因素迅速升级为剧烈冲突。查韦斯让制宪大会先关闭旧的国会和法院，等新宪法通过了，再设立新的立法司法机构。于是，8 月制宪大会一成立就投票自我授权，赋予制宪大会废除政府机构、开除政府官员等等的权力。它先拿法院开刀，把全国几乎一半的法官及助手开除或停职，指控他们涉嫌贪污、不称职、行为不当。紧接着又宣布要限制国会的立法权力，国会将不再能立法了，只能做做监督财政预算之类的小事情。这立刻引起制宪大会和国会、法院的冲突，国会议员在国会大厦外面抗议，无数支持者和反对者蜂拥而至，拳打脚踢，棍棒挥舞，大打出手。国民卫队和警察都来了，催泪弹、橡皮弹、水龙炮……打得不亦乐乎。反对派说查韦斯是在继续搞政变；查韦斯则辩称，委内瑞拉的贪污腐败太根深蒂固，若在别的国家，大概会引起古巴式的流血革命，他现在的改革，已经是很和平的了。好斗、张扬、激烈冲突，这是查韦斯执政的一大特征。

查韦斯执政的另一大特征是，利用"人民主权"增强总统的权力。他认为自己代表了"人民主权"，他可以使用委任立法权直接立法，而不必走通过国会立法的繁复道路。他不断地对国会施压，让国会给他委任立法权，使他能够直接颁布法律。这种急剧增加总统权力的做法遭到了强烈的批评，如果说，"好斗、好冲突"还只是个执政风格的问题，那么"总统直接立法"则是个执政本质的"独裁"问题。因此，不仅仅是老两党和其他反对派抨击他，甚至连他昔日的政变战友也开始批评他。阿里亚斯公开批评他背离了玻利瓦尔革命的理想，正在滑向卡迪尤强人政治的泥潭，如此下去会产生新的腐败。查韦斯听不进这些批评，当时围绕在他身边的是几个文人政客，他们支持查韦斯的做法。

为了改变这种状况，阿里亚斯决定竞选总统。新出炉的宪法规定，新宪法通过之后，所有民选的官员都要重新再选一次，总统也要重新选举。在这次重新选举总统的大选中，阿里亚斯和查韦斯成了竞选对手。以前，他们两人也有过许多分歧，也曾争论得面红耳赤。但那些争论和这次竞选完全不同，那些争论是为了辩明问题，这次是为了抢选票、抓眼球。双方都花很大精力来做人身攻击，譬如，阿里亚斯打电视广告攻击查韦斯是懦夫，说他在政变的紧急关头看着别人流血奋战，自己却缩起来不敢去攻打总统府；查韦斯攻击阿里亚斯"娘娘腔"，说他给孕妇供应牛奶，那是女人的工作，完全不像个男子汉。

这是在民主竞选中极为常见的现象，双方不就实质问题展开辩论，而是进行低俗愚蠢的互相攻击。实践证明，这样的攻击更能够赢得选票，大众的眼球容易被低俗简单的东西抓住，不愿意停留在复杂费解的问题上，于是，高雅复杂的政治家也不得不使自己低俗化、简单化来获取选票。阿里亚斯和查韦斯这两个昔日的血肉战友变成了今日的竞选对手，以前无论是在监狱里还是在狱外搞活动的时候，他们都可以进行复杂深刻的辩论，现在他们只能互相攻击、互相抹黑，不顾往日的血肉情谊，尽力把对方抹得越黑越好。查韦斯在政变时没有当机立断去攻打总统府是一个复杂费解的问题，当时他带领一支部队占领了一个军事博物馆，这个博物馆离总统府不远，只有一公里半左右的距离，在一个小山坡的顶上，可以俯视总统府。政变前的计划是，他们要利用博物馆里的设施建立通讯指挥中心，但由于泄密使军方有所防范，通信系统建立不起来了。此时继续待在博物馆是没有意义的，如果查韦斯能够带着部队离开博物馆去攻打总统府、去增援正在围攻总统府的政变军人，他们极有可能占领总统府，政变很可能成功。连国防部长事后都说，即使总统已经逃离总统府，占领总统府仍然有极大的象征意义，可以引发加拉加斯附近几个军营里的官兵响应政变。但是，查韦斯一直待在博物馆里，坐失了良机。查韦斯自己的说法是，因为没有通信系统，他不知道总统府和其他地方的情况，不能轻举妄动。当这个复杂的问题落入竞选的战场，双方就竭力把它简单化、绝对化、两极化。查韦斯的支持者坚称，不轻举妄动是最佳决定；反对者则攻击查韦斯是贪生怕死的懦夫。

阿里亚斯搞竞选的能力显然不如查韦斯，查韦斯有演说天才，讲话特别有感召力，特别能抓住大众的眼球和耳根，他常常能口若悬河地讲几个小时不停顿。虽然事实显示，阿里亚斯历来表现得更为理性，办事也更为"有效率"，他指挥第一次政变比查韦斯更成功，他判断第二次政变比查韦斯更准确，他和平参政的许多观点比查韦斯更有远见，但是他"抓眼球"的能力不如查韦斯。竞选结果，阿里亚斯失败，查韦斯当选总统。

查韦斯胜选之后，更多地以委任立法的形式直接颁布法律，2001 年末，他一下子颁布了 49 个法令。这些法令许多带有激进"平民主义"的民粹色彩，譬如要进行《土地改革法》和《石油工业改革法》等等，都是亲平民、反富人的。委内瑞拉的土地大量集中在极少数的地主手里，他们囤积土地作投机，不把土地有效地投入农业生产，委内瑞拉需要进口大约 70% 的食品，这在人少地多的南美洲是极罕见的。这个新的土地法要对地主的土地拥有量设置上限，要对低效使用的土地征税，还要把闲置不用的土地分给农民或农业合作企业。这个新的石油工业法是要重新调整石油收入的分配，把石油收入更多地投入资助平民的社会福利项目，同时大大减少石油工业精英们的收入。这些"平民主义"的法令使"非平民"们非常不满，反查韦斯的力量渐渐壮大起来。

"平民主义"（populism）在拉丁美洲有悠久历史，许多国家都有过平民主义的政府，譬如阿根廷著名的"贝隆主义"政府。这些平民主义政府的上台，多数是因为在前政府时期，贪污腐败猖獗，贫富差距悬殊，富人贪婪骄横，待穷人如草芥，穷人不仅没钱，还没有尊严。这样的社会孕育了强烈的"仇富""反富"情绪，使主张平民主义的政客能够得到广泛的支持而上台执政。平民主义政府上台后，往往推出一系列激进的"反富""亲贫"政策：亲工会、国有化、土地改革、医疗教育福利化等等。这些政策有丰富的感情色彩，但多数缺乏理性的周密安排，因此有"不可持续"的隐患。尤其当经济大环境出现变化，譬如石油、粮食、矿产的国际价格发生大幅度波动，使支撑这些政策的经济基础受到打击，常常会发生通胀、失业、赤字等等的问题。激进的"反富""亲贫"政策加剧了社会情绪的两极化，富人对平民主义政府恨之入骨，当经济出现问题，这些人恰好可以乘机兴风作浪，很多平民主义政府终结于右翼军人政变。

查韦斯的平民主义政府是否也会遭遇同样的命运呢？比较幸运的是，他上台后第一年，石油价格大涨，后来两年虽有回落，但幅度较小，因此他推行平民主义政策的时候一直有较好的经济基础。但是，他张牙舞爪的张扬作风，加剧了"非平民"的反感情绪。他的一些政策常常遭到很情绪化的反对，他最早推出的一个教育改革法案就遭到家长和私立学校教师的抗议，几千人上街游行。他强硬地以牙还牙，组织几千个支持教改的家长、老师和学生也上街游行。这类游行抗议在他执政期间屡见不鲜，当他颁布了49个平民主义的法令之后，抗议更加升温，游行罢工此起彼伏。

查韦斯张扬的外交政策，也给他的平民主义内政带来了麻烦。委内瑞拉地处美国的"后院"，美国历来喜欢干涉这个地区国家的内政，而这些国家内部的反对党也常常会去寻求美国的支持。查韦斯刚上台的时候，美国对他虽然反感，但还是比较克制，没有进行激烈的干涉。查韦斯的几个张扬的外交行动，使美国逐渐改变了态度。一个行动是他挑头推动欧佩克石油组织抬高石油价格，他亲自访问了美国的几个死敌，伊拉克、利比亚、伊朗，还对萨达姆大表同情；他又在加拉加斯召开了欧佩克石油组织高峰会议，成功地使石油价格大幅度上涨，他上台第一年石油价格的大涨就是这样得来的。另一个使美国憎恨的行动是，查韦斯和古巴的卡斯特罗建立了极亲密的关系，他称古巴人民生活在"幸福的海洋"里，他要让委内瑞拉也驶向这样的幸福海洋。最使美国愤怒的行动发生在2001年美国遭受"9·11"恐怖袭击之后，美国为了打击藏在阿富汗的恐怖分子，对阿富汗进行了轰炸，有一次美国的轰炸误伤了阿富汗儿童，查韦斯在电视讲话时指责美国杀害无辜，还放出恐怖的死伤儿童的画面。这个行动冲破了美国克制的底线，以前那些行动还不是正面冲撞美国，这次却是正面指着美国的鼻子说三道四，美国把驻加拉加斯的美国大使召回华盛顿商榷，此后美国对查韦斯政府的政策出现了一个转捩点。

当美国政策发生转捩的时候，也是查韦斯 49 个法令使反对派的反抗活动急剧升温的时候。其中关于改革石油工业的法令触及了一大批人的既得利益，他们的反抗尤为激烈。石油是委内瑞拉的"金库"，石油工业历来是政客们争斗的"兵家常地"。委内瑞拉最初发现石油的时候，军阀总统把开采石油的特许权给了自己的亲信，那些亲信又把特许权卖给外国石油公司，石油开采操纵在外国公司手中，外国公司获得了高额利润，它们支付给委内瑞拉政府的特许权使用费都流入了特权阶层的腰包，广大平民得不到好处，委内瑞拉的贫困问题很严重。70 年代的时候，老两党中自由派的民主行动党对石油工业实行了国有化，其初衷是要用石油收入解决贫穷问题，使委内瑞拉能进入发达国家行列。但是国有化之后，广大平民仍然分不到一杯羹。国有化成立了超大国企"委内瑞拉石油公司"，它的经理高管们享受着天价的工资和退休金，它的普通工人的待遇也很优厚，不过，这些肥缺职位可不是一般平民百姓能够得到的，需要特殊的"关系"。国有化的石油收入被内部人截流，外部的广大民众沾不上光。查韦斯颁布法令，要对委内瑞拉石油公司"再国有化"，他说这个超大国企已经变成"国中之国"，它的董事会只为经理们牟利，罔顾国家利益；它的收入大部分留给公司，小部分交给国家；它已经变成了独立王国。查韦斯要把它的控制权收回来，要改革它的收入分配模式，还撤换了它的高管。

查韦斯的49个法令深深地触动了富人们的利益，几个和工商界，尤其是和石油工业关系密切的人物成为反对查韦斯的领军人物，他们和一些右翼军人勾结起来，酝酿出一个颠覆查韦斯的阴谋计划。这个计划以罢工为先导，再狡猾地引入政变。2002年4月初，石油公司宣布举行罢工，其他行业在委内瑞拉商会主席[1]的号召下也加入进来，一起举行全国总罢工。4月11日上午，这些反对派召开了一个大规模的集会，他们原本申请的集会地点是在石油公司门前。但当石油公司门前集会的气氛变得火爆狂热之后，几个演讲人士就呼吁大家游行去总统府、逼迫查韦斯辞职。情绪已经沸腾的群众马上响应呼吁，浩浩荡荡地从石油公司出发，向总统府开去。当时在总统府附近有亲查韦斯派的集会，如果这两派群众相遇，很可能发生暴力冲突。查韦斯深知内中的危险性，他手下的官员不断地给反对派领袖们打电话，说他们临时改变集会地点是不合法的，让他们阻止游行以防流血事件，但这些反对派领袖说他们无能为力。他们当然不会阻止游行，这是他们政变阴谋计划的第一步。

查韦斯自己搞过政变，能嗅出这些活动中的政变味道，所以事先他也制订了一个反政变的计划。但是，他的反政变计划很不高明，当年他搞政变失败，这次他搞反政变也很低效。在他的

---

〔1〕 佩德罗·卡莫纳（Pedro Carmona，1941—   ），在反查韦斯的军事政变中，曾任总统两天，后逃亡国外。

反政变计划中，要调军队来保卫几个具有政治象征意义的战略重地：总统府、国会、最高法院等等。但当他决定启动反政变计划行动的时候，先是联系不上负责执行计划的将领，后来又发现要调动的部队无法离开兵营，因为兵营门口出现了奇怪的交通堵塞事故。查韦斯调动不到军队，在总统府里成了光杆司令，当时总统府附近只有数量很少的国民卫队，他们是支持查韦斯的；另外还有受加拉加斯市政府管辖的警察，但因为加拉加斯市长是反查韦斯派的，这些警察执行反对派的命令，查韦斯无法使用这些警力来阻止反对派游行的进军。

游行大军离总统府越来越近，他们和亲查韦斯派的群众进入了短兵相接的状态，双方开始互相掷石头、扔瓶子。下午 3 点钟左右的时候，恐怖事件终于发生。在离总统府不远的一座立交桥上聚集了很多亲查韦斯的群众，桥下面的大马路通向总统府，正当反对派的游行队伍通过立交桥下面的马路向总统府进发的时候，忽然传来几声枪响，几个游行者头部中弹，脑浆四溢。此后几个小时，街上时时听到枪声，反查韦斯派和亲查韦斯派的人都有伤亡。

当枪击事件发生时，查韦斯在总统府里，他无法调动军队来阻止游行，只能用他极擅长的演说来呼吁克制、阻止冲突。他发表了广播演说，但是电视媒体不好好播放他的演说，却倾全力来渲染反对派的游行。委内瑞拉的私有电视媒体都是反查韦斯派拥有的，他们巴不得查韦斯快快下台。在那天的反对派游行活动中，媒体起了无法估量的推波助澜作用，他们不断地播放反对派领袖的演说，呼吁大家上街参加游行。当枪击事件发生后，他们又用剪接图像等手法，给观众造成视觉印象，似乎是亲查韦斯派的群众打死了反对派的游行者。同时又大量播放群情鼎沸的反查韦斯活动画面，好像查韦斯已是四面楚歌，反对派已经控制了大局，查韦斯非下台不可了。面对媒体的反叛，查韦斯决定封杀电视，他下令切断这些电视频道的传送系统，接着又在国有的电视频道上讲话，让大家冷静，他说情况并不严重，他仍然控制着全局。这是他在反政变中犯下的两大错误：一是切断电视传送系统，二是夸说情况不严重。"切断电视传送系统"并不能阻止电视传播，因为电视台可以使用卫星系统播出节目，而他却给自己戴上了一顶"封杀新闻自由"的独裁者帽子。"夸说情况不严重"使支持者降低警觉，又使反对者更可以把他描画成"说谎的人"。

查韦斯的演讲给了反对派更多的子弹来攻击他，在卫星传播的电视上，他是一个开枪镇压群众、封杀新闻自由、掩盖事实真相的冷血独裁者。这样的形象对查韦斯造成了致命的伤害，很多原本支持他的人都开始批评他。反对派更是借着传媒大声疾呼，绝不能再容忍这样的独裁者，要把他赶下台。反对派领袖中的两个将军发表电视讲话，号召武装部队采取行动，"这个政府现在已经是不合法的了，我们绝不能后退。"这两个将军中的一位曾做过石油公司的首脑[1]，后来被查韦斯罢免。另一位和美国的关系甚

---

〔1〕　乌尔格普多·拉美达（Guaicaipuro Lameda），曾担任委内瑞拉石油公司首脑一年，2002 年 2 月被解职。

深[1]，常和驻加拉加斯的美国武官会面。美国在拉丁美洲支持右翼军人政变的历史非常悠久，好几个民选的左翼政府就是这样被推翻的。1954 年在危地马拉，美国中央情报局支持的武装部队推翻了民选的左翼改革派的总统，当时格瓦拉正在那里，这个事件成为格瓦拉转向激进共产主义的一个契机。1973 年在智利，美国中央情报局支持右翼皮诺切将军推翻了民主选举产生的左翼阿连德政府，在枪弹炮火的隆隆声中，阿连德在总统府发表了最后的告智利人民的演说，他拒绝流亡国外，选择饮弹自尽来抗议非法政变，他的支持者后来遭到残酷迫害，无数人"失踪"。在许多东欧人的记忆中，美国是"民主的卫士"，它支持波兰团结工会，支持"布拉格之春"，支持匈牙利革命，但在许多拉丁美洲人的记忆中，美国则是扼杀民主的恶魔，在危地马拉，在智利……它一次又一次地参与了残暴推翻民主政府的行动。查韦斯上台之后，美国对他的激进平民主义政策很不满意，保守主义的布什政府对他更是火冒三丈。查韦斯抨击轰炸阿富汗事件之后，美国加紧了支持委内瑞拉反对派的活动，在加拉加斯、在华盛顿，反对派的领袖们频密地和美国官员接触。虽然美国矢口否认介入政变，但诡异的是，就在政变发生前的一个月内，美国政府数次发出文件，报道委内瑞拉将要发生政变，说查韦斯当总统的日子屈指可数。美国为何能够如此"未卜先知"呢？这恐怕是和它深深卷入反对派的活动分不开的。

---

[1]　卡洛斯·塔马约·莫利纳（Carlos Tamayo Molina），海军少将。

夜幕降临，查韦斯陷在总统府里，四周没有支持他的军队，敌视他的媒体又把他与外界隔绝，此时连国有电视台都被反对派的警察占领了，他已经失去最后一条媒体通道。他打了无数电话，寻求援助，但一无所成。他意识到危机正一发不可收拾地滑向更严峻的深渊，黑暗正向他步步逼来，他陷入极度焦虑之中。半夜时分，他接到了一个意想不到的电话，那是卡斯特罗从古巴打来的。卡斯特罗理解他目前处境的危难，生怕他会像智利总统阿连德那样以自杀来对抗政变，卡斯特罗对他说，千万不能走阿连德的道路，阿连德当时是孤独一人，没有一个军人支持他，而你在军队当中还有很大力量，千万别放弃，千万别辞职！卡斯特罗还告诫他，千万别进行没有意义的军事抵抗。

卡斯特罗的电话在心理上、精神上都对查韦斯产生了极大的影响，查韦斯在黑暗中理清了自己的思绪，决定和政变领袖谈判。他指定了两位将军做使者，派他们去到政变领袖云集的陆军总部谈判。在陆军总部的军事要塞里，政变领袖对使者说，他们要求

查韦斯与卡斯特罗在拉美医科学校毕业典礼上（摄于 2005 年）

查韦斯辞职下台。当使者把要求辞职的信息传回来之后，查韦斯反复认真地进行了考虑，又把仍在总统府里的内阁部长们都召集起来进行讨论。最后，他决定辞职，不过有四个条件。第一，要保证他政府的上层官员、他的家人和他自己的人身安全。第二，政变者们必须尊重宪法，要让他在国民议会面前辞职，同时根据宪法由副总统继位，然后再举行新的总统选举。第三，他要向全国发表电视讲话。第四，他的内阁成员、他的卫兵、他的家人和他自己，都要有离开委内瑞拉的安全通道。政变领袖表示接受他的四个条件，催促他尽快辞职，给了他一封辞职声明信，让他在上面签字，还说若不快签字，他们就要轰炸总统府了。查韦斯的国防部长[1]政治经验丰富老到，他让查韦斯不要签字，因为如果查韦斯签了字，整个政变行动就合法了；如果查韦斯不签字，这些人的行为就是非法的政变！查韦斯遵循此人的忠告，一直没有签字。虽然他没有签字，但他"将要辞职"的话语却以他"已经辞职"的消息发布出去。人们都以为他已经辞职，政变领袖看到他大势已去，就推翻了对他提出的四个条件的承诺，而要把他押送到陆军总部军事要塞去。听说查韦斯要被押去陆军总部，他的卫兵们很激动，不让他去，他们表示愿意在这里和叛军决一死战。查韦斯劝他们冷静，他记得卡斯特罗的告诫"别进行没有意义的军事抵抗"。查韦斯同意被押送，不过他强调，他是以囚徒的身份

---

[1] 何塞·维森特·兰赫尔（José Vicente Rangel, 1929—　），在查韦斯政府中曾任副总统、外交和国防等部长。

去那里，而不是以辞了职的总统身份，他是一个被政变囚禁的在职总统。

4月12日凌晨，查韦斯被押送到陆军总部军事要塞，关进了一间小卧室，他要求给他一个电视，卫兵竟然同意了。当他看了电视的早间新闻节目之后，他的神经立刻警觉起来。新闻重复报道着两条重要消息，第一条是查韦斯制造了立交桥下的血腥屠杀；第二条是查韦斯已经辞职。正是根据这两条消息，政变领袖之一的商会会长已经宣布就职总统，既然查韦斯是杀人凶手而且已经辞职，为了填补权力的真空，由政变领袖来充当总统就是合理合法的了。查韦斯意识到，政变的合法性构建在这两条消息的真实性上，如果有人戳穿了这两条消息里埋藏的谎言，政变领袖们就没有了"合法"的立足之地。为了维系谎言，他们很可能要杀害查韦斯，因为查韦斯是戳穿谎言的第一证人。查韦斯感到自己的生命在危险中，而最佳的安全保障是尽快向世界公布真相，让世界知道他没有辞职，他正被非法监禁，他更没有下令枪击立交桥下面的游行者。查韦斯知道现在他无法和媒体联系，他必须通过其他途径把他的消息传播出去。他对卫兵说，他要给家里人打电话看看他们是否平安。卫兵竟然又同意了，他给女儿打了电话，让她火速和卡斯特罗联系，请卡斯特罗为她安排一个电视访问，在访问中她要告诉全世界，查韦斯没有辞职，查韦斯正被非法监禁，查韦斯被禁止和外界联系。两个小时之后，卡斯特罗为他的女儿安排了电视电话访问，通过古巴的电视台，他的消息第一次被传播出去。

　　委内瑞拉的电视封锁了来自古巴的消息，为了让委内瑞拉的民众尽快知道真相，查韦斯还需要通过其他途径传递消息。正如卡斯特罗所说，阿连德在军队中没有支持者，而查韦斯则在军队中有很大力量。这力量可以从下层士兵对查韦斯的态度上看到，看守查韦斯的一些卫兵对他很同情，军法部和他接触的人员对他也很友善，查韦斯的小纸条和"没有辞职"的口头信息就是通过这些同情者传出去的。当查韦斯没有辞职的消息透露到外界之后，贫民窟中的那些另类的社区电台开始大力传播这个消息，收听这些电台的绝大多数是平民，是查韦斯的支持者，这消息像火苗，立刻点燃了他们焦虑得如干柴般的情绪，他们云集起来，酝酿着一场骚动。加拉加斯是一座依山而建的狭长城市，东端是富人区，西面有很多贫民窟，查韦斯的支持者们绝大多数住在西面。当西区酝酿着骚动的时候，东端富人区里则完全是另一番情景。富人们在电视机旁边豪饮庆祝"查韦斯下台"，反查韦斯派控制的电视台既不报道查韦斯的消息，也不报道西边亲查韦斯派正在进行的活动，只是连篇累牍地传送着"形势大好"的信息，所以这些反查韦斯派完全陶醉在胜利的酣梦里。

　　政变领袖们也陶醉在胜利的酣梦里，不过在酣梦的鼾声中还夹杂着一片争吵，因为政变的众多参与者对许多问题并没有共识，尤其是对如何分配新政府中的重要职位，更是你争我吵。就是在这样的欢庆和争吵的喧闹背景声中，刚登上总统宝座第一天的新总统发布了几道命令：废除宪法、解散议会、取消最高法院、罢免各州州长和各市市长，一年之内举行总统大选。呼应着他的宣布，不少人衷心地欢呼起来："民主啦！民主啦！民主啦！"这真是很绝妙的讽刺，新总统取缔的是通过民主程序建立起来的机构，怎么能被欢呼为"民主"呢？民主真成了一个莫名其妙的桂冠，谁都可以抢过来给它套上随意的定义，戴在自己的头上。

新总统废除宪法、解散议会的那些命令，像是给贫民窟中的干柴烈火浇上了一桶汽油。查韦斯的支持者们从贫民窟中爆发出来，他们冲到大街上，涌向总统府，聚集在观花宫外面，高呼口号，敲打金属。新总统的命令也使很多原本中立观望的人，甚至最初支持政变的人反感，一些军官发表了声明，表示不支持新政府。总统府的卫兵们更是采取了"反新政府"的直接行动，他们抓了二十几个正在内阁会议室里开会的人，但是政变的大头头们逃跑了，新总统逃到陆军总部军事要塞。此时的查韦斯已不在陆军总部，他被转移出加拉加斯。亲查韦斯的民众听说他不知去向，情绪变得愈发激动，有人用白床单做成大标语，上面书写着："查韦斯在哪里？让他讲话！"他们呼喊着口号把大标语悬挂在总统府附近的大门上，有人爬上电线杆，有人攀上大石柱，几千人高呼口号，群情激昂鼎沸。"反新政府"的卫兵们占领了总统府，几个卫兵爬上了屋顶，挥舞拳头，打出胜利手势，呼应着在总统府周围聚集得愈来愈多的人群。陆军总部军事要塞外面也聚集了愈来愈多的亲查韦斯民众，口号声震天。在群情沸腾的混乱局面中，要塞里的一些军官作出了决定：逮捕政变领袖。这次轮到新总统在辞职信上签字了，由于查韦斯不知去向，权力再次出现真空，按照宪法，应该由副总统就职。政变发生后，副总统生怕受到迫害藏匿起来，此时匆匆从躲藏的地方跑出来，赶到总统府宣誓就职。

查韦斯究竟在哪里呢？原来他先被转移到西海岸的一个海军基地，后来又被再次转移到加勒比海中的一个小岛上。当总统府里发生戏剧性的走马灯变化的时候，他懵然不知。他坐在海岛的星空下，仰望苍穹，坐在他身边的是劝他辞职签字的加拉加斯大主教。在寂静的深夜里，他曾握着大主教的手一起祈祷。……忽然，天空中响起轰隆隆的声音，三架直升机从天而降，从飞机里走出一大群人，他们是来接他回总统府的。4 月 15 日凌晨 2 点 45 分，查韦斯回到观花宫，重新成为总统。

从 4 月 11 日的反对派游行和立交桥血案，到 4 月 15 日凌晨查韦斯重返总统府，在短短的三四天里，委内瑞拉换了三个总统！历史如此炫目地飞转。

现在，这段炫目的历史给加拉加斯带来了一个新的旅游景点，那座发生血案的立交桥吸引了不少游客。我们在加拉加斯的时候，导游就带我们去参观了那座立交桥，指给我们看游行队伍曾经走过的马路，还有路边几座和血案有重要关系的大厦。在立交桥上，他讲给我们听血案发生的来龙去脉。当时的枪弹是从路边的高层大厦顶楼射下来的，射击非常准确，像是职业狙击手的枪法，受害者绝大多数是头部中弹，他们当中有反查韦斯派的，也有亲查韦斯派的。事发后不久在路边的一座酒店大厦里，抓了七个携带武器的人，但在接踵而至的政变混乱中，这些人都被释放了，不知所踪。按照反查韦斯派媒体的讲法，是亲查韦斯派的群众从立交桥上用手枪射击，打死了马路上的游行者。但从中弹者的距离和位置来看，手枪射程难以达到，而且一般人的枪法也不可能如此精准。查韦斯重新掌权之后对血案进行了调查，有证人说，是政变领袖策划了这个血案，他们要制造冲突和混乱，给发动政变找借口，所以他们让狙击手射杀几个反查韦斯派的人，也射杀几个亲查韦斯派的人，以便激起双方的怒气，使两派人大打出手，造成冲突混乱。不过，政变领袖矢口否认他们策划了这个血案。

政变终结了，但查韦斯和反对派之间的斗争并未结束，社会上的两极对抗情绪甚至变得更加激烈。反对派寻找新的方法来和查韦斯对抗，政变是非法手段，政变失败后他们转向了使用民主制度下的合法手段。当社会处于两极分化、情绪对立的状态时，抗争冲突不可避免，而民主制度又为抗争提供了合法手段，在采用这些合法手段进行不断抗争的过程中，对立情绪往往会更加强化，因此造成恶性循环的怪圈。委内瑞拉似乎就落入了这样的怪圈。

非法政变失败后刚过半年，反对派就又搞了个"解放区"来鼓动"合法反叛"，其根据是宪法的第 350 条：公民可以和他们认为是不民主的政府"脱离关系"。一些反对派军官占领了加拉加斯东端富人区里的一个街头广场，宣称那里是"解放了的地区"，为首的将军是前委内瑞拉驻美国的武官。他们在那里搭了讲台，大张旗鼓地号召大家起来反叛查韦斯政府。军官们轮番发表慷慨激昂的讲演，其间有啦啦队欢呼喝彩，还有五颜六色的民俗舞蹈表演。"解放区"最初吸引了不少人，查韦斯倒没有采取激烈对抗的

219

措施，而是任其自生自灭，几个星期之后，到那里看热闹的人越来越少了。

除了搞"解放区"，反对派更多采用的"合法"手段是罢工。政变失败后，反对派搞了几次罢工、罢市，其中对委内瑞拉经济打击最大的一次是 2002 年 12 月的石油业大罢工。这次罢工造成汽油和食品短缺，加油站前面排起了几公里长的汽车队，要等几个钟头，甚至一天一夜才能加到油。查韦斯不得不从国外进口石油，这在盛产石油的委内瑞拉历史上实属罕见。反对派见这招有效，更加大了罢工的力度。委内瑞拉的重要产油区在西北部的低洼地区，那里有一个大湖，油轮要经过大湖才能驶到港口。罢工的油轮停到了湖中央，不进不出地堵在那里，反对派们驾着游艇、舢板簇拥到油轮的周围欢呼雀跃，更多的反对派聚集在湖边摇旗呐喊。这种状况如果持续下去，将使委内瑞拉的石油工业瘫痪，石油是委内瑞拉的经济命脉，若命脉瘫痪，整个国家的经济将垮台，自然查韦斯也要跟着垮台，这就是反对派的"合法"战略。

查韦斯面临的困局是，他虽然可以派军队接管油轮，但他缺乏油轮专业技术人员来操作油轮。经过几天的搜寻劝说，查韦斯终于招募到一些退休的油轮专业技术人员来进行操作，其中包括一名油轮船长。当这些退休人员启动油轮的时候，全国的人都凝神屏息地聚在电视机前。这是一次危险度极高的行动，满载液体燃料的油轮像是一颗浮动的巨型炸弹，万一哪里出现差错，就会发生大爆炸。反对派的技术人员离开油轮时，还成心捣乱，在电脑系统里设下些圈套，这些都可能成为引发事故的陷阱。查韦斯事后曾举过一个类似的例子，某个锅炉的最高温度上限是600摄氏度，但被人改为800摄氏度，接手工作的人员如果不仔细核查每个数据，就会出大事故。当政治情绪被激化得如此对立，很多人丧失了理智。为了重新启航，那些退休人员做了整整两天两夜的准备工作。终于，油轮的烟筒突突地冒出了浓烟，慢慢地驶向湖中的一座大桥，油轮必须从桥下钻过才能抵达港口。通过大桥是最严峻的考验，万一油轮偏离航线，撞毁桥墩，后果不堪设想。当油轮顺利地从大桥下面驶出来后，亲查韦斯派一片欢腾，反查韦斯派则无比失落。

罢工没有能够逼走查韦斯，反对派再生一计，他们在宪法中找到另一个"合法"的手段来赶查韦斯下台。宪法规定，如果有20%的登记选民签名要求罢免总统，就要举行公民投票，以决定总统是否被罢免。从2003年开始，反对派发动了大规模的征集罢免签名的运动，学校里、广场上、教堂周围……到处是排队签名的人，热闹非凡，这场闹剧持续了好几个月。等到征集够了签名人数，在确认签名的有效性、合法性、可信性的时候，又经历了无数周折，法院、国家选举委员会、美国前总统卡特主持的"卡特中心"等等都卷入进来，最后才决定在2004年8月15日举行公投。此时反对派的情绪已兴奋到极点，他们认为自己稳操胜券，这种情绪化的自信是和传媒的"一边倒"宣传分不开的。委内瑞拉的私有大型媒体一直由反对派拥有，在情绪化的大环境里，他们自己也极度情绪化了，在报道罢免公投活动的时候，他们一边倒地只报道富人区里反对派的活动，好像贫民窟里亲查韦斯派的活动完全不存在。一位著名的反对派人士曾要求电视台派采访队去贫民窟看一看，他们竟然也不去。于是，人们从电视里看到的是，千千万万人激情澎湃地要求罢免总统，没有人支持查韦斯，反对派当然相信自己必胜无疑。

查韦斯没有掉以轻心，他亲自挂帅指挥了这场"反罢免战"。他的方法是走基层平民的群众路线，他的支持者们组织起无数个"选举战斗单位"，每单位十个人，每人要负责拉十个人来投票，不仅要说服这十人同意投反罢免票，到了公投那天，还要把这十个人真正拉到投票站去投票。这些单位深入到社区街道，渗透进公司和工厂，纵横交错，网络密布，有很高的拉票效果，这是查韦斯的一大发明，这个发明帮助查韦斯在公投中大获全胜。投票那天凌晨，很多贫民窟里 3 点钟就响起放烟花的巨响，生怕人们睡过头，还有高音喇叭大声呼叫，催人赶快去投票。天不亮人们便成群结队赶到投票站，耐心地等到 6 点钟开门进去投票，迟来的人要排队等待更长的时间，一般人的等待时间是七个小时。"卡特中心"曾经监督观察过许多国家的选举，这么高的投票参与率他们都很少见过。投票结果，反对罢免查韦斯的占 59%，支持罢免的只有 41%。这个结果让反对派目瞪口呆，他们完全不能接受这个事实，因为他们看到过的电视节目明明告诉他们说查韦斯一定会被罢免的。有些反对派陷入了群体歇斯底里状态，疯狂叫骂，否认现实，提出各种异想天开的假设，无中生有地指责投票作弊，互相感染着神经质的亢奋。此时，连一贯反对查韦斯的某些美国人，都出来批评反对派，让他们正视现实。

在这次罢免公投的竞选中，反对派没有提出什么理性的政策纲领，只是一味地煽动仇恨查韦斯的情绪。煽仇已经成为动员选票的主要方法，反对派如此，查韦斯也如此。查韦斯经常发表电视演讲，经常使用非常煽仇的语言，把人骂得狗血喷头，譬如他公开骂过一位主教是"披着祭神法衣的魔鬼"，但在政变危机中又要请这位主教出面帮忙，于是急忙请求主教"宽恕原谅"。煽仇痛骂的语言，能够让大众感到"出了一口气"的痛快，尤其适合平民大众的口味，能够帮助政客赢得大众的情绪，从而赢得大众的选票。在民主选举的制度中，赢得选票是最重要的机制动因，其他考虑都降到次要的地位。不过，煽仇煽动了支持者的情绪，却也同时煽动了反对派的情绪。煽仇使查韦斯赢得了大众的选票，但也造就了更为仇视他的反对派。

利用电视讲演召唤大众情绪的认同，然后通过公民投票进行修宪立法，这是查韦斯执政方法的一大特色。除了这次罢免公投，查韦斯自己以前就至少发起过三次公投，他一直是历次公投大战中的常胜将军。2007年，他又发起一次修改宪法的公民投票，这次是要对69条修宪建议进行公投表决。在这些建议条款中，有的是很亲平民的，譬如要让在非正式经济领域中工作的人也享有领取养老金的福利；有的是要防止美国的渗透干涉，譬如禁止政治团体接受外国的资助。最最重要的条款是要给总统更大的权力，譬如，总统有权宣布无限期的国家紧急状态，总统有权控制中央银行和外汇储备，总统有权控制州长和市长，总统的任期不受限制等等。关于扩大总统权力的那些条款受到了激烈的批评，因为这些权力可以使总统实行个人独裁，很多人即使非常拥护查韦斯的平民主义政策，也不愿意看到独裁者出现。公投结果，49%的人支持修宪，51%的人反对修宪，查韦斯第一次经受了公投的失败。面对失败，查韦斯倒没有像反对派那样歇斯底里，他很有风度，发表了接受失败的演讲，还又一次使用了1992年政变失败后他讲话中的一个著名词汇，"在目前，我们还不能……"在目前，他还不能得到这些权力；在未来，他还要尝试得到这些权力。2009年，他又一次发起了修宪公投，要求取消对总统任期的限制，这次他比较策略，只要求取消总统任期的限制，不提其他扩大总统权力的条款。

根据查韦斯自己的说法，他是需要这些权力来推动21世纪社会主义革命的变革。在查韦斯的执政模式中，他不是依靠组织严密的政党来进行社会变革，他的玻利瓦尔革命运动只是一个社会运动，虽然他建立了许多玻利瓦尔革命运动小组，但这些小组并没有结合成一个有严密组织结构的政党。在有严密组织结构的政党中，党有各级各层的干部，中央的决定是通过各级各层干部贯彻执行下去的，基层小组接受基层干部领导、基层干部接受中层干部领导、中层干部接受高层干部领导。查韦斯的方法与此不同，他不依赖各级各层的干部，他直接领导那些基层的革命运动小组，电视讲演是他领导基层的主要工具。每周他有一个电视节目，"嗨，总统"，这个节目搞得很活很火，非常适合平民大众的口味，他的演讲天才在这里发挥得淋漓尽致。在电视节目里，他解释他的政策，告诉基层应该做些什么；他攻击政敌，使他的追随者的情绪被鼓动得激愤昂扬；他聊家常、讲自己童年的故事，让人觉得可亲可近；他接听来电，倾听民间疾苦，甚至还想办法通过电话帮人立即解决问题。在这个执政模式中，党的各级各层干部被边缘化了，总统的功能大大增强。至于查韦斯为何要把党内干部边缘化，我听到了两种解释：一种说法是，查韦斯觉得党内干部会制衡他的权力，他喜欢独裁，所以让各级干部的权力边缘化；另一种说法是，查韦斯觉得党内干部权力大了会滋生腐败，最终会败坏整个党、整个革命运动，所以要弱化党内干部。关于党内干部败坏革命运动的这个想法，是和委内瑞拉老两党腐败的历史经验有关。那两个老党的第一代领导人最初并不是腐败之徒，他们并非为了发财牟利才建党从政，他们是为了反对军人独裁才投身民主运动的，很多人坐过牢、流亡过。他们奋斗了许多年，使委内瑞拉进入了民主政治时代，但是，两党却越来越走向腐败，层层的党官都在利用职权贪污敛财，这是查韦斯在成长时期所目睹的现实。

我在委内瑞拉的时候，正是 2009 年取消限制总统任期公投举行前一两个星期，选战极为热烈，广场上有人群在讲演辩论，马路上有宣传车在呼口号、播音乐，让我想起"文化大革命"。在我住的酒店附近的热闹交叉路口，常看到两派人举着标语牌站在红绿灯下面，当红灯亮了、车辆停下来等绿灯的时候，两派人马火速冲上马路，在汽车之间蹿来蹿去，向车里的人晃动标语牌。我没有看到他们武斗，只是看到有几个年轻人用标语牌斗来斗去，互相都想用自己的标语牌挡住对方的，这种斗法有点儿像玩闹，不像"文革"的武斗。街上高音喇叭放出来的助选音乐，也和"文革"的革命歌曲大不一样，我听到的街头政治歌曲都有很雄性的抒情味道，一把吉他，一个男高音独唱，向世界倾诉呼唤，雄浑壮烈激情。我常常在广场和马路上徘徊，让自己浸入那"激情燃烧"的气氛，我往往会有一种进入了革命嘉年华狂欢舞会的感觉。

在街头广场上，我看到很多反对派的人在集会，其中有不少英语不错的大学生，我就和他们聊天。当我问他们为什么反对取消总统任期限制的时候，他们反复地用一个比喻来说明他们的观点："人用牙刷是经常要换的，如果总统任期不受限制，就像总是用同一把牙刷，那太不好了。"这个比喻让我有些失望，这种比喻用在文学讽刺作品中挺有想象力，但用在政治辩论中，则缺乏理性的严谨。正当我和大学生们聊天的时候，一个演讲者跳上了集会的讲台，他眼角边的额头上贴了一块白纱布，情绪激愤冲动，他指着纱布说，刚才在某某地方，亲查韦斯派的人把他打伤了！大学生们的注意力都被他吸引过去，不再和我聊天。

离开了反对派，我看到在不远的另一个广场上，有支持派的集会，我就走过去也想找人聊聊，可惜没有碰到会讲英语的人，没法交谈，只好向他们要了几张传单。回到酒店后我把传单给翻译看，他说这传单讲美国有很多总统的任期都超过了两届，譬如罗斯福、里根、克林顿。我听了真是惊讶万分，里根和克林顿的任期都没有超过两届，这是极简单的事实，很容易核查，他们怎么能这么胡乱写？不知道他们究竟是胆大妄为地白纸黑字造谣，还是情绪化地胡思乱想、不做任何调查核实？

在激情燃烧的街头广场，我看到的多数是情绪化的活动，很难深入地了解反对派的观点。后来我们正式去访问过一个反对党的总部，希望能从更深的层次上了解他们。反查韦斯派组成了一个联盟，其中包含很多反对党，在委内瑞拉的政坛上，政党多如牛毛，有人今天组织了这个党，但过几天发现和党内其他人的理念不同，就跳出去组织另一个党，政党在不断地变形变换。我们访问的这个反对党，是当时联盟中的第二大党。和我们谈话的是一位负责公共关系的"党干部"，她本身的职业是律师。

她一开始就向我们介绍他们的党在近年来的竞选中获得的成绩，目前他们有一个州长、四个市长、几个地方议会议员的席位。她说以前他们党的席位还要多一些，但组成联盟之后，联盟内各党要协商分配竞选席位，一个地区只推出一个候选人，因为这样可以集中票源，他们就把一些候选人的位子让给了别的党。她说使他们党在地方选举中胜出的重要原因是，他们有很好的以社区为本的社会服务项目，譬如法律咨询。他们派人深入贫困社区，给人提供免费法律咨询服务，穷人没钱请律师，不懂法律，常常吃亏受欺负，他们的服务得到社区的热烈欢迎。穷人社区本是查韦斯的天下，但由于他们的这些社会服务项目，许多人转向了他们。我事后听人说，反对派的那些以社区为本的社会服务，和查韦斯的玻利瓦尔革命社会项目都很相似，自从查韦斯用社会项目为自己拉到许多选票之后，反对派也开始学样，有的是

查韦斯主张取消总统任期限制，以便他能够不断地参加竞选，能够有机会多次当选总统。公投之前，支持派和反对派的竞争非常激烈。这是在加拉加斯的街头，支持派和反对派站在热闹的交通路口，红灯一亮，汽车一停，他们就冲到马路当中，向汽车和行人晃动标语牌，反对派的牌子是"no"，支持派的牌子是"si"

宣传车在马路上播放音乐，呼喊口号。这是一辆查韦斯支持派的宣传车，反对派举着标语牌围住了它

自己发明创造一些新项目，有的干脆搞查韦斯同样的项目只是换个名称。

在介绍自己党的社会项目的时候，她还批评了查韦斯的社会项目，特别是查韦斯用古巴医生来为贫困社区服务的医疗项目。委内瑞拉的贫困社区严重缺乏医生，穷乡僻壤条件艰苦，城市贫民窟中治安极差，医生都不愿意去那里工作。查韦斯和卡斯特罗签了协议，古巴向委内瑞拉派遣两万个医生，委内瑞拉向古巴提供低价石油。古巴医生都到穷乡僻壤和贫民窟里服务，我在拉腊州的贫穷山区小镇里就见到过古巴医生。那里不仅有古巴医生，还有和医疗配套的古巴健体人员，他们提供各种体育锻炼项目，通过体育锻炼健体强身，预防疾病。强调预防、提供配套的社区基础医疗服务，是古巴医疗制度的一大特点。古巴的医疗制度受到联合国、世界银行以及其他许多西方机构和专业人士的赞扬，被誉为发展中国家的楷模。古巴的多项重要公共健康指数都达到了世界最发达国家的水平，譬如预期寿命和儿童死亡率，古巴的水平优于美国（更是远优于其他拉丁美洲富裕国家），但古巴的人均医疗支出成本却还不到美国的二十分之一，是低成本、高效益的好模式。我在山区看到的委内瑞拉人都很喜欢古巴医生，听说在加拉加斯的贫民窟里，甚至盗贼流氓都不袭击古巴医生，还给医生出诊时做保镖，因为那里实在太需要医生了。这位反对党干部对查韦斯使用古巴医生的批评主要集中在两个要点上，一是古巴医生抢了委内瑞拉医生的工作；二是古巴医生没有参加委内瑞拉医生执照的考试，他们要求古巴医生必须先通过委内瑞拉的执照考试再去给人看病。她的第一点批评不太符合实际，因为古巴医生去的是委内瑞拉医生不愿去工作的地方，不存在抢工作的问题。她的第二点批评不太现实，因为每个古巴医生的服务时间是两年，如果要花时间准备考试的话，真正能够提供服务的时间就会大大缩短，而穷乡僻壤里的病人正迫切需要医生。这些批评给人有点儿吹毛求疵的感觉。

对于查韦斯的经济政策，她也有许多批评，主要是指出了一大堆委内瑞拉现存的经济问题，譬如失业率高、经济单一、食品太依赖进口、非石油行业发展太慢等等。她列举的这些事实都非常正确，但问到他们党有什么相应的经济政策的时候，她谈得就很空泛，他们显然没有什么具体的方针措施。这是委内瑞拉许多党派的共同问题，反对党如此，查韦斯的党也如此，他们把太多的精力用在选举活动上，没有静下心来好好研究切实可行的解决问题的方法。

对于这些经济问题，查韦斯并非没有考虑过应该如何解决。他提出过一个很"另类"的经济模式。我在前一封信里给你讲过这个模式，还讲过我在拉腊州等地看到的一些实例。查韦斯把这个模式称为"内生发展模式"，有时也称为"民主参与的大众经济"。这个"另类"模式对主流模式的挑战主要在两个方面，一是它反对新自由主义的全球化，二是它抗衡"利润第一"的资本主义生产方式。在反全球化方面，它企图构建由生产者、消费者、社区组成的凝聚性交易体，形成以社区为核心的生产消费本土网络，而不走自由化、全球化的大市场道路。在反资本主义生产方式方面，它大力推动合作企业，倡导合作企业以凝聚为目标，而不以"利润最大化"为目标。这个模式希望合作企业能够提供足够的就业，希望内生发展能够创造社区所需要的多元经济，希望本土网络能够促进本土农业发展以减少食品进口。这些"希望"是否都实现了呢？起码，"在目前"，还没有大规模地实现。合作企业有一些成功的例子，但大多数都失败了，有些虽然在经济上没有失败，但内部已经演变成了"资本主义"企业，追求利润最大化、员工不平等、损害社区利益。政府为了扶持合作企业，出台了一系列政策，譬如把政府的合同订单优先签给合作企业，向合作企业提供低息或者无息贷款等等，但这些政策在许多时候却给贪污腐败开了方便之门。在查韦斯的经济规划中，有一个很宏大的项目，那是一个以糖厂为中心的经济综合体，委内瑞拉的食糖依赖进口，这个糖厂建在中部大平原，那里适合种植甘蔗，而且那里不是沿海发达地区，正好可以促进欠发达地区的发展，还可以解决食糖依赖进口的问题。项目的蓝图是，国有的糖厂和周围的农业合作企业要形成一个凝聚的大社区，农业合作企业向糖厂供应甘蔗，糖厂榨用过后的甘蔗废料给农民做有机肥料。在这个大社区内，还要逐渐发展其他工业，农业产品也要向多元化方向发展，这里要创造15000个就业机会，要发展出各种非石油行业，要使食品不再依赖进口。但是，项目开始没有多久，就发生严重的贪污腐败事件，十几个官员被起诉。而现在，委内瑞拉的食糖仍然需要大量进口。在查韦斯的"另类"经济模式中，其实不乏颇有创意的新思路，也不乏成功的例子，如果能把更多的精力放在总结成功经验、挖掘失败原因、寻找解决方法上，委内瑞拉的经济应该能够搞得更好。

虽然查韦斯经济政策项目的成败现在还颇有争议，但他社会政策项目的成功却是有目共睹的，那些"另类"的社区学校、社区电台、社区医疗服务等等，都受到民众极大的欢迎，这也是他在多次大选中能够常胜不败的重要原因。反对派虽然在嘴上对这些项目吹毛求疵，但暗中却在照葫芦画瓢地学样，也推出各种社区社会服务的项目。一位很中立的委内瑞拉朋友对我说，即使查韦斯下台了，新上台的反对派也不会取消他的那些社会政策项目，顶多是换个名字，如果取消的话，将会是政治自杀。看来，玻利瓦尔革命中的社会政策项目是很有政治上的可持续性，但是在财政上是否也有可持续性呢？这些项目绝大多数是政府财政支持的，如果政府财政出现巨大赤字，这些项目得不到足够的经费，就很可能自我枯竭消亡。在第四共和国的时候，也曾经推出过深受民众欢迎的福利项目，譬如免费的公立医院、公立学校等等，但当石油价格下跌使政府财政收入大减，这些项目的经费就急剧减少，再加上官员的贪污腐败，公立的医院学校变得名存实亡，医院里缺乏医生，学校里的教学质量一塌糊涂。富人可以去质量好的私人医院和学校，穷人就只能深陷在质量低劣的泥潭中，他们的人力资本在泥潭中劣化销蚀，使贫富差距越来越大。

当查韦斯发动玻利瓦尔革命的时候，他很希望能解决两个大的社会问题：维护穷人权利，制止贪污腐败。他已经执政十年有余，这两个问题有没有解决呢？第一个问题他解决了一部分，他的确维护了穷人的权利，不过他使用的维护方法却煽起了富人强烈的仇恨。在经济上，贫富的差距有所缩小，但在政治上，贫富的对立更为加大了。

第二个问题他还没有解决，贪污腐败的现象仍然很严重。查韦斯是企图采用一个"另类"的民主模式来制止贪污腐败的，他的"另类"民主模式和西方主流民主模式主要有三点的不同。第一，主流的民主制采用代议制，让民选的议员来代表大众做决策；他的"另类"民主制则侧重大众直接参与，频繁启用公投来做决策，主张"人民主权"。第二，主流的民主制强调三权分立、权力制衡；他的"另类"民主制则削弱其他权力机构的制衡力量，加强总统的权力。第三，主流民主制中的政党，往往有严密分层的组织结构，政党通过分层领导来运作；查韦斯政党的组织结构则很"另类"，党领袖通过大众传媒直接指挥草根基层组织，中层领导的权力被弱化。第四共和国基本上采用了西方主流的民主模式，其结果是贪污腐败盛行，最终导致了第四共和国的灭亡。查韦斯的第五共和国采用了"另类"的民主模式，就目前情况而言，贪污腐败的问题仍然没有解决。

在离开委内瑞拉的前一晚，我坐在酒店的房间里沉思，希望能理清一些思绪脉络。我本想到外面去散散步，让清凉的夜风，让加拉加斯街头的气息，给我更多的灵感。但是我没敢出去，加拉加斯的治安恶劣世界有名，导游再三警告我们晚上不要出去。若是在贫民窟里，外国人白天上街都会被抢劫。加拉加斯东端富人区的治安也曾经很差，后来一位很有魄力、很美丽的女区长[1]重整警察，把那里的治安搞好了。这位女区长也曾经参加总统竞选，但因为几件无聊的小事，诸如无中生有的谣言"她要嫁给美国地产大王"，她的新发型学阿根廷的贝隆夫人等等，竟然使她在选民心中失去了吸引力，民调指数下滑，她最后只得到不及3%的选票。大众选民的心理真是很奇怪，常常不去关注真正重要的问题，却能被无聊的谣言和发型之类的小事左右。查韦斯的成功在于，他不仅仅有"另类"模式，他还懂得如何左右大众选民。2009年的公投他又胜利了，他摆脱了总统任期的限制，可以无限制地竞选连任了。

对于委内瑞拉的"另类"模式，我的思路始终无法理得清晰……"人民主权"和"权力制衡"究竟哪个更为民主？哪个更有利于民生？"内生发展模式"能够抗衡全球化吗？"凝聚性交易体"真是市场经济和计划经济的理性结合吗？合作企业能不能可持续地既不吃"大锅饭"、又不"唯利是图"呢？在现代化的社会中，"社区"究竟应该和能够扮演什么样的角色？……这些另类的思路给了我无数跳跃的灵感，却无法凝聚成一个明确的结论。你一定很失望，我不能在这封信里给你一个清晰的答案。我觉得我需要到一个更加冷静的地方去沉思一下，让洋溢的拉丁热情冷却，让飞旋跳荡的另类启示沉静下来。也许我们可以一起沉思和反省，

---

[1] 伊蕾内·赛斯（Irene Sáez，1961—　），曾获得1981年环球小姐桂冠，后来从政。

就像过去那样，在我们的命运发生巨变的时候，在历史向我们提出挑战的时候，我们一起思考过、探索过、寻觅过……也许，我们可以再次一起找到答案。

伊文

11

民粹主义 vs. 优主主义

远征，你好！

离开委内瑞拉转眼已经九年了，这九年来委内瑞拉的发展变化，使那些令我困惑的问题又添加了新的内容。这些新内容有的把问题搞得更加复杂难解，但也有的披露出一线通向解答的清晰曙光。

这九年来的变化有政治方面的，有经济方面的，还有技术方面的。在技术方面主要是大众传媒的普及，这给委内瑞拉特色的"人民主权"又添加异彩。在经济方面主要是石油跌价，这给委内瑞拉带来了无穷的灾难。在政治方面的变化是一连串的，查韦斯逝世、马杜罗继任、反对派壮大、两派争斗层出不穷的花样……

从 2010 年起，查韦斯的"人民主权"治理方法添加了一种新工具：推特（Twitter）。现在的美国总统特朗普喜欢用推特来搞政治，被人称为"推特总统"，查韦斯用推特治国可是比特朗普早了很多年。查韦斯喜欢用推特，一方面是因为这种大众媒体工具很符合他的"人民主权"理念，可以直接召唤草根大众，不需依靠中层干部官僚，另一方面是因为他的健康状况。2011 年夏天他在古巴接受了癌症手术，之后还要接受长时间的化疗，他不能再在群众大会上作讲演，甚至在电视上作长时间的鼓动节目也非常困

236

难，推特成为了他的主要工具。

2013年春天查韦斯去世，他的玻利瓦尔革命忠实追随者马杜罗[1]成为了总统。马杜罗的政治魅力和治理能力都不如查韦斯，而他又面临着远不如查韦斯时代的国际经济环境。从2014年起，石油价格连年巨幅下跌。委内瑞拉的经济是极度依靠石油的，虽然查韦斯一直说要发展非石油行业，但基本没有进展，食品仍然依赖进口。当石油价格下跌之后，通货膨胀急剧上升，2014年通胀率62%，2015年是122%，2016年是255%[2]，近一两年来的通胀状况更是到了骇人听闻的程度，根据IMF的数据，2017年是13000%多，有一位IMF官员估计，2018年会高达1000000%。糟糕的经济状况使委内瑞拉政府不能按时偿付国际债务，违约的阴影高悬头上。由于食品价格大涨，委内瑞拉又发生了民众抢超市的事件。你还记得咱们信中讲过的1989年民众抢超市的风潮吗？那次风潮帮助了查韦斯的崛起，而这次的抢超市事件则陪伴了查韦斯派的衰落。2015年议会选举，反对派获得三分之二的席位，成为议会的多数。这是自1999年查韦斯上台后他的党派第一次沦为少数。

面对议会选举的失败，查韦斯派在马杜罗的领导下进行了全力的抵抗和反攻。2015年选举结果一出炉，老议会的查韦斯派议长就乘着新议会要几周后才能正式履职的空当机会，通过了一项

---

〔1〕 尼古拉斯·马杜罗（Nicolas Maduro，1962—　），委内瑞拉政治人物，自2013年至今担任委内瑞拉总统。

〔2〕 根据世界银行CPI年通胀率数据。

决议，要成立一个"国家社区议会"，由全国各地的基层社区委员会组成。基层社区委员会是查韦斯派的强大基地，由他们来组成这个议会对查韦斯派非常有利。反对派自然是非常愤怒，虽然这个国家社区议会并不取代新当选的议会，而且还是附着于它的，但反对派把成立这个国家社区议会称为"国家政变"，是要搞一个与正式民选的立法议会平行的立法机构，是违反选民意志的，是反人民的。查韦斯派则说这个来自基层的社区议会才真正代表了"人民"。

马杜罗还采用了其他方法来对抗反对派。首先是使用总统的否决权，新议会履职之后，通过了很多反查韦斯派的决议，马杜罗利用总统的否决权，把这些决议都否决了。另一个方法是利用最高法院来制衡反对派，因为最高法院的大法官们都是查韦斯派主宰议会时代任命的，很亲查韦斯派。最高法院为了反对议会，多次宣布议会的行动违宪。2017 年 3 月 29 日，一个最高法庭还宣布要接管议会的立法权，结果遭到世界很多国家的强烈谴责，4 月 1 日法庭只好宣布不接管了。

和法庭这种朝三暮四的做法不同，马杜罗在 2017 年发起了一个坚持到底的大行动：选举新的制宪大会，从而可以通过制定新的宪法来抗衡议会的立法权。为了使这个新的制宪大会的选举结果倾向于查韦斯派，他们精心设计了选举方法，让只有一万人的小镇和有十万以上人口的城市有同样的制宪代表席位，这就使得小镇和乡村的选民占了上风，而小镇和乡村正是查韦斯派的基地。反对派为了抵制这次选举，在选举前半个月组织了一次"非官方"

的全民公投，让大家反对召集新制宪大会。这种"非官方"公投当然无法阻止制宪大会的选举，但也是搞得非常热闹，双方剑拔弩张。最后在制宪大会选举时，反对派又进行了杯葛，不去参加，结果查韦斯派获得 100% 的席位。2018 年，为了给反对派造成不便，总统大选提前了七个月，有三位反查韦斯派的人士匆忙参加了竞选，结果是马杜罗得票 68%，那三人分别得票 21%、10% 余、0.4%。反对派对这次选举很不满意，说有大量作弊行为，还说参与投票的人数太少。据说这次投票参与率是历年来最低的，很多委内瑞拉人已经对选举失望，不愿意参与投票了。

虽然愿意参与选举投票的人少了，但选举活动的激烈火爆却有增无减。这些年来，在委内瑞拉的选举中，街头总是充满剑拔弩张的两派活动，游行示威，双方恶斗，死伤不断，充满了火药味。中间还发生过攻击军营、炸警察摩托车队等的严重暴力事件。极恐怖的一次是一架直升机飞到最高法院上空，扔下了几颗手榴弹。尽管没有造成人员伤亡，但也足够骇人听闻了。直升机扔手榴弹，这是超级儿戏？是委内瑞拉特色的街头斗争？照目前的情况来看，委内瑞拉还会有新特色被"创新"出来，局势还会继续恶化。

与九年前我在委内瑞拉看到的一样，人们还在热火朝天地搞街头竞选活动，甚至"火热"程度更高，农业合作企业试点经验也跟九年前一样缺乏有效的推广活动。但与九年前不同的是，那时石油价格高，委内瑞拉可以大量进口食品；现在石油价格低，委内瑞拉无力大量进口食品，因此食品缺乏、价格昂贵、通货恶性膨胀。委内瑞拉有丰富的农业资源，但食品依赖进口的问题却总是不能解决。查韦斯曾经言之凿凿要解决这个问题，他之前的自由主义的执政者们也说过类似的话，但却没有一个人能够实现这个目标。现在的反对派们也提出了类似的口号，已经没有什么人相信了，所以去投票的人就大为减少。不过，现在用手投票的人少了，用脚投票的人却越来越多，大量的委内瑞拉人逃到周边的国家，国际组织惊呼"难民危机"。他们不是战争难民，他们是经济难民，是委内瑞拉的经济局势使他们逃亡。

在委内瑞拉的政治现实中可以看到，无论是查韦斯派还是反对派，他们的主要精力都用在选举上而不是经济上，从怎么组织拉票，到设计新的投票方法，再到利用法院、制宪大会……方法日新月异越来越精湛，但是在搞经济方面，却没有人花足够的精力去研究、去落实。尽管查韦斯派在经济政策方面有自己的理想，也搞出过一些成功的试点，譬如前面的信中我们曾经讨论过拉腊州大棚农业合作企业，但却无法推广，徒有经济政策理想，没有政策执行力。为什么他们会有这种特色呢？我想这是有结构性原因的，其中一大原因深埋在民主选举的体制结构内。在民主选举的政治体制结构中，拉选票是第一要务，如果没有足够的选票就无法当政，其主张的政策，别说推行了，就是出台也不可能，因此必须把主要精力投入到拉选票，剩余精力才能放到执行政策方面。这样的精力分配，使得执行力大大弱于竞选力。

看到委内瑞拉选举造成的这个问题，再联想到在其他民主体制国家看到的一些相关问题，我对西方的民主理论不得不进行反思。民主是无数人的理想，我们年轻的时候也曾经热血沸腾地崇信过民主。人民当家做主，实现人民的意愿，为人民的利益服务……这美好的愿景使无数人为之动容、为之献身。遗憾的是，在我们走向成熟的年代中，我们看到在很多实行西方民主制的国家中，这美好的愿景并没有实现，反而出现了既不体现人民意愿、又不为人民利益服务的事情。为什么会这样呢？很多坚守民主理想的人可能会说，这只是实践过程中的偏差，就好像化学实验中由于杂质的污染出现了误差，发生了非预期的结果，这不能说明化学理论有问题。他们坚信民主理想是没有错的，民主理论的逻辑是正确的。不过我想，尊重事实、崇尚理性的人是应该去重新审视理论，去探索在西方民主理论的基本逻辑层面是否可能会潜伏着问题。

远征，接下来我要告诉你一段枯燥的理论思索，是我对民主基本逻辑的反思。我知道你不会感到枯燥的，因为以前我们也曾经多次讨论过枯燥的理论。我们深深懂得，当实践给了我们太多纷杂的信息时，我们需要抽象的理论来处理；当感性给了我们太多情绪的激荡后，我们需要枯燥的理论来冷静地分析。

西方民主论在逻辑层面至少有三个问题值得质疑。第一个是民主理论中两个核心理念之间的概念矛盾，第二个是"不负责任的权利"，第三个是民主多数制规则形成了趋中化的"自弱机制"。

第一，什么是民主理论中两个核心理念之间的概念矛盾呢？

在西方民主理论中，有一个极为重要的核心理念是"保障个人权利"，同时又有另一个核心理念是"民主是人民统治"，此处

241

隐含了一个概念矛盾的逻辑误区。在西方民主的话语叙事中，"人民统治"和"个人权利"是没有矛盾的一对概念，民主就是要保障个人权利，只有保障了个人权利才能实现人民统治的民主。不过，从深层逻辑的角度来看，这两个概念存在着矛盾。"人民"是一个群体本位的概念，而"个人权利"是一个个体本位的概念。在个体本位的框架中，人民是无数个人的集合，这些个人具有各自不同的利益和意见，不存在整体化的"人民利益"和"民意"。所谓"人民利益"其实是很多互相冲突的利益，所谓"民意"则是无数互相对立的意见。忽视这个概念逻辑矛盾的结果是，个人可以在民主体制中以"人民"之名来追求个人利益，这个现象在许多民主僵局、民主乱局中表现出来。委内瑞拉的查韦斯派和反对派都自称代表了人民，他们各自的政策主张都说是体现人民的意愿，他们的各种恶斗都说是为了人民的利益。这种自称"人民"、把反对派称为是"反人民的敌人"的现象，在其他很多国家中都可以看到。前几年的泰国红衫军和黄衫军也都自称人民，以人民的名义来打压对方，来妨碍整体的社会生活和经济活动，这是非常突出的例子。在美国也有类似情况，前几年美国政府被迫关门停摆，就是因为有一个参议员[1]为了自己的预算拨款提案能够通过，不惜以迫使政府关门来要挟，他在整个停摆事件中都把"美国人民"挂在嘴边，把自己做的事情称作"为美国人民"，把反对他的意见称为"不听美国人民的意见"，实际上他所导致的

---

[1] 这位参议员是泰德·克鲁斯（Ted Cruz），来自得克萨斯州。

美国政府关门停摆才是伤害大多数美国人利益的。把"个人权利"和"人民统治"进行非逻辑的并联，由此将"个人意愿"化为"人民意愿"，在这样的逻辑误导之下，社会中的个人意见分歧很容易被渲染而演变成"人民"和"非人民"的对立冲突，从而导致政府停摆、经济受损、街头暴力、流血伤亡等等恶劣的社会后果。这些后果不仅会损害群体本位的"人民利益"，也会使社会中大量的个体本位的"个人利益"受到伤害。

第二，什么是"不负责任的权利"呢？

这种"不负责任的权利"主要是指西方民主制度中的"选举权"。按照绝大多数西方国家的选举法，只要是有选举权的人，就可以去投票选择执政者、去参与公投，选举者没有责任去理解投票内容。即使对候选人一无所知、对公投事项全不理解，也可以任意投票，也会对选举结果产生影响。咱们讨论不丹的政治参与时，曾经讨论过相关的问题，还用无照驾车作过比喻。这种不负责任的选举方法，如同允许无照驾驶。对驾驶者有获取驾照的责任要求，是因为开车涉及公共利益，无照驾驶更可能会引发交通事故，伤害公众和社会，这种设立责任门槛的做法是得到理性社会普遍认同的。选举执政者和公投重大政策也涉及公共利益，而且其涉及的利益要比驾驶汽车重大得多。但是，选举的权利却没有责任的制约，这是违背理性的。没有责任的权利会在体制结构中形成"自毁机制"，因为不负责任的权利会导致不负责任的选择和决策。在委内瑞拉的选举中，我们可以看到，两派全力以赴的是把人拉去投票，而不是让人理解投票的内容。投票的内容和党派主张的政策是相关的，但两派都没有把主要精力放在政策方面，投票人就更不去认真理解政策了。从拉选票的效果来看，诋毁对方的人格要比宣传自己的政策更为有效，人格诋毁不需要费脑筋去理解，政策则需要；投票人既然没有理解的责任，就很容易不动脑筋地跟着耸人听闻的诋毁信息跑，这就大大助长了轻视政策、注重诋毁的竞选策略。在美国，这种诋毁性的竞选战略自1980年代之后非常流行，好几位总统就是这样击败了对手，在以前的信中，咱们就讨论过杜卡克斯和凯里的例子。查韦斯与阿里亚斯在不搞竞选的时候可以对政策进行深入的辩论，但是一搞竞选拉票，两人立即变身低俗政客，互相诋毁。这样的竞选使人不由自主地滑向低俗低智。我们看到，委内瑞拉的竞选方法越来越精湛，经济状况则越来越糟糕，重要政策无从建构，国家面临的真正问题无从解决，国家在自我毁灭。这正是民主逻辑误区中"自毁机制"的写照。

第三，什么是"民主多数制规则形成了趋中化的'自弱机制'"呢？

民主的根本原则是多数制，民主决策是要遵从多数人的意见。在西方民主制的框架中，虽然少数人的基本权利可以得到保障，但是根本决策还是得听从多数人的意见。如果把所有人的智慧道德的优贤水平排列一下，最低者为零分，最高者为100分，那么多数人的优贤分数是接近50分这一中位数的。根据多数制而做出的决策往往是趋向于中位数水平的。一人一票的民主选举，不是一种趋强取向的选择执政者的制度，它具有趋中化取向，即防止了趋弱，也阻碍了趋强，是居中者得道。在民主选举中，那些0分的傻瓜坏蛋不可能当选，但100分的高端者也会因为"曲高和寡、难以理解"被排斥于执政决策的圈子之外。民主的"多数制"规则含有趋中效应，难以实现趋强取向的选择。查韦斯主张"人民主权"的直接民主，弱化党内中层干部，让大众直接参与政治，这使得趋中化的效应更加显著。在大众媒体普及的时代，我们可以通过大众媒体中的一些政治参与现象来看趋中化的问题。网络讨论国际政治就是一个好例子，在网络上我们常常可以看到很多人参与讨论国际政治问题。国际政治有两大特点，第一个是"兴趣门槛"很低，由于国际政治极少专业术语，不像金融等领域有大量专业名词，枯涩难懂的专业名词会妨碍人们的兴趣，国际政治是用普通语言叙述的，一般人都能明白表层的意思，容易产生兴趣。国际政治的第二个特点是"理解门槛"很高，由于国际政治涉及很多外国的历史、政治、经济、法律、文化等等的专业知识，有时甚至需要用外语来阅读，这就使得真正理解国际政治非常不容易，理解门槛很高。这两个特点造成的后果是，热议国际政治的外行人数很多，专家的比例相对很小。如果根据大多数人的意见来制定外交政策，其水平肯定是中庸的、不高明的，甚至还很可能是民粹激进不理智的。为了防止涉及国家安全的议题被民粹绑架，不丹在大选的时候特别规定竞选人不能谈论国家安全问题，这是很明智的。中国在处理洞朗问题的时候，没有被大众媒体上闹哄哄的"大多数"影响决策，这也是非常明智的。

从国际竞争的角度来看，一个国家执政者的优贤水平越高，这个国家成为强国的可能性就越大。即使这个国家初始的总体状况比较低弱，但如果它能够不断地选择水平处于高端的人成为执政者，它就能够比其他选择水平趋中者执政的国家发展得更快。用趋强取向选择执政者，可以使国家加速趋强；用趋中取向选择执政者，在面对趋强国家竞争的时候会显现出颓势。

什么样的体制才能用趋强取向选择执政者呢？这是我在反思民主体制的逻辑误区时不断思索的问题。渐渐地我看到了一个答案，我把它称作"优主体制"，或者也可以称为"优治体制"，其本质是一个非常简单的逻辑：让优贤者主政，让优于中位数水平的优秀人士来主导国家、治理国家。

你一定会追问，用什么方法可以让优贤者主政呢？

我先不讲具体的方法，我想先讲指导的原则。优主体制的关键是要构建一个由优贤者组成的优主集团。在构建优主集团时，需要遵循五大原则。

第一，大门开放的原则。优主集团的大门是开放的，不应该设置除了"优贤"之外的任何其他准入条件，因为大门开放可以网罗人才，还可以增加社会的公平感。

第二，择优门槛的原则。大门虽是敞开的，但要有择优的门槛，只有优贤人士才能进入，缺乏优贤素质的非优人士将被拒于门外，因为这是要保证优主集团是优者的聚合。

第三，内部自我优化的原则。择优门槛可以使进入者是优贤的，但如果这些人进入优主集团后不再思进取，便会逐渐沦为非优者。内部自我优化应该注重于两个方面，一是要加强能力方面的学习历练，二是要加强道德方面的纪律检查。道德的下滑往往会比能力的降低更容易引起大众的反感，这种反感会败坏优主集团执政的社会共识，从根本上颠覆优主体制的正当性、合法性。

第四，内部结构优化的原则。前面的第三条原则"内部自我优化"针对的是优主集团内的个人，强调保持成员个人的优贤，这第四条原则"结构优化"针对的是优主集团的结构，强调的是集团结构的优化。要使集团合作协调得好，避免个人独裁，形成优化的领导集团综合能力。

第五，联系群众的原则。优贤精英要和非精英保持密切联系，如果精英脱离大众，将不能对社会有全面的了解，同时也会失去大众的支持。

优主政治的核心关键是要构建优贤者的执政集团，这个集团的成员应该是在能力和道德方面都优秀的优贤精英。对于精英是否能够不腐败、不脱离群众，很多人是有怀疑的。正是由于这样的怀疑，也正是由于构建真正优贤的优主集团的艰难性，很多政治家会望而却步，认为优主是精英，无法保证他们一定是优贤的，而且历史上有太多精英腐败的例子，因此他们把希望寄托在与精英对立的大众身上，认为大众不会腐败，让大众直接参政可以解决问题。

查韦斯的"人民主权"以及"直接民主"理念就是要让大众直接参政，而不是让"优主"来作领导。他相信人民大众本质是优贤的，希望他们都能够成为"优贤人士"，他把大量资源投入了基层社区教育，期盼培育出优贤的大众参政群体。但是，理想很丰满，现实很骨感。即使是在石油价格高昂的黄金时代，在个人政治魅力超强的查韦斯治下，优贤的大众群体并没有涌现出来。在能力方面，虽然拉票、宣传、助选的大众参政能力表现得很好，但执行政策的能力却表现得十分欠佳。在道德方面，大众中不少人表现得腐败，很多腐败事件在大众及相关的组织中发生，大众腐败现象在委内瑞拉比比皆是。

实行优主政治的关键是构建优主集团，查韦斯由于目睹过"盟约民主"的精英集团的腐败劣迹，因而惧怕建立有专业执政力的精英集团，想摆脱精英，让大众直接参与执政，但结果并不理想。的确，要想建立一个完美的优主集团很不容易，而且也可能不现实，不过，这可以是一个努力的大方向。完美不可能，但接近是可以的。如何接近呢？我讲了五个原则，但没有讲具体的方法，你一定会追问实行原则的方法。我只好回答说，具体方法需要实践家来创造。我这不是在玩文字游戏，也不是在逃避回答，而是认为，优主政治是不应该提出"普适"的具体方法和"普世"的具体程序。

这正是民主主义与优主主义的不同，西方民主主义是"程序取向"，提出了民主的具体程序——每人一票的选举，认为实行这样的程序就是实行了民主。优主主义反对"程序取向"，而是强调"原则取向"和"结果取向"。也就是说，优主政治不设定具体的、普世的程序，只是提出原则，让不同的国家遵循这些原则来设计符合自己国情的具体程序方法，然后还要根据结果来检验和修正方法。不同的国家，由于其不同的社会、文化、历史等等的因素，很可能发展出不同的选择优秀贤士、实行优者执政的具体方法程序。这些不同的方法程序，正是在实践中创造出来的。

在中国的历史上，有很多政治实践家创造了类似于"优主主义"的方法程序。虽然在中国没有出现"优主主义"这个词语，但中国的政治意识和政治实践显现出很大的优主主义倾向，这既表现在 1949 年后中国共产党领导的政治体制中，也表现在两千多年的传统政治体制中。

在历史上，中国政治传统崇尚的国家治理原则是"尚贤使能"，主张用贤能优者来治理国家，让优贤人士占据治理者的位置。这种"尚贤使能"的思想，正是贤能优者治国的优主主义政治意识。钱穆提出了"士人政府"的概念，所谓士人政府，就是通过读书和考试，让读书人中考试成绩好的优者，担当政府的官员，组成优主集团。钱穆比较了西方民主制的"从众"与中国士人制的"从贤"："中国政治上的传统观念，对一意见之从违抉择，往往并不取决于多数，如西方之所谓民主精神。而中国人传统，则常求取于贤人。"[1]"从众"代表了民主主义的原则，"从贤"体现了优主主义的精神。

优主主义意识也表现在共产党领导的政治体制中。在中国共产党党章中，共产党被明确地定义为"先锋队"和"领导核心"，所谓"先锋"，就是比普通人更为先进的优者，"领导核心"是要

---

[1] 钱穆：《中国历代政治得失》，生活·读书·新知三联书店，2001 年，第35 页。

由这些优者构成的。中国的宪法同样明确强调了共产党的领导地位。在这样的政治体制框架中，共产党扮演着优主集团的核心角色。

当政治体制选择了优主主义的大方向之后，并不能保证就一定能够取得优主主义的成功结果。要想取得优主主义的成功结果，需要遵循优主主义的五大原则，并且根据原则制定出相关的程序制度，否则，理想中的"优主"就很可能沦为现实中的"劣主"。从中国的案例来看，无论是在共产党执政的时期，还是在以前的历史朝代中，当五大原则被违反、没有制定出合适的程序制度时，就会失败；而当五大原则被遵循，又有适合的程序来贯彻这些原则，就能够获得相对的成功。"尚贤使能"是两千多年前就提出的治理原则，但在其后的两千多年历史中，并非全是优主执政，不少朝代出现了劣主执政的现象。为了解决这个问题，历朝历代制定出各种各样的制度程序，使用了各种各样的方法，希图实现"尚贤使能"。这些制度程序在实行初期可以产生不错的效果，但时间长了往往会蜕化，还会在环境发生变化后不适应新情况，于是需要实践家们不断创造出新的具体方法，以保证优主执政，保证产生优主主义的成功结果。[1]

讲到具体的方法，我是班门弄斧了，但你不要笑我，希望你能够帮助我。以你的丰富阅历，你能告诉我来自实践一线的真知

---

[1] 关于优主主义的论述参阅尹伊文：《美好政治——对自由、民主、市场的反省》（即将出版）。

灼见，能纠正我脱离实践的偏差，能补充我没有想到的空白，也能为我已想到的论点提供具体案例……在世界面临巨变的时代，在中国走向崛起的时候，为了我们人类命运共同体的美好明天，让我们共同探索一条有中国特色的、不同于西方自由民主主义的道路。

在苏联解体、苏东变色的 1990 年代，"历史终结"之声曾经回荡全球：自由民主主义战胜了社会主义，人类社会已抵达历史演化的终点，西方的自由民主制将是人类政府的最终形式。但当人类进入了 21 世纪，历史演化却出现了新流向。2008 年的金融危机，使人看到的不是社会主义经济的失败，而是资本主义经济的失落；2011 年的"阿拉伯之春"很快演化为"阿拉伯之冬"，自由民主带来了宗教政党的当政、恐怖主义的肆虐、极端分子的猖獗；此后，不仅在后发民主地区，就是在民主摇篮的欧洲、美国，也出现了民粹崛起、政党恶斗、否决政治、政府瘫痪……正是在这样的历史背景下，我开始反省自由民主主义，思考优主主义。不过，我并不认为历史的演化将以优主主义取代民主主义的"普世"形式出现，我觉得历史的演化将会是多元的，而不是一元线性的。我也看到有人正在认真探索改进民主制，他们的探索可能为民主制找到一条新出路。

在人类发展的道路上，有多元化的路径，民主和优主是两条大道，构成这两条大道的是无数多元的小径。这些多元化的路径，展现了人类追求进步的丰富多彩实践，是人类共同体的宝贵精神财富。我看到北欧的探索实践，其中有很多值得深思的启示。2009

年春天，我离开委内瑞拉后去过冰岛，告诉过你冰岛人在金融危机后的反思，今天北欧人的反思和探索又有了更多的进展，你对这些一定会很感兴趣的，我以后会写信告诉你，和你分享那些启示和沉思。

伊文

12
现代失乐园

远征，你好！

2009年离开委内瑞拉之后，我去了一个"冷静"的地方"沉思和反省"，你一定猜不到在踏足那个"冷静"地方的第一瞬间我想到了什么。我去了"冷静的"冰岛，在踏足冰岛的第一瞬间，我梦幻似地想到了温州。

你还记得咱们那次温州之旅吗？那是在"文革"的末期，在我们人生命运的最低谷，在社会最黑暗无望的时候。迷惘和失望使我们不愿意再"一颗红心"地苦守在乡下"接受再教育"，我倒从小不是个循规蹈矩的乖孩子，而你一直是个严于律己的模范生，但那时连你都不愿意再遵守强加给我们的"纪律"。咱们几个从各自插队的乡下跑出来，带上全部的工分积蓄，还有家里给的零用钱，要去漫游江南，要去看看"莺歌燕舞"面纱下的现实。咱们选择去温州，除了因为想去看瓯江、江心屿、文天祥祠，还是因为听说温州已经"资本主义复辟"了，当时浙江的派性斗争特别厉害，政府全面瘫痪，无产阶级专政失灵，资本主义乘机冒头，据说温州除了没有挂国民党旗，简直就像一个暗无天日的"小台湾"。咱们都没有见过资本主义，想去看看资本主义究竟是个什么模样，究竟是怎么个"暗无天日"法儿。在杭州和浙江北部的

253

几个小城，咱们领略了无产阶级专政失灵后的社会主义"暗无天日"，到处是乞丐，在饭馆里、在汽车站、在火车站、在船码头，他们穿着满是破洞的脏衣服，蓬头垢面，目光呆滞，伸着黑漆漆的手。直到今天我还记得杭州饭馆里的那个乞丐，那天我喝完汤面的碗里已经没有半根面条儿，但我一放下碗，一只粗大的黑手就飞快地把碗抢去。我惊慌中连忙抬头，只见一个衣衫褴褛的小伙子正狼吞虎咽地把那碗中的半口剩汤灌进嘴里，连我扔下的一张面包纸，他也抢去塞到嘴里大嚼。他很高大，像大个子刘强的身材，脸上蒙满污黑的脏垢，看不清他的五官。从饭馆里出来，咱们沿着苏堤漫步，心里都很郁闷压抑。这些天来从北往南，从江苏到浙江，咱们看到的乞丐现象越来越严重，每次在饭馆里吃东西，围在身边的乞丐越来越多。你说，温州的情况大概会更严重，让我做好心理准备。如果"暗无天日"的社会主义乞丐已经如此悲惨，那么"暗无天日"的资本主义乞丐更不知道要悲惨成什么样子了。

咱们的船是清晨到达温州的，天上的云层很厚，空气好像变成了蓝灰色。从轮船上下来，第一眼看到的是码头广场上的一大片油布伞，伞下无数小贩正在卖早点，这是咱们领略的第一个"资本主义"现象，那时全国都禁止搞个体经济，都要"割资本主义尾巴"，在其他地方很少看到小贩，尤其是如此公开的、大规模的小贩市场。在一个小贩摊子上，我买了一碗馄饨，记得是两毛钱，比北京国营小店里的贵一倍；你买了几个包子，我不记得是多少钱。咱们坐在饭摊的木板凳上吃东西，身边没有乞丐。那天咱们在温州城里转了一大圈，看到了许许多多小商小贩，卖衣服的、卖皮鞋的、修自行车的、打造家具的……但是没有看到一个乞丐！傍晚，咱们坐在瓯江边上，对面就是江心屿，不过已经没有心思去那里玩了，咱们的心被"资本主义"深深地震撼了、占据了。咱们讨论了很久，温州为什么没有乞丐？很明显，这是因为人们能够做小商小贩赚钱！一碗馄饨的原料成本不到一毛钱，卖一碗利润能有一倍多，如果允许那个杭州乞丐卖馄饨的话，他还需要去乞讨剩面汤吗？温州的资本主义现实使我们第一次认真思考：资本主义是不是能让更多的穷人吃饱饭？资本主义是不是中国未来的出路？……在此后的二三十年里，咱们又无数次地讨论过这些问题。

到冰岛的那天，我的飞机也是清晨着陆的，天上的云层也很厚，空气好像也变成了蓝灰色。我刚刚睡醒，在半醒半梦的朦胧中，忽然生出了重返温州的感觉。不过，这种感觉只持续了几分钟，当我清醒过来，举目望去，我的感觉立刻改变了，我被冰岛异样冷峻的蓝灰色震撼了。这里根本不像温州，也不像我曾经去过的任何地方，这里好像是月球。后来我才知道，60年代的时候，美国的太空人曾到这里来"体验生活"，为登陆月球作准备。

在冰岛蓝灰色的晨曦中，是一派天荒地老的寂静，仿佛是盘古开天辟地后的瞬间凝固。大地全是凝固的火山熔岩，没有树木，只有原始的苔藓，还有茫茫的枯草，一片苍黄。从机场到雷克雅未克（Reykjavik），高速公路在火山岩浆凝固的大地上穿行。莽莽的熔岩台地一层累着一层，当中时时有裂隙，融化的雪水从裂隙间冲泻下来，溢出大大小小的瀑布。清蓝的水流，冲刷过峥嵘的黑色熔岩，溅起白色的浪花。海在近旁，和变幻的流云呼应；雪山从海中升起，切割着天地，勾勒出一道雄浑的地平线。

冰岛的美是独特的，它不像其他欧洲国家，没有那种玲珑俊秀的、那种积淀着悠久文化的优雅。它的美是蛮荒的，有着开天辟地的张力。在苍穹下，在大地上，没有人的痕迹，只有造物主的鬼斧神工。在这里，撕去了人为的雕琢，摆脱了矫揉的委琐，人可以直面终极，这里是反省终极命题的好地方。最早来到冰岛的是爱尔兰的修士，他们驾着孤独的皮筏，在寒风凛凛的大海上航渡，寻找一个远离世俗纷扰的地方退隐沉思，反省人与神的终极问题。他们来到了冰岛，在一个多世纪的漫长岁月中，这里是孤独的退隐修士的天堂。直到 9 世纪初，挪威的渔民农民来了，他们不是来退隐沉思，他们是来寻找世俗的生存空间。修士们回避撤离了，冰岛第一代殖民者开始了他们的创世纪。

冰岛人的创世纪被记载在萨迦传说里。萨迦是北欧的文学瑰宝，对世界文学贡献极大，《指环王》的作者就是从萨迦传说里找到了灵感，瓦格纳创作歌剧《尼伯龙根的指环》的大量灵感也来自萨迦传说。萨迦是用古北德语写的，那是海盗时代在北欧流行的语言，在欧洲大陆的北欧地区这种语言早已绝迹，但现代的冰岛语言则仍然很接近这种古语，这是因为冰岛和大陆隔绝，很少受到外来语言的渗透侵蚀，古语因此得以保存。冰岛第一代殖民创世的时候，正是海盗时代，萨迦传说大量记载了这些早期冰岛人的海盗活动，还有他们的家族纠纷、家族历史。在冰岛旅行

在冰岛蛮荒的大地上，常会看到一些雕塑，这个现代派的雕塑作品在讲述一个古老的萨迦传说

冰岛曾经是欧洲最穷的国家，现在这些最穷时代的房子已经成为博物馆里的展品

的时候，我常常听到人指着某处说，在这所房子里，住着某位萨迦人物的后代；在这个岸边，某位萨迦人物的儿子淹死了；在这条河谷，某位萨迦人物七岁时因为打球纷争强悍地砍死了一个人……使我感到冰岛的创世者们离我们如此之近，他们不像是女娲、伏羲那样的神话人物，甚至也不像尧、舜那样的传说人物，他们是活生生的普通人。

冰岛人的创世纪是在海盗时代，当海盗活动衰落之后，冰岛人主要靠打渔和牧羊为生。冰岛的自然环境极不适于农业，大地是火山熔岩，非常贫瘠，再加上严寒和强风，连树木都极少，农作物更是难以生长，只能放牧一些羊，就是能放羊的土地也不多。冰岛曾经是欧洲最贫穷的国家之一，19 世纪的时候，由于频繁的火山爆发，原本已匮乏的土地又被岩浆和灰烬埋没了许多，再加上天花和羊瘟的流行，使无数冰岛人陷入饥馑的惨境，为了逃避贫困，冰岛人大量移民北美，大约五分之一的冰岛人离开了他们的家乡故土。但进入 20 世纪之后，冰岛的经济发展出现了转机。这个转机来自工业革命，西欧许多国家在 19 世纪就进行了工业革命，英国更是早在 18 世纪就开始了，贫穷的冰岛慢了一大步。不过，当工业革命登陆冰岛以后，冰岛经济发生了根本性变化，工业的介入使资源的优劣重新洗牌。工业革命首先在捕鱼业中展开，大型的机械化渔船取代了效率低下的老渔船，渔业公司取代了个体户小渔民，速冻鱼产品取代了腌制的干咸鱼。冰岛虽然土壤资源贫瘠，但它的渔业资源非常丰富，因为营养丰富的北冰洋冷海流和南方来的海湾暖流在冰岛周围汇合，使这里的水温和水中营养物质特别适合鱼类生长。在以农业为主的前工业化时代，冰岛处于资源劣势；工业化之后，它独特的资源优势就有了发展的机会。尤其是它在70年代又把捕鱼范围扩大到200英里，使它的现代化渔船有了更大的用武之地，它的渔产大量出口。冰岛的另一项资源优势是水电和地热，火山熔岩不利于农业，但是蕴藏着再生能源。能源是工业的命脉，有再生能源等于有了一个取之不尽、用之不竭的宝库，冰岛选择了制铝业作为它利用资源优势发展的亮点。因为炼铝需要耗费大量的电力，铝的成本取决于电力成本，只要有廉价的电力，就能生产出成本低廉、具有国际竞争力的铝。在工业化的过程中，冰岛政府还配合发展大力投资基本建设，修建了许多公路，这一方面扩大了需求拉动了经济，另一方面也给未来发展创造了更好的条件。在20世纪，尤其是"二战"之后，冰岛人的生活水平有了很大的提高，冰岛不仅不再是欧洲最穷的国家，而且还逐渐跨入世界最富国家的行列。自80年代中期以来，冰岛的人均GDP绝大多数年份是在世界前十名之列。

冰岛的人均GDP名列前茅，它的人类发展指数HDI更是登上了世界第一的宝座。人类发展指数[1]是一个综合指数，用来衡量一个社会的全面发展状况，既衡量经济状况，也衡量健康和教育状况。冰岛能有如此优越的人类发展指数，应该归功于它的高福利政策，冰岛人享受优质的教育和医疗福利，老年人有优厚的养老

[1] 人类发展指数是根据平均预期寿命、教育水准和人均GDP作指标计算出来的。

金，所以它的公民教育水准高、身体健康、活得长寿，冰岛的预期寿命指数和中学入学率都高于美国。这些高福利政策的财政基础是建筑在它的"注重公平"的税收制度上，冰岛不仅征收所得税、增值税等等，还征收财产税。拥有财富的富人要多交税，使政府有财力来支付全民福利。有了这样的"二次分配"的调节，冰岛社会的贫富差距很小，基尼系数只有0.25，远远优于中国、美国，甚至好过北欧的挪威和芬兰。

人均GDP高、人类发展指数高、基尼系数低，当我在纸上看到这些经济数字的时候，我觉得冰岛人是生活在经济的极乐园里。当我到了雷克雅未克，我的感觉更是从"纸上经济乐园"变成了"地上宜于人居乐园"。在我去过的所有城市中，我最喜欢雷克雅未克，因为它兼有了三个极难同时具有的特点。

第一，它具有国际都会的特点，在这里你可以碰到许多有国际视野的人，你可以和他们谈不丹、厄瓜多尔、塞拉利昂……他们熟悉世界的无数角落，绝不只闭塞于自己的小小社区；在这里你可以看到精彩的歌剧、话剧，听到古典和现代的音乐，文化生活非常丰富，绝不是偏远孤僻的文化荒漠；在这里你可以找到世界各国的餐厅，别说法国、意大利、中国这些大的菜系，我甚至还看到过一家海地餐厅。

第二，它有空灵旷野的自然环境，虽然我的酒店在市中心，但从我的房间里抬头就可以看到雪山。雷克雅未克闹市中的酒吧、画廊、餐厅、咖啡馆，和海滨的距离都不到一箭之遥，你可以随情尽兴地穿梭于热闹的酒吧和清冷的海滨之间。在美国，虽然我也可以在中西部遥远的国家公园里看到雪山，但那里绝没有国际都会的文化气息；在纽约、华盛顿、伦敦，我也可以享受国际都会的多姿多彩生活，但那里又没有了雪山，只有水泥森林；雷克雅未克把国际都会的生活带到雪山海滨的怀抱中。

第三，它有小社区的亲密人际纽带。从旅游书的介绍上面，我就听说冰岛人之间的社区纽带很紧密，但我从自己经历的一件小事上有了更切身的体会。我在雷克雅未克的时候是冰岛将要举行大选前三个星期，社会民主联盟在民意调查中领先，那天我恰巧经过社会民主联盟的竞选总部，好奇心起，想进去和人谈谈冰岛破产的问题，再看看他们是不是有英文的相关文件。冰岛人的英语普遍都很好，很容易交谈。我和总部里的一个人说明来意之后，他竟然问我想不想和他们的议员候选人谈谈，他说他可以帮我打电话和他们联系，我真是受宠若惊。他挑了两个候选人，其中一个据说以后可能会成为部长。他打电话的时候，我心里七上八下，一方面很希望他能联系上，和未来部长谈话毕竟是个难得的好机会；但另一方面又希望他别联系上，因为我根本没有准备，对要谈的问题还很不熟悉，谈起来岂不是很露怯？那天正是复活节假期的前夕，这两个候选人都出城度假去了，没有联系上。在美国，普通人很难见到联邦国会的议员，连州议会的议员也很难见到，只有在僻远的小社区里，才比较容易见到当地政府的官员。冰岛人口只有30万出头，本身就是个小社区，所以见国会议员成了很自然的事情。雷克雅未克的难得之处在于，它是小社区，但又不僻远，又兼有国际都会的生活品质，它把小社区安放到了国际都会的平台上。

在社会民主联盟的竞选总部，我虽然没能和议员候选人谈话，但和那里的几个工作人员兴致勃勃地聊了一两个钟头，谈话的中心是：冰岛的破产。在我的心目中，冰岛已经建成了一个极乐园，为什么这个极乐园会一下子破产了呢？通过和他们的谈话，我明白了很多事情。

当冰岛的经济从欧洲"最穷"发展成世界"最富"之后，许多人开始思考，冰岛还应该向什么方向发展？在银行危机发生前四五年，冰岛社会展开过一场轰轰烈烈的大辩论，起因是修建一个巨型水库。冰岛有丰富的水电资源，在全球能源饥渴的时代，这项资源应该可以给冰岛带来更多的财富，可惜美中不足的是，冰岛的地理环境使水电的出口异常困难。不丹的经济发展能够依靠水电出口，是因为它陆临印度。冰岛四面环海，离欧洲大陆很远，除非科技有巨大突破、发明出新的电力传输方法，否则，冰岛即使生产出水电，也只能白白浪费在本土。为了不浪费这些电力，就要在冰岛本土发展一种能够有效地利用这些电力的工业，让电力转换成能够出口的工业品。制铝就是这样的工业，炼铝需要耗费大量的电力，而铝又是可以出口的。2003年冰岛决定和美国一个制铝公司合作，在冰岛东北部修一个大水库，再在附近建立一个制铝厂。这个水库的大坝是欧洲这类水库中最高的，它要在雪山中截断一条清澈蔚蓝的河流、淹没57平方公里蛮荒寂静的土地。水库修建初期，并没有引起人们太多的注意，但当水库大坝越建越高、越来越露出与自然环境格格不入的狰狞面目之后，冰岛社会陷入了一场大辩论。环境保护主义者反对这个项目，经济增长主义者支持这个项目。在这场大辩论中，有人提出了更深刻的问题，经济增长是社会发展的唯一方向吗？电力资源是冰岛唯一可以向全球化市场推销的东西吗？冰岛还有其他许多资源，冰岛有世界上最古老的民主立法机构，难道不可以向法律学者推销，让他们来参观研究？冰岛有萨迦传说、有获得诺贝尔文学奖的作品，难道不可以向文学爱好者们推销，让他们来欣赏学习？冰岛有欧洲最后净土的自然环境，难道不可以向环保意识强的高端人士推销，让他们来旅游考察？……

听着冰岛人讲述大辩论中的这些观点，我颇有醍醐灌顶、甘露洒心的感觉，因为他们触及到了关于发展的一个深层问题。在追逐发展的滚滚大潮中，人们往往随波逐流，在表层舞浪弄潮，却没有潜下心来，看看大潮下面那更有决定意义的深层潜流的方向。在人类以往的历史中，千万年来人类必须为温饱挣扎奋斗，而能满足温饱的资源是物质资源，因此，大多数人谈到资源的时候，想到的总是物质资源，很少想到超越物欲满足的"非物质"资源。但是，时代在进步，工业革命完成之后，温饱问题已经逐步解决，人的基本物质需求已经逐渐满足，此时，推动继续发展的深层潜流将更加需要非物质的资源。对于这个深层潜流的问题，一些冰岛人在大辩论中意识到了，并且提出了要用"非物质"的资源，开拓一个"非物欲"市场，这是一个启示着新的历史发展方向的崭新观念。可惜，这个新观念并没有被很多人接受。

相反，那时很多冰岛人接受的是新自由主义。新自由主义是

20 世纪末西方经济界的主流思潮，其宗旨是主张去管制的市场自由化和经济私有化，伴随这种思潮的是强调个人利益、鼓励消费享受，甚至极端化到"赞美贪婪"。美国 80 年代有个著名的经典电影《华尔街》，其中的主人公说过一段广为流传的赞美贪婪的台词："贪婪是优秀的，是正确的，是成功的；贪婪精准直接地抓住了进化精神的本质；为生命、为金钱、为爱情、为学问而贪婪，标志着人类的崛起。"贪婪能够驱动人多赚钱多消费，而多消费能够拉动经济快速增长，这是当时很流行的逻辑，直到现在这个逻辑还在左右着许多人的思维。

在新自由主义思潮的影响下，冰岛的经济政策在 20 世纪末发生了深刻的转变。长期以来冰岛对金融业的管制都很严格，大银行都是国有的。从 90 年代开始，冰岛逐渐"去管制"，给金融管制松绑，为全面私有化作准备。到了 2003 年，国有银行都私有化了。松绑的冰岛金融市场和全球化资本市场接轨了，在这个巨大的金融海洋里，冰岛人可以不受束缚地自由驰骋了。许多新自由主义信仰者欢欣鼓舞，大声呼唤要发扬"海盗传统"，要到全球化的金融海洋里去大胆攫取财富。于是，个人、公司、银行都扑向了这个大海。当时国际金融市场上资本充盈，流泛着大量低息贷款资金，自由的冰岛人非常容易借到利息率很低的外币贷款，个人可以用这贷款来买房买车消费享受，公司可以用这贷款来扩展业务把生意做大。许多人发现还可以在这个自由的海洋里做很多投机的"金融游戏"，譬如，融资套利交易，假如日元利息率低、澳元利息率高，就可以付低息把日元借来换成澳元，再把澳元贷出去收高利，赚取利差。这样的金融游戏玩得好，赚钱是很容易的，又快又不费力，比捕鱼修水库不知好多少倍。但这样的金融游戏的风险也很大，各国利率若发生变化，外币汇率若出现涨跌，这些风吹草动都可能吹乱一池春水，甚至掀起惊涛骇浪。在冰岛大力推进金融去管制、银行私有化的时候，由于冰岛克朗的利率一直坚挺，使融资套利交易的金融游戏比较容易玩，玩家都赚了不少钱，因此吸引了越来越多的人登上了投机冒险的海盗船到国际金融海洋淘金。赚钱容易，花钱就奢侈起来。在短短几年里，大量的名牌奢侈商品涌上了街头，无数的豪宅大厦拔地而起，雷克雅未克一派繁华，"极乐园"正在演变成"奢华园"。

当金融投机的海盗船千帆竞渡的时候，冰岛三艘最大的金融海盗船也出发了，它们是2003年私有化了的三家大银行。这三家银行的高层管理人员的国际金融经验并不丰富，但他们用"海盗传统"精神来激励自己，要敢于冒险，要敢于到未知的大海中去寻找发现新的劫掠目标。那时候"海盗传统"成了一个非常时髦的词汇，人们纷纷要学做海盗，要踏着海盗祖先的冒险足迹，到自由化的国际金融海洋里奇袭淘金。这三家银行急速地在海外扩张，为了和海外银行竞争，它们付高利息来吸引外国客户的存款；为了扩展业务，它们忽略风险地大量发放贷款，其中很多后来都成了呆坏账。他们借别人的钱来发财，还大胆使用金融"杠杆"，当时国际金融市场上资金泛滥，他们恰恰可以大肆借短债、放长贷，轻松地赚取利差。这些银行自己的风险管理能力很差，去管制又使政府的风险监管缺位，所以它们的恶性膨胀如脱缰野马。这三家银行的资产泡沫像气球似的膨胀起来，到了 2007 年，它们的账面资产膨胀到全国 GDP 的 9 倍以上。

一个小国，忽然膨胀出这么个大金融气球来，引起了一些国际金融专家的担忧，丹麦银行、国际货币基金组织都警告过冰岛政府，但冰岛政府没有重视。国际专家们意识到，冰岛的国力已经和它的金融规模失衡，如此巨大的金融机构，若出现问题，小小的冰岛政府是没有财力出面救助的，而若政府无力救助，金融机构的信用就会一落千丈。信用是金融行业的命根子，一旦信用失落，存款客户会蜂拥挤兑，债权人会一起逼债，失信银行无法借到任何资金来应付难关，银行会在一夜之间垮掉。果然，当美国的雷曼兄弟公司破产引发了金融危机之后，全球金融市场震荡、银根紧缩，冰岛那三大银行中的一家因为大量债务到期，在银根紧缩的市场上无法继续借到钱，资金链断裂，出现了资金周转的困难，它向冰岛政府的中央银行求援，但中央银行只有杯水车薪的储备，根本没办法救它。这家冰岛银行的信用失落之后，其他两家也立刻受到信用失落的传染，面对挤兑资金空缺，它们也无法得到中央银行的救助。三家银行都跌入破产的泥潭，三大银行一破产，冰岛克朗的价值一落千丈。每个持有克朗的冰岛公民的个人财富也跟着一落千丈地缩水，那些借了外汇贷款的人就更惨了，因为他们的外币债务按克朗计算就相应地"一升千丈"。借外汇贷款买房买车的人，现在每月都要多偿付两三倍的克朗。还有许多公司是借了大量外汇贷款来做生意的，此时它们立刻陷入资金周转不灵的困境，大批项目要停工，公司甚至要破产。那些刚刚盖了一半儿的豪宅大厦不得不停建，成了烂尾楼。我到冰岛的时候，是冰岛破产后半年，在雷克雅未克我看到许多烂尾楼，尤其是在海滨大道，一座连一座。那里是雷克雅未克的黄金地段，对面有蔚蓝的大海和洁白的雪山，路边有许多美丽的雕塑，其中的"太阳船"我最喜欢，那是一座银白色的抽象派不锈钢作品，像一艘海盗船的脊骨架，翘首面向着晶莹的雪山，舷下回旋着清冷的浪花。"太阳船"旁边就有一座烂尾楼，还立着一块巨大的售楼广告牌。这些烂尾楼已建成的部分闪耀着豪华的气派，就是未完成的部分也透露出规模的宏大。巨型起重机还立在它们身旁，只不过不再轰响移动……昔日的繁华喧闹戛然而止，烂尾楼呆若木鸡，死气沉沉地面对着雪山大海，"奢华园"一下子沦为了"烂尾楼园"。

关于冰岛为什么会如此突然地破产，一些冰岛经济学家强调了三个因素。第一，小国不自量力地猛然给自己硬戴上一顶超大码的金融帽子，因此被压垮了。瑞士虽然也是小国，但因为有长久的金融经验，金融脑袋已经发展成长了几个世纪，有足够的承受力戴大帽子，而冰岛的金融脑袋只长了几年，却想一口吃成个胖子，结果反而把自己撑死了。第二，银行私有化的时候，卷入了很多政治裙带关系，没有经验、没有能力的人靠关系得到了银行的所有权，占据了高管的位子，他们做出了很多错误的决策。第三，由于政府领导人和银行高管之间的特殊裙带关系，政府没有严格监管银行，使银行的错误越犯越大。

以前我一直以为冰岛政治廉洁、没有腐败，因为它有最古老

新自由主义的政策最终导致了冰岛金融的破产，无数豪华楼沦为烂尾楼。
这是海滨大道上的一个烂尾楼

冰岛发生金融危机之后，有过一些示威游行，国会的窗户有几块玻璃被激
进分子砸坏了，但没有出现大规模的动荡，大多数冰岛人都很冷静

的民主立法制度，它的收入分配又很公平。但当我和冰岛人谈起这次破产事件的时候，却听到很多人批评冰岛政治中的裙带风。有几个人甚至告诉我，冰岛的政治和经济是由14个有势力的家族控制的。也有几个人无可奈何地说，因为冰岛是个小社会，很容易形成小圈子，裙带风难以避免，靠关系办事很自然。

不过，退一步来看，冰岛政治中虽然有不公平，冰岛的经济收入分配却一直很公平。那所谓"14个家族"的权贵精英们表现出了关心穷人的道德，他们让富人多交税来提供全民福利，而不是像委内瑞拉的"老两党"精英，自己独吞石油财富，让全国70%的人陷入贫困。委内瑞拉精英的做法使社会贫富悬殊两极分化，造成强烈的对抗，不断引发动荡不安的危机。冰岛精英的做法则使社会趋向和谐，冰岛很少发生对抗性的冲突，连普通罪案都极少，冰岛是世界上谋杀犯罪率最低的国家之一，这和加拉加斯的治安恶劣成鲜明对照。冰岛即使出现了金融崩溃这样的大危机，即使危机引发了大量的失业，但社会并没有发生很多的动荡不安。银行破产后，国会前面有过示威，人们敲打着锅碗瓢盆和各种乐器，说是要震醒政客们。示威者每星期六来集会一次，很有规律，自称是"锅碗瓢盆革命"。最激烈的"革命行动"是向国会大厦的玻璃窗扔石头、酸奶，向总理的汽车掷鸡蛋、雪球，要求解散政府，要求总理下台。总理后来表示愿意辞职，还决定三个月后举行新的国会选举，于是示威者们就散去了。我在雷克雅未克的时候，是在示威之后、选举之前，我看到国会大厦的玻璃窗仍然有被示威者砸坏的裂痕，但国会前面的广场上则静谧安详，只有两个女人坐在长椅上谈心，国会后面的湖滨，有一大群天鹅在戏水。我不由得想起了委内瑞拉，总统府不断上演着政变闹剧，街头广场激情燃烧着竞选大战，那里真像火热的赤道，而这里则像冰冷的北极。

冰岛人在破产危机中表现出的冷静和安详很让我吃惊。90 年代我曾到东欧和前苏联的几个国家做过经济研究项目，那时这些国家正经历着从计划经济到市场经济的转型痛苦，GDP 下降，货币贬值，人们为应付经济巨变艰难挣扎。即使是在转型表现最好的波兰，我也在华沙街头看到很多乞丐，尤其是一些吉卜赛人，拖家带口，衣衫褴褛，追逐着外国人乞讨。爱沙尼亚的转型表现是在前苏联加盟共和国里面相当出色的，但在塔林（Tallinn）我也常常看到许多人站在凛冽的寒风中青涩地叫卖，有卖从树林里采来晒干的蘑菇，有卖用田野中的浆果熬制的果酱，还有卖我叫不上名字来的东西，这些人一看就不像小贩，他们更像是教师、技术员、退休的老人。没到冰岛之前，我想象着冰岛破产后的街头景象，东欧的记忆不断浮现在我眼前。但到了雷克雅未克，我没有看到任何乞丐，也没有看到摆地摊叫卖的。我问冰岛人为什么破产以后也没有要饭的？他们说他们有社会福利保障，最基本的生活是有保障的，可以吃饱饭、可以福利看病、小孩上学也是免费的，所以不必去乞讨。

不过破产对人们的日常生活还是有很大影响的，譬如娱乐性的开支就大大减少了。一位冰岛人说，酒吧是反映破产影响的一个晴雨表。雷克雅未克的酒吧夜生活相当有名，被称为"雷克雅未克的不眠夜"，在星期五和星期六的夜晚，酒吧营业到凌晨三四点，倒没有什么色情活动，主要是朋友间的社交娱乐，大家喜欢相约几个朋友到酒吧来喝啤酒、听音乐、聊天，大家还喜欢从一个酒吧踱到另一个酒吧，一夜换几个地方。夜色渐深，血液中的酒精渐稠，嬉戏喧闹的声音渐高，不过人数却渐渐稀少下来，终于，黎明破晓，人群散尽，最后的豪饮者也回家酣睡去了。前几年泡沫繁荣的时候，酒吧也空前繁荣，连星期四夜晚也开始成为不眠之夜。破产之后，立刻萧条下来，只有每个月的第一个周末，才会有些不眠夜的气氛，其他时间就冷冷清清，因为大家是月初发薪领钱，所以只能月初的那周消费一下，之后就要勒紧裤带了。我到冰岛的时候恰逢 4 月的第一个星期，所以还有机会稍稍领略不眠夜的气氛。

　　冰岛破产后给我最深刻的社会印象是，它没有出现道德失序，我是通过三件小事深刻体验到的。第一件事发生在海边的一个海鲜餐馆里，这个餐馆是在一条老式的木船里，以各式串烧海鲜和香浓龙虾汤著名，那天我要了一份串烧鲸肉和一个龙虾汤，鲸肉像牛肉似的，分量很大，我只吃了一半就饱了。旁边桌上有两个美国小伙子，胃口很好，每人点了两份不同的串烧海鲜，还要点龙虾汤。服务员对他们说，两份串烧海鲜的分量已经很大了，不必再要龙虾汤了，否则他们吃不了会浪费钱的。顾客多点菜，餐馆可以多牟利，顾客吃不了浪费的是顾客的钱，又不是服务员的钱。我在美国和中国的餐馆里，总是碰到服务员鼓励顾客多点菜、多消费，这是很自然的个人利益驱使。在破产后的冰岛，服务员竟然能把顾客的利益放在餐馆利润的前面，让我在那条老木船里感动了半天。第二件事发生在超级市场里，初到冰岛，我对各种面值的克朗还很不熟悉，那天在超市付完钱走出门，收银员忽然追过来，递给我 1000 克朗（大约相当于 8 美元），她说我刚才多付钱了。第三件事发生在冰岛西部的一个小城，我是参加"萨迦传说一日游"到这个西部小城的，一位著名的萨迦传说人物的遗迹就在附近。小城里有一个萨迦传说博物馆，但"一日游"不包含博物馆的门票钱，所以我要自己再付钱买门票去看萨迦传说的展览。当我看完展览出来，卖门票的人忽然把门票钱退给我，他说，今天的一日游有促销优惠，包含博物馆门票钱了。主动退还顾客无意多付的钱款，是有诚信的人才会做的，在破产之后、在人们的财富普遍缩水之际、在大多数人荷包紧张的时候，他们仍然能够保持如此诚信的道德，真是很可贵！

当我向冰岛朋友谈起我对冰岛人的道德印象时，他们倒很谦虚，连连说冰岛人的道德没有我想象的那么好，还特别讲给我听那些银行家们如何道德水准低下。他们说，这些人在银行私有化的时候通过裙带关系，用很低的价格买进国有银行的股份，还搞到延期付款的优厚条件，等到他们闯祸把银行搞得破产了，就席卷钱财逃之夭夭，还有人乘机耍赖不再偿付延期未付的款项。这些故事我听起来觉得很像中国国企私有化时的"国有资产流失"的翻版。他们还说，这些人鼓吹新自由主义经济学，推动全面私有化，他们不仅把银行和国企给私有化了，甚至还想把冰岛的地热资源也拿来私有化。冰岛有很多火山和温泉，居民的取暖和热水供应都利用温泉，火山地热还可以用来发电，地热被视为国宝性资源。除了要私有化地热资源，这些人还鼓吹要私有化医疗福利，这次银行破产之后，大家出了一身冷汗，都说幸亏没有把医疗福利私有化，否则破产了失业了又没钱看病，后果不堪设想。

北欧的文化价值传统重视社会公平，所以北欧五国都有很好的社会福利制度，冰岛也一直笼罩在这样的价值气氛中，但到了70年代末80年代初一股轻公平、重自由的思潮逐渐抬头。这是和当时西方世界的主流思潮相呼应的，自70年代以来，以弗里德曼[1]为首的新自由主义思潮成为西方经济界的主流，弗里德曼1976年获得诺贝尔经济学奖，80年代担任美国里根政府的经济政策顾问，里根政府大力推行了新自由主义的政策。弗里德曼那时还出了一套很通俗的电视节目，题目非常抓眼球、夺人心，叫做《自由选择》（*Free to Choose*）。这套节目的影响力极大，其中的话语被政客和学者广泛使用，主宰了主流世界二三十年。这个系列节目的第一集是"市场的力量"，阐述自由化的市场是经济进步的根本动力，在自由的市场中，人们能够自由地、理性地决定如何以最低价买进自己需要的东西，如何以最高价卖出自己生产的东西，如此的自由竞争，促进了效率，促进了自愿合作，这是任何政府无法取得的成绩。第二集是"控制的暴政"，把政府对经济的管制干预比喻为暴政，主张"小政府""大市场"。还有一集评论

---

[1]　米尔顿·弗里德曼（Milton Friedman, 1912—2006），美国经济学家，曾于1976年获得诺贝尔经济学奖。

"自由"和"平等"的关系，弗里德曼坚称，如果一个社会把平等放在自由的前面，就会平等和自由都得不到；但如果把自由放在平等的前面，就会既有更多的自由，又有更多的平等。他的证据来自印度，他把印度和自由经济的工业化国家作相对比较，他说印度搞中央计划，想解决平等问题，但贫富差距一直很大；而很多自由经济的工业化国家，贫富差距反而比较小。弗里德曼反对政府用福利政策来帮助穷人，在"从摇篮到坟墓"的那一集里，他说福利制度导致了低效、浪费、滥用、盗窃、贪污，还说福利制度会剥夺人的独立和尊严，因为政府的福利机构左右了人们的生活。弗里德曼还有一集专门反对政府出面保护消费者，他认为理性的消费者自然会去买对自己有利的东西，不去买对自己有害的东西，所以自由的市场自然就会保护消费者，根本不需要政府的保护。弗里德曼理想的社会是，政府不管制市场、不干预经济，让私人自由地进行经济活动，在自由市场经济中人们自然会作出理性决定，最终导致社会的高效、平等、自由。

弗里德曼的理想吸引了无数追随者，冰岛在七八十年代的时候，就出现了一个崇尚弗里德曼新自由主义的小团体，他们的会刊名为《自由》。当年这个团体曾邀请弗里德曼的儿子来冰岛讲演，这位小弗里德曼[1]比他父亲还要激进，甚至号称"无政府资本主义"，他发表过一篇文章，引用冰岛海盗时代的古老民主立法制度来阐述他的"无政府自由市场经济"，因为海盗时代冰岛只有

---

[1] 大卫·弗里德曼（David Friedman，1945—　），美国经济学家。

立法司法机构，没有行政机构，正好可以用来说明"市场能够取代政府的职能"。新自由主义和"重平等、重福利"的北欧观念代表了两种不同的价值取向，美国是新自由主义的发源地，欧洲则较倾向于"重平等、重福利"，冰岛在这两种价值取向中间摇摆，恰恰巧合它的特殊地理位置。冰岛是一个横跨欧洲和美洲的国家，欧亚大陆和北美大陆的分界线是大西洋中脊，这条中脊横穿冰岛，在冰岛可以看到这两个大陆板块间的巨大裂隙，冰岛的东部是在大西洋中脊的东面，西部是在西面。就大陆板块的地理位置而言，位于西部的雷克雅未克其实应该算是一个地理上的美洲城市，而不是欧洲城市。处于欧、美的夹缝之间，大概使冰岛的一些人很容易感染美国的价值观，崇尚弗里德曼的那个小团体就是感染的先驱者，他们自己接受了新自由主义之后，还在冰岛积极传播，要使更多的冰岛人也接受感染，放弃"重平等、重福利"的观念。他们之中有些人后来成为冰岛政治经济舞台上的重量级人物，当上了总理、中央银行行长。这些人掌权之后，把自由放在平等的前面，大刀阔斧地私有化、去管制，2006年在他们的大力推动下取消了财产税，并且还讨论要减少医疗福利等等。他们相信，按照弗里德曼的预言，有了自由，就会有更多的平等。

可惜还没等到更多平等的来临，就发生了银行破产的危机，给了弗里德曼新自由主义当头一棒。我在冰岛的时候，很多冰岛人正深深陷入对新自由主义的痛思反省之中，在普通人的谈话中常常可以听到对那些信奉新自由主义的政客和银行家的责骂，还有对私有化、去管制政策的激烈批评，在报纸上可以看到大标题

这是议会旧址公园里的议会湖，冰岛有世界上最古老的民主议会，在一千多年前的海盗时代，冰岛人在这个湖边集会立法。议会旧址公园恰在欧亚大陆和北美大陆交界的地方，湖边岩石的裂隙就是欧亚大陆板块和北美大陆板块的分界

大西洋中脊分割了欧亚大陆和北美大陆，它在冰岛升出了海面，这是大西洋中脊的裂谷，一边是欧亚大陆，另一边是北美洲大陆，近在咫尺

是《新自由主义空想的终结》等等的文章。

在冰岛的博物馆，我还看到更深刻的反思。有一个考古展览，展出的内容是爱尔兰修士和冰岛中世纪修道院的文物，远在新自由主义之前，但在介绍展览的小册子前言里，却把中世纪的生活和这次破产危机联系起来。它从亚当和夏娃被逐出乐园谈起，亚当和夏娃本来生活在乐园里，受到蛇的诱惑偷吃了禁果，因而失去神恩，堕落到悲惨的人间。爱尔兰修士来到冰岛，寻找失去的乐园，希望通过反省能够重新回到神的怀抱。小册子比较了中世纪人和现代人对贪婪的不同态度，在中世纪，由于认识到堕落和贪欲是紧密相连的，修道院禁绝贪欲；但是，在现代社会，贪欲不再成为人们应该抵制的罪恶，贪婪甚至被邀请来加入逐利的舞会。小册子说，中世纪的教会把放贷收利称为"高利贷"，这是比偷盗更严重的罪，因为盗贼在睡觉时不偷窃不犯罪，而高利贷者无论醒时睡时都在收利犯罪。最后，小册子告诫身陷金融危机的冰岛人应该反省沉思这些历史的启示。

我看到的另外两个展览也隐含着这种具有历史视野的深沉反思，一个是电影回顾展，它在介绍电影的时候，紧紧联系了冰岛社会的发展，从欧洲最穷到世界最富，人们的生活发生了什么变化？心理面临过哪些挑战？这些变化和挑战对冰岛的历史发展造成了什么影响？……另一个是摄影展览，"是童工，还是生活训练？"这题目本身就很有反思意味。它展出了20世纪初期冰岛孩童跟着大人一起出海捕鱼的照片，按照现在的价值观念，这是应该禁止的童工劳动，但在那时，大家都认为这样的生活经验对孩子的成长有好处，能使孩子体验社区凝聚的纽带、领悟人生和世界，展览的前言让大家从历史的角度反省思考"劳动文化"和"孩子教养"的问题。

从博物馆出来，我来到了海边，沿着海滨大道信步徘徊，一边是雪山大海，一边是烂尾楼。我走了很远，任清冷的海风吹拂，让反省的思绪飘荡起伏，不知不觉来到了里根和戈尔巴乔夫会晤的海滨别墅。那是一座临海的白色别墅，1986 年他们在这里举行了具有破冰意义的高峰会谈，第二年美苏签署了限武条约，不久之后柏林墙倒塌、苏联解体，资本主义获得了全面的胜利。那是一段我们经历过的历史，那段历史影响了无数人的思维，造就了一个企图终结历史的普世结论。那时候人们看到，中国内地比香港贫穷，西德比东德富足，在苏联买香肠要排长队，在美国人们不仅能敞开吃香肠，还能拥有汽车、别墅。资本主义的富足向人们证实了资本主义制度的优越性，新自由主义更是进一步向人们解释了资本主义制度优越性的根本原因是市场的力量。社会主义计划经济不按市场规律办事，所以越搞越穷；资本主义自由经济按市场规律办事，所以越来越富。

苏联计划经济的失败，使市场原教旨主义大获人心。市场原教旨主义的胜利反映了人的一个思维心理倾向，人往往渴望简单的、确定的答案。市场原教旨主义在解释市场神奇力量的时候，它的逻辑简单、明了。这个逻辑是，因为人是理性的，在自由的市场上，消费者能理性地计算自己的利益得失、理性地发出消费的信号，生产者能根据信号理性地配置资源，如此的资源配置是最为有效率的，所以能够实现全社会的效益最大化。这个简明的逻辑满足了人们求简的心理，而苏联的失败，更使这个逻辑可以给自己戴上"永恒"及"普世"的桂冠。把一段短暂的历史永恒化，把一个区域的事实普世化，这样的永恒普世结论可以给人吃一颗"定心丸"，让人的心理避免不确定的焦虑。很多年来，这个永恒普世的结论成为无数人的信条，虽然时时有不合这个结论的现象出现，但很多人宁愿让现实削足适履，也没有勇气去怀疑信条中隐含的问题。

是 2008 年的金融海啸这只超级大脚，终于踏破了这个不适之履。面对金融海啸的空前震荡，人们不得不重新审视这个信念中可能隐含的问题。只要仔细分析推衍这个信念的思维逻辑，其实不难发现这个信念是建构在一个未经严格论证的假设之上的。这个假设是：消费者是理性的。正因为假设了消费者是理性的，它才可以推衍出消费者能在市场上作理性的决定，他们发出的需求信号能使市场的无形之手对社会资源作出最有效率的分配，因此能够实现全社会的效益最大化，能够拉动社会经济发展。

消费者是理性的吗？在处理某些消费问题的时候，很多消费者可能会是理性的，譬如在决定是买一个苹果，还是买一块面包时，他们会理性地算计这两样东西对自己的实利。但是，当消费的选择超越了即时的实利，人们表现出来的理性就会复杂得多，譬如，是应该买一瓶好酒现在喝，还是买一本好书来读以提高自己的人力资本换取更多的未来实利？是应该使用大排量的汽车图个人现时方便，还是使用公共交通工具减少环境污染为社会未来着想？很多人未必会作出理性的决定。从社会经济发展的角度来考虑社会资源的配置，重未来利益、重社会利益才是理性的，但在现实中，很多人是以现时利益、个人利益为重的，他们会选择喝酒而不是买书、会选择开大排量的汽车而不乘坐公共交通工具。以重现时利益、个人利益的消费需求来配置社会资源，其结果不会实现长久的、全社会的效益最大化。

回顾资本主义的经济发展历史，可以看到消费对发展有"二重性"的影响。一方面，消费曾经对资本主义经济的"高效率""快增长"做出巨大贡献；但是另一方面，借次贷的消费后来又成了金融海啸的根源。造成这种二重性的原因主要是因为在不同的经济发展阶段，消费的"理性"和"非理性"产生了不同的影响力。当一个社会处于经济发展水平低下阶段的时候，生活必需品还不丰富，大多数人消费的是生活必需品。消费生活必需品能满足温饱的需要，这样的消费是"理性"的，因为它有利于未来发展，如果没有了温饱，人会丧失发展的必要基础。可是，当社会经济发展水平进入了高级阶段，当大多数人的生活必需品已经富足，非生活必需品的消费量就会大大增加。在非生活必需品中，有些未来价值高、对未来发展有好处；而有些则只有现时价值、对未来发展没有好处，甚至会有害处，譬如会污染环境。若大多数人注重未来利益、消费对未来有好处的东西，其消费拉动效果可以有利于未来发展。若大多数人只消费享受现时利益的东西，这些消费对未来发展的拉动效果就不会很好，尤其是消费有损未来利益的东西，效果就更为负面。重视未来价值的消费者像是一位兴家者，沉溺于享受现时利益的消费者则像是一个败家者。败家者式的消费可以拉动经济，可以造成一时的繁荣增长，但它的远期效果则值得担忧。兴家者式的消费拉动，才是人类应该追求的发展方向。

当温饱是困扰人类发展的主要问题时，资本主义的消费拉动模式通过市场的无形之手，高效率地为人类解决了这个难题。现在，世界正逐渐进入后现代化时代，阻碍人类幸福的屏障已不是温饱，而是生老病死、精神空虚、环境和资源等等的问题，资本主义的消费拉动还能够通过市场的无形之手再次为人类清除这些发展的障碍吗？当年在温州，我们看到过资本主义在初级阶段的成功；今天在美国，我们看到了资本主义在成熟阶段的成就和局限。

为了突破主流发展模式的局限，我看到一些国家和个人在边缘摸索，寻找尝试其他可行的另类模式，以回应历史对人类的挑战。在世界极峰的边缘，不丹采用了"国民幸福总值"的发展模式以克服单纯追求 GDP 的狭隘偏颇；在地球赤道的边缘，委内瑞拉尝试着用"内生发展模式"来抗衡全球化，用"凝聚性交易体"来摆脱无形之手的盲目牵引；在北极圈的边缘，冰岛在建水库求增长的时候，就展开过深刻的辩论："经济增长是社会发展的唯一方向吗？"就有人建议过：冰岛应该向世界推销"非物质"的资源、应该在全球化中开拓一个"非物欲"的市场。

"消费拉动——扩大就业——增加 GDP"是长久以来主宰世界的主流发展模式，这个模式由消费、就业、GDP 这三个部分组成。其中关于 GDP 的部分，已经有越来越多人认识到它的狭隘偏颇，"人类发展指数"、"国民幸福总值"、环保和资源的相关指数，已经越来越多地被引用来更全面地衡量社会发展。模式中关于"消费拉动"的部分，也受到一些人的质疑，有人是从反对消费主义和物质主义的角度，有人是从强调理性消费的角度。但是关于"扩大就业"这个部分，质疑和讨论的声音就相当少。其实，"就业"在这个模式中扮演非常关键的角色，有许多相关问题需要讨论，譬如，当人们进行"理性"或"非理性"的消费的时候，会拉动什么样的就业？当社会以幸福指数来衡量发展的时候，需要什么样的就业结构？

如果生老病死是继温饱之后阻碍人类幸福的主要物质性屏障，那么在就业结构中增加医疗业服务人员就应该是理性的，是有助于国民幸福总值增长的，是有助于人类发展进步的。但是在资本主义的市场经济中，消费拉动并没有如此理性地扩大医疗服务的就业。2010 年在美国每千人只有 2.4 个医生，在古巴每千人却有 6.7 个医生。比较美国和古巴的健康指数和医疗成本，我们可以看到，在解决生老病死的问题方面，古巴的效率比美国高得多。古巴的预期寿命、儿童死亡率等健康指数都优于美国，但古巴的人均医疗支出成本却还不到美国的二十分之一。古巴能做到如此的低成本、高效率，是因为它有一个"劳动力密集医疗服务业"。古巴在全国建立了基础医疗服务网，每 120—150 个家庭就有一名家庭医生和至少一名护士，而且家庭医生诊所设在社区里，看病就医非常方便，走几分钟就能到诊所；家庭医生还做家访出诊，病人不用出家门就能看病,这种制度大大减少了"小病变大病"的概率。这种制度和美国的制度成鲜明对比,由于美国医生少、诊所远,看病很不方便,很多人得了小病就想"挺一挺",结果"挺"出大病来,感冒变成了肺炎、腹泻变成了肾衰竭。美国市场化的医疗保险制度,更是抑制了人们看小病的消费需求,以前我给你讲过一个虫牙导致死亡的事件,就是一个非常典型的"高成本、低效率"的例子。那个患了龋齿的孩子没有适当的医疗保险,牙医拒绝给他治疗,后来这个龋齿脓肿的细菌感染了他的脑部,他被送到急诊室,医院为了抢救他给他动了两次手术,使用了昂贵的药物和设备,总共花费了 25 万美金,但回天乏术。这正是美国医疗

古巴的医疗制度受到联合国、世界银行以及其他许多西方机构和专业人士的赞扬,在古巴每 120—150 个家庭就有一名家庭医生,诊所设在社区里。这是古巴一个村子里的家庭医生诊所,医生住在楼上,诊所在楼下,村里的艺术家给诊所做了前卫艺术装饰

体制中的非理性之处，医院急诊室出于人道主义的原则必须救治危重病人，而市场化的基础医疗机构为了牟利却可以拒治轻症患者。结果是几十元美金就能治好的虫牙，被这种医疗体制催生成了25万美金也治不好的脑部感染。

我曾和几位美国的医务人员一起去考察古巴的医疗制度，在和古巴医务人员交谈的时候，美国人和古巴人常常对彼此的体制感到"不可思议"。譬如在一个联合诊所里，大家谈起了诊所的作息时间。古巴的联合诊所是和家庭医生配套的，大约每15—40个家庭医生，就按计划配置设立一个多专科的社区联合诊所，提供24小时全天服务，病人随时可以去看病。美国人听说古巴诊所24小时全天服务，都觉得不可思议，他们说美国的诊所夜间关门，有些大医院虽然全天开放，但夜间工作人员的数量大大减少，无法提供正常服务。当他们描述了美国医院的状况之后，古巴人就觉得不可思议了，他们问，夜间是许多病种的高发时间，为什么医院要减少夜间工作人员？很多病人白天要上班，只能下班后晚上来看病，为什么诊所晚上要关门？

美国医院削减夜间服务是为了降低成本、增加利润，这是市场化医疗体制的自然结果。古巴的医疗体制不是市场化的，而是计划供应，政府拨款，全民享受免费医疗。因此，医疗单位不考虑能赚多少钱，而是考虑能解决多少医疗问题。夜间开诊使患者能在第一时间得到治疗，解决"小病变大病"的问题，理所当然要提供24小时服务。从微观的角度来看，美国的医疗机构的确降低了个体机构的成本，但从宏观和长远的角度来看，它却大大增加了社会的医疗成本。譬如小孩腹泻，家长白天上班不能带孩子去看病，如果晚上诊所不开门，腹泻有可能延误成肾衰竭，几十元能治好的病，变成了要花几千元才能治的病，成本增加了几百倍。除了金钱成本之外，患者及其家人还要经历身体和精神痛苦，人本代价更无法用金钱计算。无论是用医疗效果来衡量，还是以医疗成本来计算，古巴在配置医疗资源方面，都比美国更为理性。为什么市场不能理性地配置医疗资源呢[1]？

为温饱配置资源，可以依赖即时消费的信号；为生老病死配置资源，则需要更多的远见。因为温饱是每人天天都需要的东西，天天都会发出相关的需求信号。但人并不会天天生病，而且也不知道自己什么时候会生病、会生多大的病。所以生老病死的消费信号是非常复杂的，需要远瞩的计划预测，而且解决生老病死问题所需要的就业人员，也和解决温饱问题所需要的就业人员很不相同。温饱相关的就业人员一般无需太多的教育训练，而为生老病死服务的人员，则有相当高的素质要求，不是很快能够训练出来的。所以，用市场的即时消费来拉动，很难扩大需要远见预测的、需要长期训练才能进入市场的就业，很难理性地配置资源来解决生老病死的问题。

在"消费拉动——扩大就业——增加 GDP"模式的主宰下，

---

〔1〕 关于古巴医疗体制，参阅尹伊文："古巴亮点：低成本、高效益的医疗"，《天下为公——中国社会主义与漫长的 21 世纪》，中国人民大学出版社，2018，第 80—90 页。

过多的资源配置给了满足物欲需求的产业，过多的劳动力就业于这些能"短平快"牟利的产业，而对人类的长远发展有深刻影响的行业，则资源贫乏，就业不足。不仅医生和病人的比例低，老师和学生的比例也在下降。资本主义曾很骄傲地宣称，它的工业革命使公主的丝袜成了女工的消费品。但是，资本主义的教育制度，却没有使王子的教育成为平民能够享受的服务。资本主义普及了"大班制""大课堂"式的平民化教育，但那种"小班制""导师制"的贵族式教育则逐步式微，连牛津大学都在渐渐取消"导师制"教学。我有幸享受过牛津的"导师制"教育，深深地体验到它比我在美国接受过的"大班制"授课优越得多。我毕业之后，就听说系里在讨论要取消"导师制"教学，主要原因是经费不足、师资不够。"消费拉动"的政策总是在鼓励人们多消费些公主丝袜之类的物质，却不愿意提供"小班制""导师制"，让人们多消费些王子的教育。"消费拉动"扩大了生产丝袜的就业，却减少了与人力资本发展休戚相关的师资就业，这显然是非理性的。尤其是在温饱问题解决之后，如此的资源配置和就业结构，就更表现出了缺乏远见的贪痴。在美国，"消费拉动"还把许多物理博士、数学博士拉动到华尔街去就业，这些博士用复杂的数学模型创造了很多奇异的金融衍生品，结果这些怪物成为引发金融海啸的闯祸精。我有一位美国朋友原本是学天文学的，从小就喜欢探索宇宙的秘密，但他学完两年博士课程之后，却找不到一个研究助理的职位可以使他完成博士论文的研究项目。面对消费拉动的就业市场，他不得不改变研究方向。他们班很多同学都像他一样，让消费拉动着走上了远离天文学的就业岗位。其中有人就进了华尔街，他们在那里埋头用数学模型演算股票的走势，不再用数学模型演算天体的运动，不再仰望星空。

　　还记得小时候学的世界历史吗？那是咱俩当时最喜欢的课，尤其是那段古希腊史。咱们常常坐在学校后门口那块巴掌大小的草地上，想象着柏拉图和苏格拉底在雅典的草地上漫步，讨论哲学、政治、天文……那时候老师说，柏拉图们之所以能够悠闲漫步讨论哲学，是因为有大量的奴隶劳动在供养他们。在当时的生产力水平上，奴隶劳动生产了剩余产品，使贵族们能够有闲暇从事文化活动，创造灿烂的希腊文明。两千多年过去了，资本主义为我们创造的生产力已使发达国家的大多数人能够在物质上生活得比柏拉图更好，我们已经不需要奴隶来生产剩余产品，我们有了机器，机器可以做我们的奴隶。但是大多数人却不能像柏拉图那样悠闲漫步讨论哲学，他们并没有变成贵族，他们变成了消费的奴隶。这就是资本主义给我们的双重遗产，资本主义带动了工业革命，提高了生产力，使曾经是上流社会才能享用的商品，中下阶层也可以消费了。但资本主义也带来了消费主义，煽动了人们非理性的消费欲望，不仅给环境和资源造成不可持续的压力，也使人给自己戴上了自我奴役的枷锁，自己鞭打着自己去追求更豪华的房子、更名牌的汽车、更多的消费品……追得心疲力竭如同奴隶一般。

　　站在资本主义为我们创造的生产力平台上反省沉思，我们可以看到，虽然自我奴役的枷锁悬在我们头上，但旁边还有一把可以自我赎救的钥匙。是非理性的消费使人变成了奴隶，若回归理性的消费，可以使人再次成为贵族。只要能够理性地配置资源安排就业，很多人可以过柏拉图那样的生活，理性可以使我们摆脱自我奴役而成为后现代的贵族。在资本主义之后、在后现代的社会里，人类具有了物质基础为自己构建更为理想的社会，只要人类能够拥有足够的理性。

什么是我心中的理想社会呢？在这个理想社会中，资源的配置应该具有理性的远见，应该增加更多的教师就业，为平民提供王子教育，而不是绞尽脑汁创造新款名牌丝袜，引诱已有丝袜的人买更多的丝袜。应该增加更多的医生就业，为大众提供优质的医疗服务，带领已有温饱的人们冲刺生老病死的屏障，而不是鼓吹人人拥有汽车，耗费资源污染环境。应该增加更多的科学家就业，为人类探索宇宙、生命、精神的奥秘，拓展人类认识的终极疆域，而不是把高智商的精英都吸引到华尔街，诱发他们逐利的贪婪，熄灭他们探秘的好奇，让他们为贪痴的投机制造"海啸"。在这个理想社会中，也还会有华尔街，但它的功能是为理性的发展融资，而不是为非理性的贪婪服务。华尔街上还应该出现"社会道琼斯指数"，就像尤努斯描述的那样，用资本主义积累的经验指导社会公益事业的发展。

这样的理想社会应该不是空想，只是需要消费者能够提高自己的素质，能够摆脱非理性的消费，使自己升华到更为理性的境界。这样他们就可以发出理性的消费信号，消费具有远见品位的东西，从而牵引无形之手更为理性地配置资源。当生产力的发展把人类推举到了不愁温饱的高度，每个人都会面临着如何继续进化的问题。有些人会随着温饱的惯性继续滑动，追求吃得更精美穿得更豪华，他们看不到吃穿之外的广阔世界，就像一群猴子，追逐着吃惯了的野果，从一棵树爬到另一棵树，而没有想过要离开果树，跳出森林，站立起来，走向一个全新的天地。在一个社会中，如果没有一个成员愿意摆脱惯性的野果追逐、愿意站立起来走向新的天地，这个社会将永远停滞在原始森林里。如果有一些成员，甚至只有一个成员，敢于跳出森林，愿意站立起来，这个社会就会有进化的希望。

推动实现这样的理想社会，生产商的力量也许比消费者更大，因为生产商拥有资本。回顾消费主义形成的历史过程，可以看到生产商在其中扮演的举足轻重角色。为了扩大销售、为了利润最大化，生产商曾把巨额资金投入广告，不仅仅是引诱人来买了产品，更是改变了人们的心理，重塑了消费者的人格。正是生产商的努力，使20世纪的消费革命从根本上改变了社会的价值观，使消费变成了福音，使消费变成了人生幸福的核心。如果过去生产商有能力改变消费者的价值观、引诱他们作非理性的消费，那么现在生产商也应该有能力再次重塑消费者的人格、引导他们作理性的消费。在第一次消费革命中，生产商的动力是利润最大化，所以他们引诱消费者作非理性消费。在第二次消费革命中，生产商的动力应该是企业社会责任感，只有这样才能引导消费者作理性消费。引导理性消费并不是不让生产者牟利，只是不要把利润最大化作为唯一的目标。森林中的猴子可以继续吃野果，但在吃野果的同时，还要站立起来，瞻瞩更加广阔的地平线。西方的一些生产商、企业家已经站立起来了，有的为社会公益捐赠巨额财富，还有的不仅出钱，而且亲自出力办公益事业。丹侬公司和尤努斯合办的社会商务就是一个好例子，丹侬是著名的食品跨国公司，它是世界第二大的生产瓶装水和饼干的公司，它的酸奶在美国和欧洲都非常出名。它利用自己的产业特长和专业经验，亲自为孟加拉穷人的营养改良研发了一种新酸奶，物美价廉，还组织社区参与的团队每天把酸奶派送到贫困的乡村。挪威的一些大型国企也是推动实现理想社会的好例子，它们以它们特有的方式为理想社会做出贡献，譬如能源公司致力于研发各种最先进的清洁能源，金融业的主权基金设立投资伦理标准，不投资对环境、和平、健康有危害的公司和行业。这些大型企业的强大手臂，比沧海一粟消费者的纤细手指有力得多，对无形之手能产生更大的牵引力。

中国也有很多大型国企，但是它们除了做公益捐赠，似乎并没有更进一步地用它们强大的手臂来推动社会理想。我常常在想，以中国国企得天独厚的政治、经济、专业资源，它们完全可以有更大的作为。譬如最近过多资金流入房地产、引发房价高涨，金融国企难道不可以通过创新金融产品来疏导资金吗？许多中国人买房不是为了居住，而是为了投资，为了保值增值。中国人喜欢储蓄，但银行存款利息太低，人们就把储蓄投入房产。如果有一种金融产品，有良好的保值增值功能，是可以吸引人把资金投入这种金融产品，而不再盲目过度地投入房地产。以金融为主业的国企，应该通过证券组合，创造出这样的金融产品。国企拥有大量垄断行业的高利润、高收益的资产，这些资产可以给这种金融产品提供保值增值的成分。而这种产品融集到的部分资金，还可以投入到有利于可持续发展的产业。这样的的金融产品，既符合中国人喜欢勤俭兴家的传统，又可以把垄断行业的高额利润分给普通的储蓄者、投资者，同时还能疏导资金做更理性的配置，这是"理性投资基金"，是"兴家储蓄债券"。当然，从投资房地产到投资这样的金融产品，需要人们的投资观念有所转变。在第一次消费革命中，生产商改变了消费者的价值观，使消费变成了福音。在第二次消费革命中，拥有得天独厚政治经济资源的国企，难道不可能也改变一下人们的投资观念吗？这是原始森林之外的新天地，是理想社会的地平线，在这里企业可以为社会的进化做出历史性的贡献。

实现理想社会，政府的有形之手应该是更加强大的一个力量。当无形之手被非理性牵引得狂舞乱动的时候，有形之手可以做出理性纠正。当然，有形之手未必一定理性，苏联七八十年代的经济被有形之手搞得僵化，中国的"大跃进"更是有形之手的疯癫之作。正是因为有形之手有过非理性的举动，新自由主义常用这些"坏"记录来反对政府对市场的干预。不过，客观冷静地观察历史，我们可以看到，有形之手有非理性的记录，也有理性的记录，苏联的计划经济在30年代和50年代有很好的GDP增长纪录，东亚几个国家的政府积极干预经济，为创造"东亚奇迹"起了不可忽视的作用。有形之手究竟是理性还是非理性，主要决定于当政者是理性还是非理性。如果是理性的聪明人当政决策，有形之手可以运作得理性而聪明；如果是非理性的愚笨者当政决策，有形之手的行为自然会愚笨而非理性。

如何才能让理性的聪明人来当政决策呢？这大概是一个困扰了人类几千年的难题。两千四百年前柏拉图就思考过这个问题，在他设想的理想共和国里，当政决策的是一群被称为"哲学王"的人，柏拉图根据人性的差异把人分为三类：第一类是受智慧驱使的人，他们应该是当政决策的"哲学王"；第二类是受勇敢驱使的人，他们应该做战士；第三类是受欲望驱使的人，他们应该从事经济活动。柏拉图构思"哲学王"领导的共和国，是因为他从苏格拉底被民主投票处死的事件中，看到了雅典公民社会的一个致命问题。由于社会中的大多数人不能理解苏格拉底的智慧，苏格拉底的思想被视为会"毒害"学生的谬误，因此公民陪审团通过民主投票决定处死苏格拉底。柏拉图目睹他的老师苏格拉底被命令喝下毒药，慢慢死去。苏格拉底之死对柏拉图的震撼极大，使柏拉图不信任民主投票，他不认为民主能产生理性智慧的决策，因此构想了"哲学王"，让智者来领导理想共和国。

虽然从来没有出现过正式由"哲学王"主政的国家，但在历史发展的漫漫长河中，"让聪明人来当政"是一条国家求生存发展的潜规则。在中世纪的封建王国里，主政决策的是世袭的国王和贵族，世袭产生的国王贵族当然未必会是"哲学王"，不过，为了能使国王贵族更聪明一些，封建王朝总是让王子贵族们接受最好的教育。在生产力水平低下、教育资源极度缺乏的中世纪，受过良好教育的王子贵族们往往能比没有机会接受教育的人表现得更聪明一些。随着生产力水平的提高，有机会接受教育的人越来越多，在广大的受过教育的人群中，很多人会比王子贵族们更聪明，此时若能由非贵族的、更聪明的人来当政决策，肯定会对国家的发展有更大的好处。于是，废除世袭、民主选举，渐渐成为潮流。但是民主制度不设立责任的门槛，不负责任的人也来参与决策，狡诈的政客妖言惑众，情绪化的选民短视偏颇，这就使得民主决策难以杜绝非理性。此刻，那个古老的、柏拉图思考过的问题再次浮上台面：怎么才能使理性的"哲学王"们来左右有形之手、来纠正无形之手的非理性行为呢？这个问题关系到社会的可持续性，关系到人类的生存发展。

在"冷静"的冰岛海边，我更清晰地看到了问题，却没能更清晰地看到答案，我大概又要使你失望了。不过，你是实践家，也许答案最终还是要靠实践家来发现。实践家可以根据自己熟悉的实践环境中的历史路脉，找到一条通道。对于一个"普世"的问题，实践家不需要给出一个"普世"的答案，但是可以开辟一条"非普世"的出路。

在冰岛的风景名胜中，我最喜欢它的议会旧址公园。它坐落在欧亚大陆和北美大陆的边缘，恰恰在两个大陆板块断裂和衔接的地方。大西洋中脊在这里从海底升出了水面，板块间漫长的裂痕在大地上蔓延。在裂谷中的小路上，我曾沿着大西洋中脊漫步，两堵山崖耸立在我的身边，东边是古老的欧亚，西边是北美新大陆，近在咫尺。在山崖的脚下，是纯净幽深的议会湖。这里之所以被称为议会湖，是因为远在一千多年前，世界上最古老的民主议会就诞生在这里。那是在海盗时代，冰岛人每年夏天聚集在这里召开国民议会。冰岛那时的政治体制是非常奇特的，它建立了相当复杂的立法司法机构，有负责立法的法律议会，有负责司法的地方法庭、上诉法庭和一些特殊法庭，但是却完全没有行政机构，没有政府。所以，在湖边看不到政府建筑物的遗迹，只有一片空旷的山水，一派大自然的幽静。站在空旷幽深的议会湖边，我不由得想起中国的万里长城、皇宫遗址，这是多么不同的两个文化遗产！中国在两千多年前就创造了复杂的中央行政机构，政府能够调动全国的资源修建长城、挖掘运河、营造无数宏大建筑，但是中国却没有独立的立法司法机构。在这里，我不想评论孰优孰劣，只想赞叹人类文明的多元化，只希望能有更多的机会观察多元的历史路脉，从多元中得到启示。

在议会湖边我还想起了咱们在北海放帆船，你还记得咱们在少年科技馆做的那只小帆船吗？在五龙亭的石阶下，咱们把它放到水面上，它摇摇晃晃地向前驶去，带着少年的梦想。那时候咱们还不懂得人生和世界，只是幻想着它会驶向一个光辉的彼岸。在北极圈边缘的大海上，我好像又看见了那只帆船，它还没有抵达光辉的大陆，它还在航行，还在寻找着彼岸。

伊文

13

后现代的"复乐园"

远征，你好！

离开冰岛已经九年了，但那北极圈小船的影子并未在我心中消失，在寒冷的议会湖畔思索的那些问题更是时时困扰着我。这些问题也在困扰着很多人，从北极到赤道，从东方到西方，都有很多人在探索，在寻求着答案。

冰岛人这些年来也在探索，而且探索到了一个被称为"奇迹"的答案。这个奇迹答案是关于如何使国家快速走出破产泥潭。欧洲有几个国家在 2008 年至 2010 年因为金融危机和欧债危机，也跌入了破产泥潭，但没有一个国家能够像冰岛那样快速复苏。美国当年虽然没有破产，但深受金融危机重创，复苏也比冰岛慢得多。冰岛不仅复苏了，而且还改造了以前不健康的经济结构，这是其他很多国家难以做到的。

2009 年我在冰岛的时候，正是他们深陷破产危机的艰难关头，我可以深深感到他们破产后的萧条衰败，到处是烂尾楼，很多人失业，失业率达到了 7% 以上，冰岛克朗对美元贬值，以美元计工资巨幅缩水，GDP 大大下降，2009 年的负增长是 –7%……但是他们只用两年就走出了 GDP 负增长的阴影，2011 年有了 2% 的正增长，2013 年增长超过 4%，2016 年甚至达到 7.5%。最近几年，冰岛的失业率是在2%—3%之间，而欧盟国家的失业率是在7%—9%之间。冰岛的克朗也走出了贬值的阴影，2009年我在那里用1美元可以换到120多克朗，现在只能兑换大约100克朗了。

前些天，冰岛足球队在世界杯比赛中踢平曾经得过冠军的强队阿根廷，你在微信中说，看到一些中国球迷在网上赞扬冰岛的足球，也忧虑冰岛的债务，你好奇目前冰岛的债务负担究竟有多重。冰岛2008年破产就是因为沉重的债务问题，银行在私有化之后恶性扩张，三家银行的账面资产膨胀到全国GDP的九倍以上，当2008年世界金融危机造成银根紧缩的时候，它们资金链断裂，陷入破产，冰岛政府为了社会的稳定，把它们收归国有，背上了沉重的债务包袱。冰岛破产在十年前是新闻的头条消息，很多人都会记得，但此后冰岛是如何走出破产阴影，如何解决债务问题，倒是几乎没有上过头条，较少有人知道。冰岛在走出破产阴影的过程中，也在一步步地偿还债务。2016年，冰岛政府的债务与GDP的比例降到了53%。这是一个令人惊喜的数字，美国2016年联邦政府的债务与GDP比例是106%，远远高于冰岛。按照国际基金组织的标准，60%是债务谨慎的水平，冰岛目前的政府债务负担已经是优于谨慎的水平，根本不是"债务沉重"的国家了。

你一定想问，为什么冰岛能够这么快地走出破产阴影？为什么能够这么彻底地摆脱债务重负？为什么其他国家不能做到呢？要想理解冰岛的秘密，我觉得最好是对比冰岛和美国。通过这种对比，可以看到更深层的东西，不仅是表面上的不同举措，更是深层的不同理念。而这些不同的理念，折射出人类多元路径探索中的两股重要思潮。

冰岛处理私有银行造成的金融危机时，政府扮演了决定性角色，私人银行被国有化，政府直接领导其后的一系列行动。美国在处理私有机构造成的金融危机时，政府扮演的只是提供救助资金的角色，把巨额资金给了因闯祸而面临破产的金融机构，让它们自己来解决问题，政府还有意绑住自己的手脚，郑重地声明，虽然公司要为获得救助金发给政府一些股票权证，但政府绝不参与这些公司的决策投票。美国政府的这种做法是基于对市场信任的新自由主义理念，相信在自由市场中的私人企业可以做出理性的决策，而政府参与私人公司的投票是"政府干预"，他们相信市场无形之手能比政府有形之手更理性地解决问题。于是，虽然政府付出巨额救助金坐上了大股东的位子，但大股东自己主动放弃投票权。

冰岛的理念和美国不同，新自由主义在1990年之后曾经风靡冰岛，正是在新自由主义的指导下，银行被私有化，闯下了金融危机的大祸。这种经历使冰岛人对新自由主义所美化的无形之手、所丑化的有形之手有深刻的反思，这是2009年我在冰岛时所目睹的。基于这样的反思，冰岛让政府的有形之手出面主导，解决银行破产的一系列问题。政府首先是把那三大银行国有化，名正言顺地坐上决策者的位子，然后成立特别调查委员会，对整个事件进行全面深刻的调查，寻找原因，吸取教训。

由于主导力量不同，冰岛和美国在处理金融危机相关问题时的举措也不同。冰岛把破产的私人银行国有化之后，将银行的资产分成两部分，一是国内部分，二是国外部分。对国内的部分实行即刻的救助，对国外部分则采取了暂停付债的举措，并且派出专家团队，在政府背书的强大支持下，和外国债权人谈判各种延期付款的方法。银行破产涉及的国内部分主要是国内民众的存款，如果不即刻救助的话，民众的存款会化为乌有，这一方面将严重损害百姓的利益，另一方面也将严重打击大众的消费能力，使已受重创的冰岛经济更进一步地疲软衰败。国外部分的债务涉及的是外国人，小小的冰岛实在是无力即刻救助这些"国际民众"，但它也理性地寻求负责任的解决方法。冰岛和外国债权人的谈判起起伏伏持续了很多年，这期间冰岛的经济快速复苏，冰岛最终有能力来偿还这些外部债务，使"国际民众"的问题得以解决。冰岛的有形之手在危难之中处理这些复杂问题的时候，政府还实行了一项被新自由主义痛斥的举措——资本管制。当破产危机发生之后，冰岛政府立刻宣布实行资本管制，以防大量资本逃离冰岛，因为这会给岌岌可危的经济雪上加霜，使经济进一步崩溃，使复苏更加困难。管制的确为稳定冰岛经济做出了巨大贡献，在稳定的基础上经济才得以快速复苏。管制实行了近十年，慢慢地逐步放松，2017 年才完全取消。此时，冰岛根本不用担忧资金逃离了，因为近年来已有大量资金涌入了冰岛，这里再次成为投资者的理想天堂。

在处理银行破产造成的金融危机时，冰岛政府认真追究了责任人，肇祸银行的高管、政府的相关人员都是重点调查的对象，目前已有二十多人被判刑入狱，包括三大银行的高管。冰岛的这种做法得到国际好评，也使很多美国人感到汗颜、无奈、不平，因为美国的肇祸者没有一个被判入狱。对于肇祸的个人，美国的惩罚顶多是罚款和禁止担任某些职位，而且被罚的人数很少。美国被罚的主要是公司，公司作为一个整体来接受惩罚，来付出公司罚款，而这样的公司罚款是由全部股东承担的。美国公司的股东数量极多，普通人的退休基金和投资基金中都会有公司的股票，也就是说，这些普通百姓作为股东都要为罚款埋单，即使他们对公司的肇祸行为一无所知。那些肇祸行为是高管们一手操作的，但他们个人却不埋单，更有甚者，一些高管竟然还从公司领取巨额奖金。很多接受了政府救助金的公司，以各种名义给高管们发钱，这让普通美国人感到非常愤慨。救助金是纳税人的钱，罚款是纳税人中的无数小股东付出的，而真正要对金融危机负责的高管们不仅自己不埋单，还从被金融危机伤害的纳税人手中再次刮钱。这些公司之所以能够这么做，是因为公司是由高管们把持的，而政府主动放弃了投票权，使肇祸者仍然可为自己个人利益最大化再接再厉。《纽约时报》的记者到这些公司去采访调查过，看到很多高管把救助金当作政府给的一笔"没有任何附加条件"的"洋财"，拿这些钱为自己做各种各样的牟利投资，而根本罔顾广大借贷利益受损的民众[1]。美国处理金融危机的这些举措，不但没有使金融界高管们受到应得的惩罚，还让他们发了一笔"洋财"，

---

[1] Mike McIntire: "Bailout is a Windfall to Banks, if Not to Borrowers"，《纽约时报》，2009年1月17日。

这让资本看到了一条"利润最大化"的金光大道，美国的金融业在危机后继续膨胀，在 GDP 中的占比继续上升，经济结构继续脱实向虚。而冰岛的举措使金融业有了深刻的反省，在冰岛经济的复苏中，实体经济大大发展，改变了以前不健康的经济结构。

美国金融业的膨胀，使金融利益集团在美国政治中的影响力越来越大。这种影响力的形成与美国政治中的两项独特制度直接相关，这就是"游说制度"和"政治献金制度"。1990 年代金融集团就是通过游说国会议员格兰姆等人，得到了金融业去管制的法案，正是这种去管制，使得金融畸形膨胀，最后导致了 2008 年的金融危机。面临危机的巨大压力，2010 年美国国会通过了《多德弗兰克法案》，对金融业又加强了一些管制。金融集团把这些新管制视为眼中钉，又全力以赴加紧游说，2018 年他们再次成功，这些管制被修正减轻了。美国的政治理念捍卫游说的权利，认为这是自由竞争，必须受到保护。事实上，这种竞争虽然是自由的，但不是平等的，因为游说需要的特殊资源，大多数人并不拥有。美国有很多游说公司，在国会有极好的人脉关系，不少退休的议员就在游说公司任职。游说公司的费用很高，金融集团有财力高价雇佣游说公司，普通人哪里支付得起呢？政治献金制度是美国政治中的奇葩，非常有利于多金的利益集团。政治献金是个人献给政客进行竞选活动的经费，献金者的目的是让收了献金的政客在当选后为其利益服务。美国的竞选活动是要耗费大量金钱的，政治献金在决定竞选胜负方面有着举足轻重的作用，这使得献金者获得了巨大的影响力。美国对于个人政治献金的金额是有上限的，每人每次付出的献金不能超过2500美元，这种规定本可以对富人利用献金操纵选举起到一定的限制作用，因为虽然穷人出不起2500美元的献金，富人也不能无限制地多献。但是财团和富人通过游说争到了有利于自己的献金法规，首先是争到"政治行动委员会"自发作竞选广告可以不受金额限制的规定，后来更是争到"政治行动委员会"可以接受无限制献金的规定。所谓"政治行动委员会"是富人成立的一种组织，用来进行政治行动以影响竞选。美国允许自发做广告和接受无限制的献金，其理由是"言论自由"，做竞选广告是"言论"，受"言论自由"的保护，不能限制人用多少金钱来发广告。在自由竞争、言论自由的鼓舞下，利益集团强势登场，各自为自己的狭隘利益竞争对抗。美国这些年来形成了重竞争、强对抗的政治文化，国会中经常出现不妥协的竞争僵局，导致政府关门停摆、很多重要法案无法通过，重大问题难以解决，这让很多美国人感到深深的失望。

冰岛的政治中较少这种重竞争、强对抗的现象，2009年我就感受到了冰岛人和委内瑞拉人之间的鲜明对比，即使在破产危机的痛创中，冰岛人仍然能够保持冷静和宽容。在整顿破产、复苏发展的年代里，冰岛表现出了与美国式的竞争对抗不同的政治文化。破产危机发生后，冰岛有过三次大选，议会中各党派的席位比例一直在变化，各党派虽然有不同的政治倾向和理念，但他们能够协商、妥协、合作，成立联合政府来务实地解决问题。

这种协商合作的政治特色现在在北欧国家常常可以看到，不过在20世纪前叶，北欧国家也经历过暴烈的冲突对抗。那时挪威和瑞典就长期陷入过对抗性的罢工冲突泥潭，是当时世界上罢工率最高的国家之一。有些罢工对抗冲突是非常血腥的，譬如1931年的瑞典造纸厂罢工事件，军警开枪镇压，五人被打死，多人受伤。从冲突对抗到协商合作，政治文化的这种转变，是伴随着北欧社会民主党的执政治理。1931年瑞典造纸厂罢工血案之后，社会民主党上台执政，开始努力引导劳资之间的妥协，1938年成功促成工会联盟和雇主联盟签署了合作妥协的盟约，此后就逐渐形成了协商风气，在谈判工资和劳工待遇的时候，雇主和雇员使用协商的渠道来达成妥协的共识，这对双方、对社会都有利。这种风气一直延续下来，对发展北欧特色的民主社会主义贡献巨大。北欧的民主社会主义和美国的自由资本主义很不相同，北欧模式强调平等，美国模式则罔顾不平。1990年代美国模式曾经风靡世界，但在2008年金融危机之后，北欧模式受到越来越多人的赞赏，甚至在美国这个反社会主义传统悠久的国家，主张要搞北欧社会主义的桑德斯在总统初选中都得到了大量的支持，因为很多美国人也看到了北欧模式比自由资本主义的优越之处。

冰岛主要有三个大政党：社会民主联盟、独立党、左翼绿色运动。2009年我在冰岛的时候，曾经和社会民主联盟竞选总部的人有过深入的交谈，咱们之前的信也谈到过。那时社会民主联盟的选情很好，果然那年的大选他们大获全胜。冰岛的社会民主联盟继承了北欧社会民主党的传统，这种传统是从欧洲19世纪的社会主义思潮中演化出来的。19世纪时欧洲的社会民主党和马克思主义关系密切，很多马克思主义政党使用了"社会民主党"的名称。但在后来的发展过程中，一些政党改名成为共产党，另一些仍然自称社会民主党。共产党和社会民主党的重要分歧是，共产党主张通过暴力革命推翻资产阶级的国家政权，然后建设社会主义，而社会民主党则更主张通过和平民主的方式进入社会主义。20世纪中叶以后，社会民主主义思潮和社会民主党又有了更多样化的发展，不仅表现在如何进入社会主义方面，也表现在如何构建社会主义方面。有的社会民主党人表示，社会民主主义可以兼容资本主义，可以搞社会主义和资本主义的混合体系，不是要全面消灭私有制，更不是要搞苏联那样的计划经济，他们主张对市场、对资本进行政府干预，但不是把它们完全消灭。北欧模式是在社会民主主义思潮发展中涌现出的一个成功的实践模式，其特点是允许资本主义和私有制存在，但政府对市场和资本进行干预，通过高税收支撑高福利，通过再分配实现社会平等。

独立党是冰岛的老牌政党，早在冰岛和丹麦还是"丹麦冰岛联盟"一个国家的时候就成立了。独立党当时的诉求是冰岛要从"联盟"中独立出来，"二战"时期，纳粹德国占领了丹麦，但没有占领冰岛，于是冰岛在1944年就宣布从"丹麦冰岛联盟"中独立出来。自从独立之后，独立党在议会选举中屡屡获胜，长期是议会中的最大党，但是2009年输给了社会民主联盟。这是因为它主张新自由主义的经济政策，主导了银行私有化，面对银行私有化之后的破产惨剧，很多人不再把票投给它。不过独立党毕竟是社会基础很扎实的老牌政党，2013年的大选中它又夺回很多席位，再次成为议会中的最大党。目前它和社会民主联盟、左翼绿色运动组成了三党联合政府。

左翼绿色运动是个新兴的政党，它主张生态社会主义。20世纪后期，生态社会主义思潮在西方引起了很多人的兴趣，这种思潮结合了马克思主义、社会主义、绿色政治、生态学等等的理念。生态社会主义者认为，资本主义的全球化造成了当前世界的一系列问题，环境恶化、贫富悬殊、社会撕裂、战争冲突……要想解决这些问题就必须改良资本主义，必须对抗新自由主义的全球化。冰岛的左翼绿色运动是北欧绿色左派联盟中的一员。

这三个理念不同的政党在金融危机后的几次选举中，席位各有升降起伏，反映了冰岛人在寻求发展中的理念变化，有时更多人倾向于民主社会主义，有时更多人倾向于新自由主义，有时更多人倾向于生态社会主义……当这些理念付诸实践的时候，会出现各种各样的问题，他们在实践中改变着观念，探索着出路。

使冰岛能够快速走出负增长的一个重要原因是旅游业的发展。冰岛破产后，克朗大幅贬值，外国人到冰岛旅游即刻便宜了很多，吸引了很多游客。冰岛抓住了这个商机，大力发展旅游业，游客人数直线上升，即使后来冰岛克朗汇率上升之后，由于冰岛提供了高质量的旅游服务，游客数量仍然持续上升，目前游客人数已经比2009年增加了三四倍。旅游业的迅猛发展，使得GDP结构和出口结构都有所改变，旅游业的贡献已经超过了传统的渔业。2009年我在冰岛看到的那些"烂尾楼"，现在很多都已经被旅游业消化掉了。旅游业的发展带动了房地产业的蓬勃，这些年房地产蓬勃得火红火热，已经有人在担忧是否会发展"过热"。旅游业为冰岛做出的另一个大贡献是就业，不过，这种贡献中也隐含着问题，因为旅游业提供的就业机会多数属于“低端”的，对于受过高等教育的冰岛年轻人来说，他们对这类工作不感兴趣，目前不少年轻人到海外去寻求“高端”工作。如何解决这个问题，冰岛人正在探索，有从市场角度着眼的，也有从政府干预方面着想的，总之，无形之手和有形之手都要想法利用。

2009 年我在信中曾经跟你说过冰岛人关于修水库和建炼铝厂的热烈辩论，类似的辩论现在也在进行，因为又有新的炼铝厂要修建。独立党在 2013 年的大选中夺回很多席位，新自由主义因此又占了上风，又有了制定政策的决策权，炼铝业立刻获益，一个新的炼铝基地被批准。于是老辩论又浮上了台面，新自由主义与环保主义、现时利益与未来利益、个人利益与社会利益、市场和政府在资源配置中的作用……这些十多年前在水库铝厂大辩论中激烈交锋的思潮和观念，今天又再度回荡。十多年来的实践、经验、教训，使人们对问题有了更深刻、更成熟、更新颖的看法，辩论在更高的层次上进行着。

冰岛的辩论一直使我有醍醐灌顶、甘露洒心的感觉，当年如此，现在也如此，因为辩论触及到了关于发展的深层问题。在以前给你的信中，我曾经心潮澎湃地给你讲我那时的联翩浮想。现在，当我静下来，当我在这九年中看到了世界更多的变化，我有了一些更为理性的总结。

我思索的核心问题是“市场”，冰岛新自由主义者相信，自由化的市场是经济发展的最好动力，世界上也流行着“市场配置资源最有效率"的信念。这个信念是正确的吗？

于是我思考的第一个问题是：如何从理论上来解释市场配置资源是最有效率的？

西方古典经济学鼻祖亚当·斯密在 18 世纪对这个问题给出了理论的解释，提出了"市场无形之手可以实现社会资源的合理配置"的理论。其理论逻辑是：人是理性的，知道购买什么东西才能够满足自己的利益，人们会根据自己的利益需要在市场上发出消费需求的购买信号，当某种商品的消费需求增大，该商品的价格也会增高，生产该商品的利润回报就会增加，追逐利益的理性会驱使生产者把更多的资源投入该商品的生产；当该商品的供给增加之后，其价格会降低，利润回报会减少，生产者也会逐渐减少对该商品的投入，转而把资源投入其他需求大、价格高、利润好的商品。如此基于个人追逐利益的理性而形成的资源配置，正是无形之手通过市场的价格机制所造就的，最终使消费者得到了想消费的东西，使生产者得到了想获取的利润，这就是社会资源的合理配置。这个无形之手的解释，从理论方面来看，是可以被人接受的。

我思考的第二个问题是：从实践方面来看，这个无形之手的理论经得起检验吗？

回顾西方的经济实践历史，我们可以看到，在 18、19 世纪的时候，西方发生过许多经济小危机，在危机中价格起伏调整了资源配置，使得西方经济能够不断繁荣发展，这显然是无形之手的成功贡献。但在 20 世纪 30 年代，西方经济发生了一场大危机，价格一落千丈，无形之手好像瘫痪了，无力调整价格，无法配置资源，经济陷入大萧条的泥潭。此时，美国罗斯福政府的有形之手伸了出来，推出了政府主导的大量需求，扩大了社会总需求，给市场输入了氧气，经济起死回生。从此，政府干预市场的新政取代了市场自由放任主义。"二战"之后，美国继续实行凯恩斯主义的干预政策，三十来年持续繁荣，极少发生危机。到了70年代，却又出现了新的情况，阿拉伯和以色列的战争造成石油价格暴涨，美国经济出现了"滞胀"的怪现象，经济萧条与通货膨胀同时出现，凯恩斯主义束手无策了。对于"滞胀"的怪现象，新自由主义指责是凯恩斯主义的干预造成的，他们主张要限制政府的干预，要让市场无形之手自由活动，如此才能使资源配置有利于经济发展。在八九十年代，新自由主义崛起，"去管制、小政府"成为主流，无形之手松绑了，市场自由地配置着资源。在新自由主义政策的指导下，美国经济增长了二十多年，但好景不长，去管制的自由化市场最终造成了2008年的金融大危机。由此可见，在西方二三百年的经济实践中，无形之手既有在18、19世纪的成功，也有在20、21世纪的屡屡失误。

我思考的第三个问题是：为什么无形之手在前期能够频频成功，在后期却会屡屡失误？无形之手发生了什么变化？这变化又是什么引起的？

从19世纪到20世纪，西方社会发生了很多变化，其中有一个对无形之手极有影响，即"温饱满足"。你也许会奇怪，为什么温饱满足会影响无形之手？这需要从亚当·斯密理论中的一个漏洞讲起。根据他的理论，个人在市场上追逐自己的个人利益，市场可以通过价格机制把资源配置得有利于社会利益。这里的漏洞是，无论是"个人利益"还是"社会利益"，他都没有说明是"现时利益"还是"未来利益"。在很多情况下，现时利益和未来利益是不同的，是有矛盾的，享受了现时利益就会损害未来利益，顾及未来利益就要牺牲现时利益。但是，在某些情况下，现时利益和未来利益可以是一致的，温饱就是一个典型的例子。满足温饱是现时利益，同时也是未来利益，因为没有温饱，人的现时生存和未来发展都会受影响。所以，当人们追逐温饱满足、消费温饱类产品的时候，市场会把资源配置去生产温饱产品，这对于社会的现时利益和未来利益都会有利。在 19 世纪及以前，由于生产力低下，很多人温饱匮乏，大多数人的消费以温饱产品为主。这种情况可以通过恩格尔系数看到。恩格尔系数是指食品消费在总消费中所占的比例，当恩格尔 1857 年在比利时进行调查的时候，那里人的食品消费占总消费的 60% 以上[1]。温饱产品是对现时利益和未来利益都有利的，当消费以温饱产品为主时，无形之手在那时可以表现成功。但是这种情况在 20 世纪发生了变化，恩格尔系数大大下降了，在人们的总消费中，食品消费的占比减少了，温饱类的消费比例降低了。人们开始有大量"闲钱"来消费超越温饱

---

〔1〕 恩格尔（Ernst Engel，1821—1896），德国统计学家。关于 1857 年恩格尔的比利时相关研究，参阅 Manisha Chakrabarty (Indian Institute of Management Calcutta, India) 和 Werner Hildenbrand (University of Bonn, Germany)："Engel's Law Reconsidered"，德国波恩大学论文，2009 年。

的东西。这些非温饱产品的现时利益和未来利益就不再像温饱产品那样简单一致了，有的现时利益很好，但未来利益却很差，譬如买一辆大排量汽车现时享受，给未来的环境造成了污染；有的现时要吃些苦，但未来会得到很多利益，譬如花钱去读书，现时寒窗苦，但未来可以找到好工作。在温饱满足后的富裕时代，人们的非温饱消费比例很大，如果其中的一些消费是非理性的，是损害未来的及时行乐，就会使市场的资源配置有害于未来利益。美国借次贷的很多人，只顾享受豪宅的现时利益，罔顾未来的风险，结果市场把大量资源配置给豪宅次贷，酿成未来的金融危机。面对温饱后市场的这个变化，应该如何应对呢？

我思考的第四个问题是：温饱满足之后，什么东西对人类的生存发展更为重要？资源应该配置到什么地方才能有利于社会发展的长远利益？

在温饱匮乏的时候，影响人类生存发展的重要因素是温饱，没有温饱就无法生存，更无法发展。当温饱满足之后，又有什么重要的因素影响着人类的生存发展呢？我们可以看到，温饱后有三大致命因素严重困扰着人类的生存发展，这就是疾病、环境、安全，而影响这三大因素的行业主要有六个：医疗、环保、治安国防、教育、科研、基础建设。很显然，如果把资源配置给这六大行业，将帮助人类减轻那三大致命因素的困扰，将有利于社会的长远利益。

我思考的第五个问题是：谁能够合理而高效地把资源配置给这六大行业呢？无形之手能够吗？有形之手能够吗？

由于这六大行业涉及很多公共产品和准公共产品，市场一般不会给这些不能实现"个人即时利益最大化"的行业配置足够的资源。不过，如果进一步深思，市场在某些条件下，也有可能有所改进。市场的改进，取决于市场中行为者的自我改进。市场中的行为者主要有两大类：消费者和生产者。如果市场中的消费者和生产者能够超越"个人即时利益最大化"的惯性思维、惯性行为，市场就能够有所改进。如果消费者很重视未来利益，主动自觉地消费环保产品、教育产品，不及时行乐而喜欢基础科研，积极参与各种基础科研相关的活动，就能够在市场上形成对这些行业的殷切需求，就能够影响无形之手的资源配置向这些行业倾斜。如果生产者有企业社会责任感，超越了"个人即时利润最大化"的狭隘思维，以社会未来利益最大化来平衡自己的生产行为，就能够对这些行业投资，牵引无形之手进入这些行业。那么，消费者和生产者能不能超越个人即时利益最大化的惯性思维和惯性行为呢？这取决于他们能不能获得重视未来、重视群体的新觉悟，取决于社会能不能形成新的文化氛围、价值氛围。至于如何才能够重塑新氛围、重建新觉悟，这是需要你们这些实践家来解决的问题。在不同的社会、不同的历史文化传统中，蕴含着不同的重未来、重群体的元素，需要用不同的方法把这些元素调动起来，展现出来。除了市场的无形之手，政府的有形之手也是配置资源的强大力量，这有形之手是不是一定会理性地把资源配置给这六大行业呢？这取决于政府中的执政者们是否是理性的，是否以社会长远利益为重。我们看到过自私短视的执政者，也看到过为公远瞻的执政者。关于如何才能形成理性、为公、远瞻的政府，我们讨论过无数次：我们讨论过哲学王，讨论过优主主义，讨论过民主主义……我想我们的讨论还会长期地继续下去，因为这个问题难以取得"历史终结"的结论。[1]

看来，我的枯燥理论思考是要终结于对实践探索的期望上，当然这终结只是暂时的，我们的思考和探索将不断地持续。当前令我特别感到鼓舞的是，我看到我们时代的很多人也在进行着这样的理论思考和实践探索。他们有的刚刚得到温饱满足，有的已在温饱富裕的环境中享受了很多年，他们有不同的社会文化背景，处于不同的国家地区，他们生活在不同的政治经济体制中，行走在不同的历史路径上……虽然他们的处境与我们的不一样，但是他们的思考和探索可以给我们启示，使我们未来的思考和探索有更多的参考。我所看到的冰岛和北欧，是沿着民主主义的路径进行着探索，他们的探索有可能成功，也有可能失败，无论成败，都可以提供温饱之后人类社会应该如何发展的经验和教训。

在芬兰，正在进行着一个探索性的社会试验，这是去年开始进行的。虽然参与人数很少，只是一个小试点的试验，但引起了世界上很多人的关注。这个试验是关于"全民基本收入"的政策[2]，在温饱富裕的社会中，政府是不是应该给全民提供基本收入

---

[1]　关于市场理论的论述参阅尹伊文：《美好政治——对自由、民主、市场的反省》(即将出版)。

[2]　芬兰的全民基本收入试验起于2017年1月，持续两年，有2000名参与者，都是随机抽样的失业人士。

呢？提供后会产生什么后果呢？……"全民基本收入"的理念在西方已经讨论了至少二百多年，有各种各样的理论和建议，总的思路是要给全民免费提供满足基本生活需要的收入。至于提供这样的收入是为了什么目的、可达到什么结果，则众说纷纭。有人强调是为了解决因贫偷盗等社会治安问题，有人认为可以消灭贫困、实现公平，有人希望以此可简化福利机构、减少官僚人数，有人觉得获得基本收入后人们可以去从事一些高尚而无利可图的工作……当然，也有很多的人反对全民基本收入，他们的意见主要集中于两点，一是财政赤字会增加，二是国民会变得懒惰。

芬兰是富裕发达的国家，当生产力达到了如此水平的时候，国家的财政能力是否能够可持续地承担全民基本收入的支出呢？这是芬兰试验可以解答的一个问题。当人们获得了基本收入，他们会不会变得懒惰？他们不就业是少生产了财富，还是少耗费资源去生产与生活必需品无关的东西？这也是芬兰试验可以提供启示的。我更想知道的是，当人们有了基本收入之后，他们是会沿着惯性去追求更多的即时享乐，还是有可能摆脱惯性，去思考更加长远、更加高尚的问题，去从事无个人即时利益可图、但有着社会长远意义的工作？

越来越多的国家正在达到温饱满足的水平，这是人类历史上第一次，人终于摆脱了温饱匮乏的束缚。我们正是属于这幸运的一代人。人类登上了温饱满足的地平线后，又要向何处去呢？温饱满足曾经是昨日追求的目标和梦想的乐园，但当今天踏入了这个乐园之后，很多人却发现，这里并非想象中那么快乐，而且还存在着许多以前没有想到的问题，于是他们要探寻新的理想乐园。

我不仅看到北极圈附近的小船在探寻，还看到很多很多的小船，在地球的各个地方探寻。在下一封信里，我要告诉你另一只小船的探寻故事，它离我们的祖国更近，有着和我们更为近似的历史和文化，他们的探寻可以给我们更亲切的启示。

伊文

14

乐园追寻的曲折迷茫

远征，你好！

我要告诉你的这个新的探寻故事发生在越南。2018年春节我去了越南，越南人和中国人的很多习惯是相似的，过春节就和我们一样。越南与寒冷的冰岛、遥远的欧洲很不相同，那里是世界的"中心"，这里是世界的"边缘"。不过，这里的人和那里的人有一点是相同的，他们都向往美好生活，都希望寻求到美好的乐园。

这次在越南，我深深地体验和感受了他们一个多世纪以来的乐园理想追寻。越南既是一个边缘的国家，也是一个中心国家的殖民地。在它曾经追寻过的理想乐园中，既蕴藏着边缘的传统价值元素，也深嵌着从中心投射来的理想模式的影子。随着历史的变迁，随着人们一次次的希望与失望、憧憬与迷茫，那些理想乐园的内涵在变化着，自由主义、共产主义、计划经济、市场经济……他们的心路历程与中国有很多相似之处。

越南沦为法国的殖民地是在19世纪，与中国遭受英、法等西方列强入侵的时间差不多。中国人口众多，疆域广阔，体量庞大，单个西方国家难以一口独吞，中国没有完全沦为殖民地。体量狭小的越南就没有如此的幸运，法国单枪匹马可以征服越南。1859

年拿破仑三世下令法国炮舰猛攻越南中部的岘港，接着挥舰南下，占领了西贡。当时的越南政府是君主制的阮朝，其首都承天府在中部的顺化（离岘港不远）。面对法国海陆的步步紧逼，身临重兵压境的蛮横胁迫，阮朝政府不得不一次又一次地签订屈辱条约。1862年签订了第一次的《西贡条约》，割让了南方的三个省，还开放了三个通商港口；1874年又签订了第二次的《西贡条约》，割让了北方的领土，并开放了北方的商贸口埠；1883年签订了《顺化条约》，承认越南为法国的保护国，降国格为法国的殖民地。

在保护国的政治框架中，阮朝政府还继续苟活着，但已丧失了主权，沦为法国人的"管家"，要听命于法国人，为法国人来管理越南。法国是需要当地人来为它进行管理的，为它管种植园、管税收、管各种行政杂事。越南是法国的"稻米仓""橡胶仓"，这里的气候和土地适于种植稻米和橡胶，法国人强占了大片土地，建立了大量的种植园。原本生活在这些土地上的小农，有的被强制迁徙到其他地方去，有的被征召进入种植园做劳工。这些种植园劳工被戏谑地称作"苦力"（coolier），他们的工作时间超长，甚至高达每天15小时，饮食状况非常差，卫生状况更是恶劣，疟疾痢疾在橡胶园中肆虐，劳工的死亡率很高。这些种植园不仅需要当地的劳工，也需要当地的管理人。殖民当局还设置了名目繁多的税项，需要当地人来监管征收。在以后的年代里，法国人为了收到更多的酒税和鸦片税，千方百计让越南人在村中开设酒馆和鸦片馆，这些工作都需要当地的"管家"来推动执行。

在法国殖民统治下，阮朝中的一些人成为了法国人的"管家"，但也有很多人进行了反抗。1885 年阮朝年仅十五岁的皇帝咸宜帝就进行了反抗，先在顺化发起暴动，被法军镇压后逃出顺化。他的反抗引发了"勤王运动"，不少地方起兵反法。不过，反抗的力量难敌强大的法军，咸宜帝后来不得不退入丛林，负隅顽抗，他始终拒绝和法国人合作。1888 年，法国重金收买了咸宜帝身边的近侍，将他捕获，关入顺化的监狱。法国殖民当局既怕杀害咸宜帝引起朝野震撼动乱，也怕咸宜帝的存在成为抗法的精神召唤，因此采取了"流放"的方式，把他流放到遥远的非洲。阿尔及利亚是法国在非洲的殖民地，法国选择那里作为咸宜帝的流放归宿。当咸宜帝登船踏上流放之路的时候，他望着祖国的故土痛哭失声。咸宜帝的恸哭声中，饱含着那一代越南人的丧国之痛，凝聚着要复国、要独立、要民族复兴的悲壮理想。

参与咸宜帝抗法活动的人，很多是阮朝的士大夫，他们的悲壮理想是要"复国"，要把法国人赶走，要恢复传统的帝制王朝。越南曾经被中国统治了一千多年，从秦朝至唐朝后的五代，越南都归属于中国，深深地受到了中国文化的影响。自宋朝起，越南独立了，但中国文化已经留下了复制的基因，越南的很多制度都和中国一样。中国实行科举制，越南也是科举取士，朝廷官员多是科举出身的士大夫，他们熟读儒家诗书，使用中国文字。在河内的文庙里，我看到楹联上无数的儒家训诫，"吾儒要通经，要识时，无拘故也，尚思圣训永相敦。""士人报答为何哉，朝廷选就之恩，国家崇尚之意。"……这个文庙最初是供奉周公和孔子的，后来又设置了国子监大学，培养儒家士大夫。在这样的文化大背景中成长起来的越南士大夫，他们心中的美好乐园是儒家的周公之制，他们的悲壮理想就是要赶走法国人，恢复传统的帝制王朝。

不过，随着西方文化的入侵，越南的文化大背景发生了变化，法国人办了很多新学校传授西方文化知识，既用法文，也用越南文。在19世纪末、20世纪初，越南涌现出新一代的反抗者，他们虽然仍保留了很多儒家传统意识，但也吸收了西方的新观念，他们的理想乐园不再是周公之制，他们的复国理想不再是重建帝制王朝。他们想重建的国家包含很多新元素，比如西方的科学技术、共和制、自由主义……需要哪些新元素？应该坚持哪些老传统？这些问题在新一代反抗者中激烈地辩论着、探讨着，他们寻找着新的理想乐园。

胡志明的父亲就属于这一代的反抗者。胡志明的父亲接受的是传统儒家教育，参加过科举考试，通过考试之后他本应该出任朝廷的官员，但他拒绝了任命，因为不愿意做听命于法国人的官员。他回到乡间办了一所学校，在那里教育学生，也在那里和附近的知识分子聚会讨论，讨论的题目都是那一代反抗者思索的问题。

胡志明在这样的环境中成长起来，他从小就爱听父亲和朋友们的讨论，爱思考那些问题。他在乡间学校接受了一段时间的教育，十五岁时进入了城里的学校，学习法文和更多的西方知识。两年后的1907年，胡志明考入了顺化的国家学院。这是一所"名校"，有良好的学习条件，毕业后会有很好的就业机会。但是没有等到毕业，第二年胡志明就被学校开除了，因为他支持来顺化抗议示威的农民。1908年，越南的农民因为税负太过沉重，涌入顺化来抗议。胡志明很同情农民，参加他们的活动，还把他们的要求翻译成法文。当局驱散了农民，开除了胡志明的学籍。

那一年胡志明十八岁，他失去了在"名校"受教育的机会，转入了一所更为广阔的"社会大学"。他从中部来到南方，迁徙辗转，始终在思考着那些关乎祖国前途命运的问题。"民族独立"是他思考的中心。那时社会上也流传着各种各样关于独立的思潮，有各国的独立模式，有各种的独立策略方法……越南被外国打开了门户，被外国闯入欺凌，外国抛来了无数新思想，外国蕴涵着无数遥远的神秘。胡志明燃起了到外国去看看的梦想，他既想去看看神秘面纱下的外国，也想去看看是否可以得到外国的帮助来推动越南的独立。"独立"是他理想乐园的核心。

1911年，二十一岁的胡志明从越南的"社会大学"转入了世界的"社会大学"，开始了他的"看看世界"的历程。他在一艘法国轮船上做厨房帮工，那船是从西贡去法国马赛的。此后的五六年中，胡志明在很多轮船上打工，足迹踏遍欧、亚、非、南北美大陆，他到过的国家难以计数，英国、美国、巴西、印度、印尼、沙特、突尼斯、塞内加尔、马达加斯加……在美国和英国，他还停留下来打零工，小住一段时间。在这所世界社会大学中，他对资本主义、殖民主义有了更深刻的体验和认识。他看到西方社会的发达，也看到西方政府对本国人的压迫，白人并不仅仅压迫殖民地的非白人，也压迫本国的穷白人，不给这些本国的白人以自由。他还看到西方国家官员不仅有"坏白人"，也有"好白人"，他们比较宽容，给被压迫者一些自由。在亚非的其他殖民地国家，他看到那里的人经受着类似越南的苦难，他们都渴望自由，渴望从殖民主义的压迫下独立。在胡志明的"独立"理想中，逐渐融入了"自由"的概念。儒家的传统概念中没有"自由"这个概念，这是西方自由主义的核心概念。在吸收了西方的"自由"概念之后，"独立"就被诠释为"从殖民主义统治下得到自由"。不过，这里的"自由"强调的是国家作为一个整体的"自由"，而不是西方自由主义更为强调的个人自由。

1917 年，胡志明在巴黎停留下来，结束了在海船上浪迹天涯的生活。他找到一份工作，在一位越南人经营的照相馆中给黑白照片着色。那时巴黎有相当多的越南人，因为在第一次世界大战期间（1914—1918），大量法国人应征入伍，法国缺乏劳动力，很多越南人被召到法国去做工。在巴黎，胡志明不仅融入了越南人的社群，也进入了法国知识分子、社会活动分子的团体。"一战"时期西方社会矛盾尖锐，刺激着人们去思考，各种思潮活跃，企图解答社会面临的问题。胡志明对左翼思潮，尤其是对社会主义的思潮特别感兴趣。

1918 年 11 月第一次世界大战结束，1919 年战胜国召开了巴黎和会。胡志明和很多越南人都希望巴黎和会能够给越南带来独立自由，因为战胜国之首的美国总统威尔逊提出了理想主义的和平"十四点"，其中的一条重要原则是民族自决，尽管具体言及的主要是被奥匈帝国和奥斯曼帝国统治的民族，但"十四点"中有一点是讲平等对待所有殖民地人民，这应该是包括越南的。

在越南，胡志明的像随处可见，这是悬挂在胡志明市的西贡老邮局内的巨幅画像。这个老邮局是法国人在 19 世纪建造的，充满法国的文化风情。越南独立建国后，胡志明住在法国人留下的河内总督府大院中，但他没有住进总督的豪华精美大厦（左下图），而是住在院中后来搭建的木结构高脚小楼中（右下图），这个高脚屋与在抗法战争期间胡志明在越北根据地中住过的房屋类似

　　威尔逊是美国历史上著名的理想主义总统，他的理想基于进步主义。美国的进步主义思潮在19世纪后期活跃发展，那时美国正经历着"镀金时代"，自由资本主义带来了经济的蓬勃发展，也带来了自私、贪婪、腐败、不公……这些前所未有的丑恶现象刺激了人们去思考和寻找"进步"的出路。人类的科技进步推动了资本主义发展，而资本主义造成的资本垄断和贫富不公却又阻碍了人类的继续进步，因此需要改革资本主义。威尔逊在国内推动了反对垄断资本、加强金融干预、扶助弱势群体的一系列改革，在国际上他主张民族自决，提倡平等关系，倡议建立国际联盟来处理国际问题。

　　进步主义的思潮，自由民主平等的理想主义，吸引着胡志明和很多越南人，他们成立了越南爱国者协会，胡志明以"阮爱国"的名字起草了一份"八点要求"的请愿书，递交给法国的议会和总统，还发给了正在凡尔赛参加巴黎和会的威尔逊以及其他外国政要。这份请愿书的基调是自由主义的，渴求摆脱帝国主义的殖民统治，建立起自由民主平等的国家。

　　胡志明对威尔逊抱着巨大的期望，因为威尔逊信奉进步主义，而请愿书所提出的要求都是符合进步主义的，应该是志同道合的共同理想。威尔逊的助理给"阮爱国"回复了短信，表示收到了请愿书，感谢他在协约国胜利的时刻来信。但此后就再也没有下文了，这使得胡志明对美国深深失望。对法国的失望就更大了，因为法国不仅没有任何人回过信，法国当局还千方百计调查"阮爱国"，让巴黎的警察和越南的殖民政府调查此人是谁、有什么背景、搞过什么活动……甚至对胡志明展开跟踪盯梢。

美国进步主义的美好言辞在纸上闪烁，法国大革命"自由、平等、博爱"的标语在巴黎处处可见，但在现实中，这一切却是空中楼阁，没有给理想乐园铺设可行之路。胡志明失望地向朋友抱怨，威尔逊的"自由之歌"是骗人的。此时，共产主义向他展示了另一条道路、另一个希望。胡志明参加了法国共产党，大量阅读马克思、恩格斯、列宁的书籍。1920 年列宁为共产国际起草的《民族和殖民地问题提纲初稿》给了胡志明极大的鼓舞，使他看到一条通向理想乐园的道路。

1923 年胡志明去了苏联，直接参加共产国际的工作。他供职于共产国际远东局，帮助共产国际推展远东和东南亚地区的活动，帮助那里的人民进行反抗帝国主义、殖民主义的斗争。列宁是他心中的理想英雄，他一到苏联就希望能够有机会见到列宁，可惜那时列宁已经病重，几个月后逝世。1924 年 1 月的寒冬，为了能够瞻仰列宁的遗容，胡志明早早就去排队，冻得鼻青脸肿，耳朵和脚趾留下了永久的冻伤疤痕。他的室友问他为什么不迟一天借到更好的御寒衣服再去，他说他内心已无法等待，他要去见一见殖民地人民最好的朋友……他把自己关在房间里，默默地写道："他曾经是我们的父亲、老师、同志、指导顾问。现在他成为我们社会革命的指路之星……"

那个时代的苏联，聚集着很多共产主义者。在布尔什维克革命胜利之后，许多国家的共产主义者来到这里，他们是那个时代的理想主义者，有信仰，有担当，相信全世界无产者要联合起来，要进行自我牺牲的奋斗，埋葬帝国主义，在地球上建成没有剥削压迫的共产主义社会。胡志明在苏联遇到不少国际共产主义者，其中不乏后来非常著名的领袖，譬如保加利亚的季米特洛夫、中国的周恩来。他们在理想激情中互相鼓舞，共同探求，砥砺奋进。

在众多的共产主义议题中，胡志明最关心的是殖民地问题，因为这个问题直接关系着他祖国的独立。他的同胞生活在殖民统治的水深火热之中，他迫切希望能够通过共产国际的努力来解救越南，同时他也坚信，殖民地人民的反帝斗争，对西方国家的工人阶级反抗本国资本主义也是巨大的支持，世界共产主义革命是紧紧相连的。虽然列宁很重视殖民地问题，但后来的苏共领导人对这个问题却比较漠然。胡志明积极奔走，呼吁共产国际要重视殖民地的斗争，要在殖民地开展更深入、更广泛的工作。他的努力得到了回应，远东局决定在中国和印支半岛推展更多的活动。他立刻请缨，要求去那里工作。

1924年11月胡志明受共产国际的委派来到广州，住在共产国际驻中国代表鲍罗廷的公馆中。胡志明不能到越南去，因为"阮爱国"的请愿信和他早年在顺化支持农民示威的"罪行"使他上了黑名单，如果去了越南，或者去了同样是法国中南半岛殖民地的老挝和柬埔寨，他就会被捕。胡志明在广州帮助鲍罗廷工作，同时组织在华的越南人进行革命准备活动。他还给苏联的塔斯社撰写关于中国大革命和中南半岛革命的文章。

胡志明在中国的最初两年，中国大革命的形势一片大好，国共合作，北伐挺进，打倒了反动军阀，打击了帝国主义势力。但到了 1927 年形势忽然恶化，国民党发起了"清党"政变，大肆屠杀共产党人。胡志明不得不逃到香港，逃亡后他没有因为反革命的猖獗停止革命，而是寻找新的革命缝隙。1928 年他辗转来到泰国，在那里的越裔中开展了革命组织活动。他的活动被法国殖民当局发现，1929 年 10 月殖民当局在越南对他进行缺席审判，以"煽动反叛罪"判他死刑，然后派警察到泰国抓捕他，在千钧一发的险情中他侥幸逃脱。

1930 年胡志明和一些越南共产主义者来到香港，正式组建了越南共产党，进一步推动越南和中南半岛的革命活动。1931 年胡志明在香港被捕，共产国际进行了积极的营救，这些营救活动收到了效果，1932 年他被有条件地释放。获释之后又经过无数惊险崎岖，在 1934 年春天，胡志明再次踏上苏联的土地。

此时的西方世界，此时的苏联，已和 1923 年他第一次来到苏联的时候大不一样。西方世界正经历着空前的大萧条，失业、破产、贫困、衰败……而苏联经济则正进入辉煌的第二个五年计划。

苏联的第一个五年计划是 1928 年开始的，它的勃勃雄心是要快速实现工业化。斯大林认为苏联与西方发达国家的水平差距有五十年至一百年之大，如果不在十年之内赶上，苏联会被西方资本主义挤压击垮。如此的快速工业化需要大量资金，但苏联既没有外来的投资援助，也没有内部的积累，它使用了"工业剥削农业"的方法来解决资金问题。政府对农业实行了大规模的集体化，集体化后的农产品价格被规定得很低，以便政府给工业工人的维持基本温饱的工资也可以相应定得很低，因而能够把尽量少的资源用于消费，把尽量多的资源用作重工业的投资。

苏联实行计划经济的方法是严酷的，结果是令人震撼的。

按照苏联的官方数据，第一个五年计划期间的年增长率高达20%，西方专家在做了"去水分"处理后估算，第一和第二个五年计划的十年期间苏联的年增长率是12%—14%。[1]苏联经济的高速增长还可以从苏联的生产量在世界总产量中所占的比例观测出来：1913年苏联生产量只占世界总量的2.6%，1929年（"一五"的第二年）占3.7%，1937年（"二五"完成之年）达到了13.7%。其优先发展的重工业更表现了经济起飞的迅猛快速，在第三个五年计划期间，苏联机械制造已排名世界第二，仅次于美国；电力生产排名世界第三。

沐浴在经济高速增长的辉煌之中，胡志明在苏联生活工作了四年。1938年亚洲战火熊熊燃起，欧洲大战阴云密布，胡志明又请缨到亚洲去工作。秋天他先到了延安，然后在广西、贵州、云南一带活动。他组织了很多学习中心，对越南的革命活动积极分子进行军事、政治、思想培训。这些积极分子接受训练后回到越南，展开革命工作，推动独立解放斗争。帝国主义大战是殖民地人民争取独立的大好时机，越南要抓紧机会。胡志明因为被殖民当局判了死刑，不能回到越南去，很多越共人员到中国来和他会面。

---

[1] 参阅 N. Riasanovsky：*A History of Russia* 第三版，Oxford University Press，纽约，1977年。

1940 年春末夏初，武元甲[1]和范文同[2]从越南来到昆明会见胡志明。当时他们两人都只有三十岁上下，在他们二十岁左右时都因为参加反法活动而被投入牢狱，武元甲被判了两年徒刑，范文同被判了十年苦役，还被关进残忍的"老虎笼"。出狱之后他们继续从事地下活动，这次到中国来是为了讨论未来的工作。胡志明建议他们去延安学习军事，以便未来可以发动游击战争。他们先到了贵阳，在那里等待八路军为他们作行程安排。

正在他们等待的时候，忽然收到胡志明发来的电报，让他们不要去延安了，因为世界形势有了重大变化：纳粹德国攻占了法国，法国投降，成立了傀儡政府。法国的巨变直接影响到法属殖民地越南，而殖民政府混乱的时刻，正是发动游击战争、争取民族独立的大好时机。

胡志明和他的同志们决定马上回越南，在越南的北部山区中建立了根据地，学习中国"农村包围城市"的战略，展开游击战争。他们还采用了"统一战线"的战略，成立了"越南独立同盟会"（越盟），这是一个比共产党更为广泛的组织，无论是信仰共产主义的，还是其他主义的，只要认同越南独立的原则目标，就可以加入这个同盟，这使得该组织得到了更广泛的社会认同，有了更广泛的社会基础。越盟的军事队伍和政治队伍吸纳了很多人，

---

〔1〕 武元甲（1911—2013），越南政治人物，曾担任越南政府副总理、国防部长等职务。

〔2〕 范文同（1906—2000），越南政治人物，曾担任越南政府总理。

团结了尽可能多的人参加独立解放的斗争。

越盟的军队得到群众的广泛支持，在游击战中逐渐壮大，他们打击法军，也抗击入侵的日本占领军，他们的根据地一步步扩展。1945年，在日本即将投降的8月，越盟决定发动全国起义，城市和乡村中的人民纷纷响应，"八月革命"的风暴席卷了全国，河内、顺化、西贡都先后成功地起义，越盟的领导机构迁入了河内。9月2日，胡志明在河内的巴亭广场发表了越南的独立宣言。

宣言一开始就引用了美国《独立宣言》中的"人人生而平等"的段落，后面又引用了法国《人权宣言》中关于"人生来是自由平等"的条文。这些条文在越南国内有广泛的吸引力，比共产主义的左翼激进口号能够打动更多的人。在国际上，这些条文占据了西方国家的道德制高点。"二战"后的美国是世界中心的西方首领，它的独立宣言是西方各国都推崇的，那么越南以美国独立的原则来诉求自己的独立，西方能够在道德上反对吗？法国是越南的殖民宗主国，是越南独立的关键所在，它应该不能反对自己宣言中的道德原则，况且"二战"中它自己被德国占领，经受了被占领国的痛苦，那么它还要违反道德原则让越南继续做被占领国吗？

但是，现实的大地并非如道德制高点那般理想。法国拒绝越南的独立宣言，派来大批军队要继续统治越南；美国担心共产主义在全球的扩张，支持法国在越南打击越盟。法国的军队和越盟不断发生军事冲突，越南陷入战火频频的危机之中。1946年，为了避免战争全面爆发，法国政府和越盟进行了谈判。越盟委派胡志明、范文同等去巴黎参加谈判。胡志明又一次来到巴黎，当第一次世界大战结束的时候，他化名"阮爱国"在这里向法国递交争取越南独立的请愿书；在第二次世界大战结束的时候，他作为法国正式邀请的"贵宾"去谈判越南独立。不过，法国根本没有诚意让越南独立，他们拒绝了越盟的独立要求。胡志明在法国上上下下、左左右右活动了三个多月，始终没有打动法国政府。他和法国的各界人士接触恳谈，还和在法国学习的越南留学生联络，他深切意识到，越南独立仍然长路漫漫，需要赢得法国人的理解和支持，更需要越南年轻一代的投入和努力。

9月，越盟的谈判者们失望而愤怒地离开了巴黎。他们回国后不久，战争全面爆发。1946年底，越盟被法国军队赶出河内，他们又回到山区的根据地。此后，他们进行了艰苦的八年抗战。在八年抗战的最初阶段，他们的处境非常恶劣。根据地常常被法军追剿，他们不断颠沛迁移；粮食供应也非常糟糕，时时要忍饥挨饿……那时的国际环境对他们很不利，因为苏联还在清理自己的战争废墟，中国共产党正在和国民党进行激烈内战，都无法给他们有力的帮助。而美国则有大批的武器，可以巨量供给法军。有些先进武器是游击战士们从来没有见过的，初次遭遇会产生无可名状的心理震撼。譬如凝固汽油弹，一个越盟士兵曾回忆说：飞机投下了一颗炸弹，地狱顷刻被砸开了，整个世界跌入熊熊火海，他感到地狱粗暴地喘息着，身边的战友瞬间销为灰烬，燃烧的火舌四面八方席卷而来，他全身被滚烫焦灼的地狱呼吸裹挟，惊恐、颤栗、麻木、不知所措……

但是，在理想的鼓舞下，越盟坚持抗战。1951年以后，形势有了巨大的好转，一方面越盟的根据地解放区得到了发展和建设，各种军事力量（正规军、地方军、民兵游击队）在战争中得到了锻炼和壮大，另一方面，苏联和中国都有力量给越盟提供更多的帮助。越盟转守为攻，1954年春末他们发动了一场决定命运的战役——奠边府大战。

奠边府在越南西北部的崇山峻岭中，靠近老挝的边界。法军在奠边府建立了一个军事据点，用来打击在附近频繁活动的越盟军队。法军在那里修建了机场，派驻了万余重兵。武元甲和越盟的领导人认识到，利用奠边府的特殊地形，可以打一场颠覆性的歼灭战[1]。面对越盟可能的进攻，法军犯了一个致命的判断错误，他们认为越盟根本没有能力把重型大炮运送到奠边府四周的高山上。当时越盟得到苏联和中国提供的重型武器，这些装备都是先运到中越边界，再崎岖辗转发送到各地。奠边府远离中国边境，四周又是崇山峻岭，没有合适的道路可以运输重型装备，即便在山间小道上搬运，法军的飞机很容易发现这样的大目标，投下几个炸弹就可以解决问题，法国掌握着制空权。

法国使用的是西方中心的习惯思维，不领会中心之外的边缘智慧，也想不到殖民地人民在"人民战争"中的众志成城意志。越盟为了运送武器装备，动员了来自全国各根据地的十万人"运输大队"，他们不是士兵，而是爱国的志愿者，其中有大量的妇女。很多人从越南中部出发，跋山涉水先来到中越边界，背负起军用

---

[1] 越南领导人当时得到了中国军事顾问团的重要帮助。

物资。那些重型武器都被拆卸成零件，化整为零地承载在这支后来被西方惊叹为"蚂蚁大军"的赤裸脊梁上。他们行军近千里，翻山越岭近一个月，才到达奠边府。为了躲避法军飞机，他们晚上行军，白天睡在路边的山林里，途中的很多地方还仍是法国占领区，危险重重……"蚂蚁"就是这样一次又一次翻山越岭，前仆后继义无反顾，终于把重型装备、弹药、汽油，以及各种各样的军用物资都运到了决战的战场。

奠边府周围的山岭中挖了很多地道，重型大炮的零件在那里重新组装。一门门火力强大的重炮突然出现在山头上，居高临下向奠边府猛烈攻击。奠边府被包围，法军的防御工事被轰塌，机场也被炸毁……当法军可以使用机场的时候，他们利用空军来补给物资和兵力，机场被毁后就只能利用空降伞兵和空投物资。更把法军逼到墙角的是，越盟的大炮不仅攻击地面，也攻击空中，飞机被大量击落，伞兵和空投都难以进行了，奠边府陷入孤立无援的绝境。法军士气低落，那位鼓吹越盟不可能把重型大炮运来的法军将领[1]羞愧地在地堡中用手榴弹自尽……

5月7日，武元甲下令总攻击，越盟战士冲入奠边府。第二天，躲在地堡中的法军司令宣布投降。

当越盟在奠边府接受法军投降的时候，日内瓦正在召开和平会议。这次会议本来是为了解决"冷战"冲突而召集的，主要是想解决朝鲜半岛的问题，但奠边府大捷把越南问题推上了主要议

---

[1] 这位法军将领是 Charles Piroth（1906—1954），炮兵军官。

程。近八年的疲劳战争，奠边府的羞辱失利，已经使法国无心继续维持在越南的统治，它想让越南独立。但是，美国从"冷战"大局考虑，认为必须坚守越南，不能让越南成为共产党的国家。越盟在北方力量很大，美国知道难以独霸整个越南，就极力支持在南方的西贡政府，那是法国在战争中为了抗衡越盟而搞出来的一个傀儡政府[1]。经过美、英、苏、中等大国的反复谈判，日内瓦协议最终规定：越南暂时分治，以17度线为界，北方由越盟统治，南方由西贡政府统治；两年之后，越南要举行民主的自由选举，在选举中获胜的一方将统治整个越南，实现统一。

日内瓦协议让越南暂时南北分裂，这是越盟吞下的半枚苦果；作为小国，它不得不做出这个让步。但是日内瓦协议也抛给美国一个苦果，而且是从道德制高点上抛下来的，那就是两年后的自由大选。美国深知胡志明在整个越南享有崇高威望，是西贡政府无法匹敌的，民主的自由大选肯定是胡志明获胜。为了规避这个苦果，美国没有在日内瓦协议上正式签字。

越盟代表团带着半枚苦果离开了日内瓦，和八年前离开巴黎相比，他们已经获得了一半的胜利。当年离开巴黎时，他们两手空空，法国完全不允许越南独立，经过八年的奋斗，他们得到了

---

〔1〕　南方的西贡政府是1949年在法国的操纵之下成立的，国家元首是保大皇帝。保大是阮朝的末代君主，本来已于1945年退位，结束了阮朝，但1949年又被法国拉出来作国家元首。吴廷琰后来被委任为这个政府的首相，1955年在美国的支持下，吴廷琰废除了保大的帝制，宣布成立共和国，并宣誓成为越南共和国的总统。

北方的独立，但"独立"理想只实现了一半。未来要争取的是统一，要实现的是"统一"理想。

在过去八年的奋斗中，又有一代新人加入了理想追寻的行列。在未来争取统一的斗争里，他们将扮演重要角色。在这一代新人中，有一位非常特殊的人物。当我听了他的经历、看了他的回忆录之后，内心五味陈杂、百感交集，深深感受到理想追寻的艰难复杂，那不仅是肉体上要忍受的辛劳痛苦，更是精神上要经历的痛心失望、迷茫困惑。他是张如操[1]，1946 年胡志明在巴黎谈判时曾经和留学法国的越南学生接触，他就是其中一个，后来他成为越共领导的南方共和临时革命政府的司法部长。

张如操出身于西贡的一个富有家庭，他家在西贡有印刷厂，在乡下有橡胶园。他的父亲有六个儿子，这六个儿子都被安排了"锦绣前程"，一个学医将来当医生，一个学药将来作药剂师，一个学金融将来成为银行家，剩下三个学工以后当工程师，六个儿子都被送到欧洲去留学。张如操是被指定学药剂的，被送到巴黎留学。他到达法国的那年正是胡志明和越盟代表在巴黎进行艰难谈判的时候，胡志明和越南留学生见过几次面，和他们谈过越南的历史、民族的自豪、爱国的责任、勇气和意志的力量、奋斗的终极意义……这些谈话深深地打动了张如操。越盟在那次巴黎谈判中虽然一无所获，但把追寻独立理想的种子撒入了很多年轻人

---

[1] 张如操（1923？— ），曾经担任越南南方共和临时革命政府的司法部长。

的心里。张如操对历史和政治产生了巨大的兴趣，随后投入了留学生反对法国在越南进行殖民战争的运动。张如操从药剂转学去攻读政治学。他的父亲非常反对他转学，也反对他介入这些反战活动，亲自来到巴黎，软硬兼施让他回心转意。父亲先让他马上结婚，企图用温柔的婚姻束缚他，未成功，又使用了"经济制裁"的方法，停止支付他的生活费。张如操很快就没钱吃饭了，但他没有屈服，他去餐厅刷盘子，去做辛苦低下的工作来养活自己。他最终完成了学业，获得政治学硕士，后来还去学习法律。

张如操在50年代回到越南南方，那里的状况让他失望而激愤。根据日内瓦协议要进行的全国选举由于美国的阻扰无法兑现，1955年反共的吴廷琰通过政变成为了西贡政府的总统。吴廷琰生怕其他政治势力会威胁到他的权力，采取了恐怖的镇压政策，不仅镇压共产党，还镇压非共产党的佛教徒、爱国团体、自由民主主义的知识分子……吴廷琰能够信任倚靠的是他周围的一小撮人，这些人大多贪污腐败作恶多端；还能够依靠的是美国，为了从美国获得更多的支持，他把南越搞成了变相的美国殖民地。

面对如此的南越政府，张如操和越盟的朋友们开始筹划组建反对吴廷琰、争取南越解放的"民族解放阵线"。这个组织在1960年正式成立，既在农村建立根据地、开展游击战争，也在城市组织革命活动。张如操回国后在西贡有很好的工作，先是就职于银行，后来担任国家糖业公司的总裁。这样的职业身份能够掩护他从事城市地下革命，他负责组织过很多运动，直到1967年，由于叛徒的出卖，他被捕入狱。

西贡的监狱以酷刑著称，当张如操第一次被拉去审讯的时候，经过了一条特殊的走廊，那走廊两旁都是刚刚受完酷刑的犯人，这些人的脚踝被铁链锁住，身体扭曲成恐怖的姿势，有的人四肢被折断，手脚弯曲得奇形怪状，有的人脸肿胀变形、血肉模糊，有的人身体在痉挛狂跳，发出阵阵凄厉嚎叫，有的人像一坨死肉……这条走廊是精心策划的心理攻势，张如操后来知道，出卖他的叛徒就是没能挺过这条走廊，没受刑便招供了。张如操挺了过去，他被拉去受刑。锁在刑凳上，脑袋倒挂，眼睛鼻子被封压，嘴被强力撬开，刺鼻的肥皂水哗哗哗灌进去，他没法呼吸，憋得失去知觉……痛苦中醒来，刑警又强压他的胃，肥皂水连带胃中残余食物统统呕吐出来，呛得他无法呼吸……后来他又受了电刑，当电流击过的时候，整个身体剧痛地爆炸了，眼球好像弹了出去，他什么也看不见，以为自己将永久失明。他昏死过去，醒来时发现自己被扔到了那条特殊走廊上，成了心理攻势的一颗炮弹……

张如操后来被释放是一个意想不到的机遇。民族解放阵线在游击战中抓获了一些美军官兵，美国要进行"俘虏交换"，张如操和其他两名囚犯被选中作交换，他因此获释被送去民族解放阵线的根据地。

由于张如操的身份已经暴露，就不能再做城市地下工作。他的新工作在丛林根据地。在城市做地下工作，虽有政治危险，但物质生活优裕，尤其是张如操那样的公司总裁，生活在"五星级"的水平。到了丛林根据地，生活立刻降到"负五星级"以下，物质条件极其艰苦。

　　饥饿是他到达根据地后首先经受的。由于美军的持续轰炸，根据地里很难种东西，粮食需要想方设法从其他地方运来。虽然大米可以运来，肉类就不可能了。蛋白质缺乏严重威胁着健康，根据地的人学会了在丛林中搜罗各种蛋白质来补充"营养"，小到飞蛾子，大到亚洲象，张如操都吃过。当越战结束的时候，根据地丛林中的野象和老虎已经被捕杀得绝迹。疟疾是比缺粮更致命的危险，根据地的人几乎都得过疟疾，而且是一次又一次，反反复复。张如操因为疟疾，每年都有两个月不得不躺在医院里，奄奄一息地忍受高烧的折磨。

　　比缺粮和疟疾更可怕的是美军的轰炸，越战期间美国在越南投下的炸弹吨位是"二战"总量的三倍多，而且美军的飞机和炸弹又比"二战"时期有了更强大的威力。刚到根据地的人在第一次经历如此强力轰炸的时候，冲击、声浪、火光造成的全方位震撼会使人瞬间丧失全身的功能，小便失禁、不可遏制地颤抖、头脑彻底空白……张如操永生难忘。

　　1970年春天，一场更残酷的攻击袭来。当时越共的根据地是在越柬交界的地区，在柬埔寨境内有很多据点和运输线，越南北方的援助物资和兵力都是从这边界地区的胡志明小道发送下来的。柬埔寨的西哈努克政府在越战中保持中立，没有随同美国来打击越共，没有对在柬埔寨边境内的越共根据地和运输线进行攻击。为了让柬埔寨摆脱中立，美国协助反共的朗诺集团在1970年春天发动政变推翻了西哈努克。朗诺上台之后，越共的根据地遭到前所未有的攻击，不得不火速转移。这是一场和死亡赛跑的大转移，美国现代化先进武器的超强威力和超快速度，使得这场转移空前残酷。张如操和南方共和临时革命政府的干部们在轰炸、暴雨、追剿袭击中行军转移，日夜兼程，马不停蹄。实在跑不动时会有极短的停歇，很多人精疲力竭瘫倒下来，张口就去痛饮路上的积水，喝完才看到水边有一坨坨的牛粪……千辛万苦之后，他们终于完成了转移，此后，形势好转，胜利向着他们一步步走来。

1970 年的行动没有给美国带来军事上的胜利，反而给美国国内的反战运动火上浇油。在内外交困的重重压力之下，美国 1973 年签署了巴黎协议，从越南撤出了全部军队。失去美军的保护，南越政府难以维持统治，而越共领导的军队则越战越勇。1975 年 4 月 30 日，西贡解放。

在西贡解放的那一天，张如操欣喜若狂，热泪盈眶，多年来的牺牲奋斗终于有了结果，独立统一的理想终于实现了！但是，谁能想到，三年之后，他却登上一条逃离越南的小船。他那时是越南橡胶工业的负责人，并没有遭受审查或者迫害，而且总理范文同很欣赏他，希望他能够担任更重要的工作。

你还记得 1978 年前后越南的难民潮吗？成千上万的人乘着小船离开越南，漂流在南海上，不少人葬身大海，也有不少人被过往的外国船只救起，送到周边国家的难民营里，这些人被媒体称为"船民"。那时我们常常听到越南"船民"的新闻，在香港我还看到过被难民营收容的"船民"。我那时以为这些"船民"都是以前支持反共的南越政府的人，所以要逃离统一后的共产党政府。我真是没有想到，"船民"中居然还有曾经为共产党抛头洒热血的越共政府高官！

为什么张如操不做高官要做"船民"呢？

当我对越南有了更多了解之后，我才知道，张如操的逃离并不是一个诡异的、罕见的现象。虽然大多数为了独立统一曾经抛头颅洒热血的人没有去做"船民"，但他们对独立统一后的现状却深深地失望。理想的实现竟然变成理想的失落！如此的失落促成了张如操的逃离，也深深触痛了很多抛头颅洒热血人的心。

有一位抛头颅洒热血的传奇人物，引起我特别的注意，他是范春安[1]。他比张如操小三四岁，也生活在西贡，做地下间谍工作，被称为"王牌间谍"。武元甲曾评价范春安的谍报工作说，看了他的报告之后"我们就坐进了美军的作战办公室"。

范春安加入越盟是在"二战"后抗法斗争之始的 1945 年，1953 年加入了共产党。入党宣誓仪式之后，黎德寿[2]曾经和他有过一段令他终身难忘的谈话。黎德寿是越共在南方的负责人，1970年代负责和美国谈判，1973 年的诺贝尔和平奖授给了他和基辛格。在 1953 年的谈话中，黎德寿对范春安说，抗法战争之后将是抗美

---

〔1〕 范春安（1927—2006），杰出的地下情报人员，越南统一后被授予将军军衔，获得"人民军英雄"称号。

〔2〕 黎德寿（1911—1990），越南政治人物，外交家，曾担任越共中央书记处书记、中央组织部长等职务。他负责与美国进行谈判，和基辛格多次会谈。1973 年美国和越南在巴黎签署了停火协议，诺贝尔和平委员会因此将和平奖授予他和基辛格，但是他拒绝接受，说越南并没有真正实现停火和平，南越政府在美国的支持下仍不断地破坏停火协议，只有当越南真正实现了停火与和平，他才接受诺贝尔和平奖。

王牌间谍范春安

越战期间，西贡的大陆酒店是西方记者聚集的地点，范春安工作的美国《时代》杂志就在这里包了房间，范春安经常在这里搜集情报。现在看到的大陆酒店似乎与其他酒店没有什么两样，但知道"王牌间谍"故事的人，就会有异样的感觉

战争，而且会更加漫长和艰苦，让他做好准备，为了祖国的独立统一，承担起党交给他的各种使命。

范春安最初的使命是在西贡组织游行示威，但不久之后党给了他另一个使命。那时党要组建情报部门，负责组建的人认为范春安的性格非常适合做间谍。他脾气平和，不易激动，待人始终如一，很少引人注意。

范春安成为间谍后果然工作出色，尤其当美军要帮助南越政府建立情报机构的时候，他获得美国人的青睐好感，把他当作了培养对象，期望他能够协助美国进行反共，一位重要的美国官员甚至提议要送他去美国接受间谍训练。他马上向党组织汇报了美国人的提议，上级组织经过全盘考虑，决定不要他接受间谍训练，而是要想办法接受新闻专业训练，以便打入新闻机构。他的使命是做一名战略情报间谍，而不是一名普通的间谍，学新闻是更为合适的。他要帮助越共从战略的高度来理解美国的战术和战场规划，全方位地深入认识美国的作战计划。新闻工作者一方面可以接触到军方人员，获得美国的军事信息，另一方面还可以接触到其他各方面的人士，能够获得更为全方位的信息。

范春安向那位美国官员表示不想去学间谍，但是想去学新闻。由于新闻在反共方面也能够发挥很大的作用，那位官员就帮助他联系了学新闻的机会。这是亚洲基金会提供的学习项目，在加州的一个大学里攻读新闻硕士。

1957年范春安来到了美国，开始了他两年的学习生涯。在这两年中，他不仅学习新闻专业，还下功夫来理解和认识美国人的心理特点、思维方法、生活习惯、文化传统……他广交朋友，为未来的情报工作打基础。在这两年中，南越发生了许多他不愿意看到的事情，吴廷琰大肆镇压越共，他的很多朋友，包括他的上级领导，都被投入了监狱，西贡一片白色恐怖。1959 年当他完成硕士学位的时候，亚洲基金会又给他提供了两个意想不到的新机会。一个是在美国新闻署工作并且可以同时在大学攻读博士，另一个是在美国语言学校教越南语，培训将要去越南的美国顾问。面对天上掉下来的这两个大馅饼，范春安呆了。由于南越的白色恐怖，他已经和上级失去了联系，没有得到指示，也不知道如何去请示。他对亚洲基金会说需要考虑考虑，从基金会的办公室出来，他心魂不定地走到了旧金山的金门大桥。

他随身带了一张刚刚收到的明信片，那是一位他心仪倾慕的美国女同学寄来的，明信片上的照片是旧金山海湾中的恶魔岛，那里曾经有一个可怕的监狱……他应该怎么办呢？回越南，他可能被捕关进南越的恶魔岛；留在美国，他可以有安定的工作、优渥的收入、读博士的前程，还有心仪的女子……上级没有给他马上回去的指示，也没有给他一个具体的使命，他的下一个使命会是什么呢？

在金门大桥上徘徊了一会儿，他的心静了下来，魂定了下来，他知道了自己的使命，那不是一个具体的使命，而是一个更崇高的使命——祖国的独立统一。他向党做过宣誓承诺，他要履行这个使命，他决定回西贡。

回到白色恐怖的西贡之后，范春安没有被捕，那些知道他身份的人都没有叛变，他们坚守了使命的诺言。范春安在新闻机构找到了工作，先在路透社，后来在美国的《时代》杂志。他也和党组织接上了关系，开始提供战略情报。由于他工作性质的特殊，他只通过单一的联络员来递送情报。这位联络员是西贡小贩市场里的一个文盲大妈，他们两人的公开身份有天壤之别，没人怀疑他们之间会有什么"秘密关系"。这位大妈在小贩市场卖鸟食，范春安养鸟，去买鸟食时就把情报递给大妈。情报有时是底片胶卷，有时是用隐性墨水写的报告，这些东西或者塞进肥皂，或者藏入春卷。

文盲大妈只在小贩市场和范春安联系，从来不去他家，也不给他打电话。如果上级有紧急情况需要通知他，大妈就到范春安孩子们的学校门口去，并不和他们说话，只是在校门口附近溜达或者做些琐事，范春安每天接送小孩，看到大妈就知道有了紧急情况，需要马上和上级直接联系。

范春安和上级直接联系的地点是在距离西贡40公里的一个地道中，著名的古芝地道。地道最初是在反法战争中挖的，在反美战争中扩大到200公里，四通八达，里面有指挥部、通信部、会议室、宿寝地、医院、粮库、军事陷阱……我这次也到那里去参观过，在黑暗低窄的地道中弓腰猿步，体验着那一代人的生活。

范春安的情报对越共的胜利有巨大的贡献，他得到了好几枚勋章，每一枚勋章背后都有一个可圈可点的故事。譬如有一枚是奖给他对阿北的特种战争的贡献。

当美国开始构想使用特种战争的方法介入越南战争的时候，

古芝地道在湄公河下游的丛林之中，距离西贡 40 公里，这里曾经是越共游击队活动的重要据点，现在是参观景点。古芝地道的出入口狭小隐秘（上图），盖上树叶后很难被人发现。地道四通八达，有 200 公里之大，地道里面有会议室、医院等等。在地道里和丛林里，可以看到真人般的游击队员塑像，他们再现了当年的战斗生活场景。下图越盟游击战士身穿"黑睡衣"，这是当时越南农民常穿的服装，游击队员如此穿着，可以和农民鱼水交融，既加强了与群众的联系，又便于躲避敌人范春安就源源不断地把美国人的战略构想汇报给越共领导人，并且帮助他们从美国人的角度来理解特种战争，帮助他们跨越文化的、意识形态的隔膜鸿沟。美国发动阿北战役的时候，范春安的情报不仅使越共对美军的行动有所了解，而且对这种"特种"行动早有军事训练的准备。美国在构想特种战争时，很强调使用直升机，用直升机的机动灵活性来对付游击队的机动灵活性。由于范春安早已把美国的这种战略构想做了汇报，越共可以提早从战略的高度来筹划战术的训练。越共的游击队在丛林基地中训练如何使用轻型武器来打击直升机，他们计算了用机枪等轻兵器从地面打击直升机的角度，练习了各种技巧。在阿北战役中，美军信心满满地开出了直升机，以为没有重型武器的越共游击队将束手无策，但没有想到丛林中射来了无数发子弹，很短的时间内，先行的15架直升机就有14架被击中，其中4架当即坠毁，后来有一架来救援的直升机也被击落坠毁。阿北战役是越战早期的一次重要军事行动，其战果大大振奋了越共游击队的士气，同时大大打击了南越军队和美军的信心。

从越战之初到越战结束，范春安得到过很多枚勋章，每次授勋上级都通知他。他知道自己获得了勋章，但他既看不见勋章，更是无法佩戴勋章。他等待着胜利的那一天，可以抚摸那些勋章，那时他将多么幸福满足呵。

可是，当胜利来临以后，他却很快地陷入了失望。

他的失望，在胜利来临之前我是难以想象的，但当我看到越南在统一后的种种实践，不仅可以想象了，更是感到一种似曾相识。他们那时的实践是对理想的继续追寻，但那理想、那追寻，却饱含着一言难尽的错综复杂。我下封信会告诉你他们是如何追寻的，那里有似曾相识的成败教训，有触动心灵的启示。

伊文

15

在乐园边缘的沉思

远征，你好！

　　看了你的来信，让我又回到了我们欢庆越南解放统一的年代，你提起的那些游行庆祝活动我都记得，嘹亮的歌声、飘扬的红旗、激昂的口号……那时，很多国家都欢庆越南的统一，那是社会主义阵营的伟大胜利，是第三世界被压迫国家的自豪。我这次在越南的博物馆，看到世界上许多国家庆祝越南解放统一的照片，每张照片都洋溢着胜利的喜悦。那时越南人的喜悦，更是难以形容。

　　他们的狂喜是容易理解的，从与法国签订不平等的《西贡条约》《顺化条约》以及咸宜帝反抗悲剧算起，越南忍受压迫、进行反抗已经一百年左右，从"二战"后的抗法战争、抗美战争算起，越南在现代化战争中浴血奋战已经三十年了。现在，胜利终于来临了，独立统一的理想终于实现了。在这胜利的土地上，他们欣喜地憧憬着理想乐园的落成。

　　越南共产党是三十年战争胜利的卓越领导者，他们战胜了西方认为难以逾越的困难艰险：奠边府、特种战争、最先进武器的疯狂攻击……他们承受了世人难以想象的痛苦牺牲：在监狱、在丛林、在凝固汽油弹的轰炸中……他们非常自豪，他们创造了小国战胜大国的战争奇迹。现在，他们要领导战后的理想乐园建设。

345

不少领导人自信地认为，和平建设要比战争胜利更为容易，甚至有人说：和过去战争中的巨大困难相比，现在面临的问题只不过是"尘芥"。

1976 年越南制定了第二个五年计划，开始乐园建设。越南的第一个五年计划是北越在 1961—1965 年执行的，由于美国从 1965 年起对北越狂轰滥炸，越共没有再制定五年计划。1975 年越南统一了，越共可以在全国展开社会主义建设的宏图了。

1976 年越共是充满自信的，他们认为可以在十年之内让越南人民过上物质丰富的理想生活，每家都能拥有收音机、电视、冰箱（这些家用电器在那时是被视为发达国家才能普遍拥有的），他们还认为可以在二十年之内完成南方的社会主义转型。为了实现这些目标，越共使用了很像是苏联早期五年计划模式的方法。1928 年至 1941 年期间的苏联实行第一、二、三个五年计划，苏联对农业实行集体化，集中资源强力推行工业化，尤其是优先发展重工业。胡志明在 30 年代的苏联生活过四年，目睹了这些五年计划的实行。虽然那时苏联的方法是严酷的，但结果是令人难忘的，短短十余年苏联从一个欧洲的穷困国家变成了世界强国，不少重工业达到了仅次于美国的世界第二水平。

越南在这个五年计划（1976—1980）期间对农业进行了集体化，对工商业进行了社会主义改造，把大量资源投入了工业，特别是重工业，并为重工业、轻工业、农业都制定了很高的计划指标。越共领导人对完成这些指标很有信心，他们沉浸在战争胜利的记忆中，认为能够像取得战争胜利一样取得经济建设的胜利。

取得战争胜利是依靠了人民群众的集体力量，奠边府的蚂蚁大军以西方军事专家想象不到的意志完成了运输任务，丛林中的人民战士以无私奉献的精神，在饥饿、疾病、轰炸的环境中忘我奋斗，取得了战争胜利。目前的环境比战争时代好得多，需要完成的经济工作任务也不像奠边府那么难以想象，人民具有为伟大理想而忘我奋斗的精神，一定可以顺利完成经济计划的任务。为共产主义理想而忘我奋斗，这是共产主义精神、集体主义精神。在集体化的经济基础上，这样的精神应该比战争年代更加旺盛，因为消灭了私有制，人的私有观念必然会随之弱化，集体主义精神必然会增强。当然，旧有的资本主义思想仍然会盘踞在一些人的头脑中，所以要对这些人进行再教育，使他们尽快抛弃资本主义思想，接受共产主义思想。

尤其是那些为南越反共政府服务的人，更是需要进行特殊形式的再教育。越共成立了很多再教育营，专门用来教育在前南越政府中工作的人员。按照最初的说法，前政府下层人员接受三天的再教育，中层的接受十天，上层的要接受三十天。但在具体实行的过程中，再教育的时间被巨幅延长，特别是针对上层人员的。张如操的一个哥哥和一个弟弟都属于上层工作人员，弟弟是南越国家银行外汇部的负责人，哥哥是西贡总医院的高层主管，同时还是南越一个重要的反共政党的医疗政策顾问。弟弟在再教育营被关了一年左右，哥哥则被关了十年左右，哥哥被如此重罚是因为他给反共政党做过政策顾问。

越南的五年计划执行结果非常糟糕，大多数指标都没有完成，

张如操在美国出版的回忆录
（1986 年，Random House）

预期的经济效果没有达到。再教育的政治效果就更差了，甚至产生了负效果，很多人不仅没有接受共产主义思想，反而转向了资本主义。就在五年计划开始执行后一两年，很多人乘小船逃离越南，张如操便是 1978 年转投这支"船民"大军的。

张如操逃离越南，并不仅仅是因为他兄弟的再教育磨难，也不仅仅是因为经济形势的糟糕，他是从这些表象中感觉到了更深层的问题，而这问题和他的理想目标、和他理想的核心要素相差太远。逃离越南后他流亡到巴黎，那是他见到胡志明、投身越盟、开始革命的起点，三十年来他似乎是绕了一个大圈子，从巴黎出发又回到了巴黎。在巴黎他深深地反省了这三十年来的理想追寻历程。三十年前，他的理想是要从法国的殖民压迫下获得解放，要祖国的独立自由；三十年后祖国独立了，但却没有获得自由。自由是他理想的核心要素，不仅仅是祖国作为一个国家的整体自由，也是祖国中的人民要获得个人自由，个人要有政治表达的自

由，要有经济选择的自由，不被强迫接受再教育。三十年来，他
曾幻想这个理想的核心要素将在祖国独立的乐园中实现，但现实
却并非如此。他并不后悔自己的理想追寻，也不认为自己的追寻
是完全徒劳的。他希望自己播下了自由理想的种子，这些种子将
在未来开花结果。

对于这个五年计划，范春安也是深感失望的，不过他没有
像张如操那样逃离，而是默默地忍受、等待、观察……在给朋友
的信中，他表达了痛心的失望和不满：有些十二岁就参加革命的
北方干部，现在负责土地经营、管理社会福利，他们完全缺乏这
方面的知识；很多医疗书籍和旧政府的文件都被头脑发热的干部
烧了，后来他们后悔了，可惜太迟了；他们毁掉了美国的东西，
搬来了苏联的东西，以为可以解决一切问题，做事就像瞎了眼
的马……

集体化、公有制并没有带来预期的效果，人们的集体主义
精神没有增强，而是偷懒耍滑，迟到早退，不出力不干活，坐
享"大锅饭"的补贴，奠边府蚂蚁大军的集体主义精神完全不见
了……第二个五年计划严重受挫，多数指标没有完成，粮食生产
严重不足，政府不得不大量进口食品。越共领导人被触动，开始
尝试变革，先是小步进行，引进一些市场因素，推出一系列以物
质刺激为手段的"新经济政策"。"三五"计划（1981—1985）一开
始，他们就颁布了承包制的指示，允许农民以个人或劳动组的形
式对农产品进行承包，又颁布了把经营自主权下放到工业企业的
决定，这些政策使得经济状况有所改善。在"三五"的最后一年，

他们推出了"价格—工资—货币"的市场化政策，这是步子较大的改革，结果造成了巨大震动，1985 年通货膨胀飞速上扬，1986 年更是达到 700% 以上。

怎么办呢？市场化究竟有没有错？市场化究竟要怎么搞？小步市场化取得了成果，大步市场化出了乱子，步子的大小究竟应该怎么掌握？市场规律、经济知识、生产管理技巧……要怎样学习和获得呢？

那时的越共最高领导人仍然是德高望重的革命战争老一代四巨头：黎笋[1]、长征、范文同、黎德寿。他们对革命战争富有经验，但对经济建设则感到了力不从心。残酷的现实迫使他们深刻反省。他们是信仰马克思主义的，唯物主义的认识论使他们在现实面前正视了自己的错误。他们坚守了使命信仰，消灭私有制是他们的使命，但使人民过上幸福生活是更高的使命。

在越南众多的城市中，西贡的市场化经济改革搞得比较好，西贡的领导人是阮文灵，也是革命战争的一代，但是比四巨头年轻。西贡的成功使四巨头认识到，市场化的改革是可以行得通的，但是需要领导人具有市场化的新知识，这样的人应该是更年轻的，而不是他们那样的老人。1986 年底越共召开了六大，黎笋已在五个月前去世，余下的三巨头决定退出政治局和中央委员会（武元甲也退休了），新一届的中央总书记由阮文灵担任。

---

〔1〕 黎笋（1907—1986）和长征（1907—1988）以及后文提到的阮文灵（1915—1998），均为越南政治人物，都曾担任越共中央总书记。

越共的六大是大刀阔斧改革的起点，被称为"革新"，这是一个理想追寻的转折点。此后，市场机制替代了计划指令，个人主义的物质激励替代了集体主义的精神召唤。为了更有效地激起人的生产积极性，承包农产品转为承包土地，有的地方后来索性把土地分给了农民；为了使市场在资源配置中起更大的作用，仅仅把企业经营自主权下放是不够的，还要进一步开放私有化，鼓励更多的私人企业。

这些举措很快收到了成效，1986 年后越南的经济持续增长，尤其在 20 世纪 90 年代，很多年份的 GDP 增长率都达到 8%，甚至有两年高达 9% 以上。农业的成功令人赞叹，越南不仅不再需要进口粮食了，还成为出口大国，稻米出口是世界第一，咖啡出口是世界第二。越南本来并不是一个传统的咖啡生产国，但在革新浪潮的推动下，咖啡业迅猛发展，赶超了传统大国，超过了著名的咖啡生产国哥伦比亚，现在只有巴西还在它前面。

咖啡业的发展帮助很多越南人"脱贫"，热带山区是适于咖啡生长的环境，在越南与柬埔寨、老挝交界的地区，在当年张如操他们的丛林游击队活跃的地区，在靠近胡志明小道的地区，都适于种植咖啡，这里有大量的贫困人口。那些地方在越战中是美军轰炸的重点，遍地弹坑，满目疮痍。就是在这饱受战争创伤的土地上，当年蚂蚁大军的儿女们又以同样的刻苦耐劳，开垦土地，种植咖啡。当然，激励他们的不再是奠边府那样的英雄主义、集体主义精神，而是市场理论中所描述的"个人在市场上追求自己的利益"。

这正是我们以前信中讨论过的无形之手理论。亚当·斯密写道，个人在市场上的逐利行为会"受一只无形之手的指导，达到一个并非这些个人本意想要达到的目的。……往往他们追求自己的利益，能够达到促进社会利益的目的，而且比他们有意追求社会利益时更有效率"。[1]越南是处于温饱匮乏的社会发展阶段，恰恰可以让无形之手大显成功的威力。

革新之后，越南的实践显示了市场配置资源的成功。越南人在市场上追求个人利益，种稻米、种咖啡、搞私人企业、做私人买卖……带来了整个社会的经济繁荣，促进了社会利益。以前是计划之手配置资源，描绘发展宏图，制定各种指标，以为可以快速建成社会主义幸福乐园，结果却是生产下滑、物质匮乏、通货膨胀，反而搞成了痛苦地狱。现在，人人追求个人利益，让市场的无形之手来配置资源，经济快速发展了，人民生活改善了，大家憧憬着幸福乐园的来临。

在憧憬之中，人们也看到了革新带来的一系列令人困扰的问题，尤其是贪污腐败。当"追求个人利益"成为了社会公认的行为准则时，贪污腐败行为也大张旗鼓地登场了，市场中可以获得个人利益的机会又非常多，贪腐现象迅猛发展。越共在20世纪90年代中期已经意识到这个问题的严重性，称其为"贪污腐败危

---

[1] 亚当·斯密（Adam Smith）：《国富论》（*Wealth of Nations*），Kathryn Sutherland，Oxford University Press，1998年，第292页。中文参考郭大力、王亚南的翻译。

机"。越共采取了许多举措应对危机，既有共产党的传统方法，譬如进行思想教育、健全党内监督、加强干部管理等，也有利用民主体制的新方法，譬如在单位公布领导人的财产申报清单、政府官员的履职表现和道德作风要接受同级官员的信任投票，等等。举措虽多，但贪腐现象并没有减少。

我这次在越南，看到了人们享受着经济发展带来的富裕成果，也听到人们对贪腐的抱怨。给我印象最深的是越南人的房屋住宅，尤其是在农村地区。我去了沿海地区的农村，也去了内陆的一些山区，包括少数民族的村落。那些在越战影片中常见的茅竹棚现在都找不到了，现在绝大多数的房屋是砖瓦结构的，很多达到了别墅级别。我只看到极少的木板结构房屋，但这些房子也不差，有一所木板教堂，建筑得还非常别致。

在东南部庆和省的一个盛产竹编篾器的村落里，一位七十多岁的老人给我看他家老房子的照片，茅竹结构的，很像越战影片中的茅竹棚。老人说这旧房子已经在五年前拆掉了，家里盖了一所新房子。我参观了他的新房子，可以算是别墅级别，虽然还够不上高等豪华别墅，但里面的卫生间、厨房等都很现代化。他的院子里还有一些茅竹结构的小棚子，是用来养鸡、堆杂物的。

老人在越南统一之前是为反共的南越空军工作的，因此1975年之后被关进再教育营一年。他说在营里要干重体力劳动，主要是填弹坑。那些营干部教训他们这些接受再教育的人说：正是因为你们的罪行，越南才遭到美国的狂轰滥炸，这些弹坑是你们造

在越南东南部庆和省的乡村，一位老人给我展示了他家以前的茅竹房照片（下图），五年前这茅竹房已经拆掉，盖了现在这座新房子（中图）。新房子里摆着菩萨，挂着先人的照片，老人正在点香，准备敬拜（上图）

成的，现在你们必须把它们填平。他说有些干部成心不给他们好用的工具，他们要费很大的力气才能填平弹坑。

从再教育营出来后，他回到了自己的村子，村里的人都喜欢他，选他当了村长。村民们对政府的一些政策不满，譬如收税太多，需要他去反映给上面的区政府。他说上面的很多干部工作作风不好，有的贪污腐败，他给上面反映过很多问题，但真正能够解决的不多。不过，虽然现在有很多问题，但从自己一生经历过的各种社会状况来看，他认为现在的状况是最好的，越南人不再打仗，不再互相残杀，可以和平搞建设，可以过富裕的生活，他家的新房子就是这样建造起来的，这在以前是不可想象的。

在越南的城市里可以看到更多的富裕成果，看到更高档的消费享受、更富裕的生活方式。美国式的大型购物中心近年来在越南城市中不断出现，弥漫着消费主义的享乐快感。我在里面闲逛，好像在美国一样：精美的衣服，豪华的皮包，玲珑的高跟鞋，五彩的化妆品，模特儿姿态诱人，橱窗里灯光神秘……高大的自动扶梯上，人们拎着大包小包上上下下，其中的年轻人穿戴新潮，不少人的头发还染成炫目惊人的颜色。购物中心门外的大街上，霓虹灯的过街拱门一个连一个，从街头到街尾，一眼望不到尽头。这霓虹灯胜景是超越美国的，灯红酒绿的闪光让人沉醉于物质丰富的幻觉乐园。

金兰湾边上的芽庄有一个珍珠岛游乐园，是个典型的幻觉乐园。那是在海湾中的一个小岛上建起来的，里面有迪士尼乐园式的童话古堡，有各种各样的奇幻娱乐设施，还有奢侈的豪华酒店。

这是越南首富的产业，他1969年生于越南北方，曾经到苏联去留学，还在乌克兰做过生意，现在他的生意遍布越南的许多城市，有大量的豪华度假村、购物中心、房地产……他的很多豪华酒店都用"乐园"来作广告。我在芽庄海滩上远远地看了看那个珍珠岛游乐园，看见巨大的摩天轮，还看见游乐园的空中缆车在天上高高地驶过……

在海滩边上我还看到了几张宣传画，与珍珠岛游乐园完全是不同的风格，像是中国雷锋时代的海报。这样的宣传画在越南的马路上时时可以见到。最初看到这些宣传画时，我对画中人物的服饰觉得很别扭很奇怪，因为画中人都穿着60年代的"工农兵服装"，而现在的越南人，包括工农兵，并不穿这样的衣服，好像时空穿越了半个世纪。我问越南朋友：为什么这些画中人物要穿半个世纪前的"工农兵服装"？他告诉我，那些服装代表了一个特

珍珠岛游乐园是越南首富在芽庄投资建造的一个奢华"乐园"，高高的跨海缆车把游客送进"乐园"，里面有精美的酒店、新潮的娱乐设施

殊的时代，象征着那个时代的精神——简朴、奋勇、爱国，现在这些精神消失了，很多人怀旧，喜欢看这样的人物。

后来有人给我讲起 2013 年武元甲出殡的葬仪盛况，数十万人自发涌上街头，含泪向他告别。这种盛况出乎很多人的意外，因为现在社会上人们都在追逐浮华虚荣、金钱物质，而武元甲代表的是完全不同的价值，简朴的生活、爱国的勇气、无私的精神，没想到现在会有那么多人悼念他，其中很多是年轻人，这说明人们在怀念武元甲时代的价值。

社会学家鲍曼[1] 2017 年出版了《怀旧的乌托邦》一书，描述了现代社会中人们的痛苦和由此产生的怀旧情绪。他说，现代发展给人们构建了现代生活，在这种生活中浮动着痛苦的漩涡：消费主义带来的道德腐蚀，物质主义带来的精神沦丧，人生价值碎片化的迷茫感，流动不确定的恐惧感……这些痛苦使很多人怀旧，想回到旧时代去，因而涌起怀旧乌托邦的情绪。

越南人表现出的怀旧，也很像这种"怀旧的乌托邦"。回想二十七年前的越共六大，那时发生了理想追寻的大转折，武元甲等革命巨头退出了政坛高位，人们渴望告别革命乌托邦，相信告别之后越南将追寻到一个更美好的理想乐园。但是二十七年之后，在武元甲的葬仪中，对革命乌托邦的怀旧之情却勃然迸发。

这种迸发是因为在理想追寻转折之后，本以为会有一个新

---

[1]　齐格蒙特·鲍曼（Zygmunt Bauman，1925—2017），当代西方著名社会学家，出生于波兰，长期在英国执教。

的理想乐园来临，但是没有想到，那"乐园"里面竟然并不幸福。在这新"乐园"中，个人主义、物质主义、消费主义、享乐主义……这些曾经被革命乌托邦压抑的东西被捧上了圣坛，"追求个人利益最大化"成为金科玉律，大家把全部精力投入到赚钱、消费、享乐中，以为会得到幸福。但是当人赚到了金钱、买到了奢侈品、享受了高档消费之后，却发现并没有得到多少真正的幸福感，而且还要承受意想不到的社会新问题：贫富悬殊、贪污腐败、尔虞我诈、人情疏离……

在新乐园失落的边缘，有人开始了新的追寻，我在越南就遇到了几位。

一位是三十三岁的城市白领女士，她是学金融的，这是个能赚钱的专业。她大学毕业后在国有的大银行工作，收入很不错。在银行工作了十多年后，她去年辞职，自己开了一家小民宿。我问她为什么选择开民宿，她说她喜欢旅行，去过东南亚和南亚的不少国家，在旅行时她住民宿，觉得那样的生活方式很愉快，所以她决定自己也开个民宿。当我们更深入交谈之后，她讲到了辞职开民宿的更深层原因。在银行工作了许多年后，她逐渐感觉到，虽然银行工作的收入又稳定又好，但在工作中却难以感受生命的意义，她体验不到真正的精神幸福。在民宿中，她经常可以和来住民宿的朋友交谈这些令她困惑的问题，这些旅行者有不同的生活经历，从不同的角度在思考着幸福。他们扩大了她的视野，还给她介绍了新书新思潮。

她以前很爱看小说，现在她的兴趣转入了心理学和宗教方面。

她给我看最近正在读的一本书，那是奥修[1]的《快乐：幸福来自内心》。奥修是印度哲学家、宗教领袖，倡导动态冥想的静修方法，主张通过灵性发展和生命觉醒来获得产生自内心的真正幸福。我问她最能使她感受到真正幸福的工作是什么，她说是做一个精神"治愈师"（healer）。她说，以前父母总是鼓励子女去学医，做医生不仅收入好，而且能帮助人解除病痛，行善积德。她觉得帮助人解除精神痛苦比帮助人解除肉体痛苦更重要，医生只是解除肉体痛苦，精神治愈师是解除精神痛苦。她周围的亲戚朋友，不少人都会受到各种各样的精神痛苦困扰，她希望自己能够帮助他们。她喜欢用退隐静修的方法来反省痛苦，获得内心幸福。在民宿中，她常和朋友们一起冥禅静修，有时还会去寺庙或山中退隐数天，做更深刻的静修。

在越南我看到很多结伴静修的人。这些人都是佛教徒，穿着灰布禅服，但蓄发不剃头，带领他们的是已经剃度的僧侣，穿着棕色袈裟。越南朋友告诉我，这些人虽是佛教徒，但没有出家，他们退隐静修的时间大约是几天或者几周，这样的人和这样的活动目前在越南很多，而且越来越多。

在顺化一个尼庵的素斋馆吃饭的时候，我遇到一位已经剃度出家的年轻尼姑。她只有二十三岁，三年前决定出家时，她还是一名财会专业的大学生。她的父母很反对她出家，劝说了很久，但她仍决意出家。同在素斋馆吃饭的一个美国人问她，人生有很

---

〔1〕 奥修（Osho，1931—1990），印度思想家、宗教家。

多幸福，是出家人无法享受的，你还没有经历过这些快乐，怎么就出家了呢？她答道，佛门中有真正的幸福快乐。我问她促使她出家的最主要原因是什么，她说是因为看到世界上有很多的痛苦，她举例道，看到同学们为小事争吵怄气，为买不起奢侈品心酸流泪，为漂亮打扮争风吃醋……"这些都是自寻烦恼，悟了佛性就都解脱了，没有这些痛苦了"。

在顺化的一个孤儿院里，我还遇到另一位剃度出家的尼姑，已经四十岁了，十五岁时就出家了。我没有机会详细问她当年为什么要出家，但可以观察到她对孤儿融入深情的一言一行：呵护啼哭的婴儿，和两三岁的孩子玩气球，给会看书的孩子讲功课，和青少年孩子谈心，和已经成年的孤儿院毕业生讨论人生

近些年来，热切参加宗教活动的越南人越来越多，在马路上、在寺庙里、在教堂中都可以看到。这几位穿着灰布静修禅服，正准备赶赴静修地

大事……春节她只返家两天就又回到孤儿院，这里是她生命的中心。我还遇到了在这里长大的两个孤儿院毕业生，一个正在上大学，一个大学毕业已经工作了，他们春节回到孤儿院来"探亲"，帮助院里做些事情。已毕业的那位是建筑师，从小在孤儿院长大，他觉得这里比社会上的一些家庭更温暖、更有幸福感，他的感情深深依附在这里，依附着他的"母亲"，他的"兄弟姐妹"，他的整个大"家"。他还给我看他正在设计的项目，那是一个像珍珠岛游乐园那样的娱乐公园，我看到他画的迪士尼古堡似的建筑图样。他说这是给公司做的项目，他自己真正想设计的是一个佛寺，已经画了些图纸。

　　越南实行革新政策之后，积极参加宗教活动的人逐渐多起来，近年来更是快速增加。越南媒体和外国观察家都报道了这个现象，很多学者还进行了深入研究。一位越南学者指出，宗教繁盛反映了越南人在现代化过程中的困境与质询，因为在革新后的市场化的现代经济发展过程中，世俗化、商业化、工业化、全球化全面铺开，传统的社群关系和道德价值消损，社会上的经济不平等迅速扩大。在这急速的现代化巨变之中，人们感到了不适应，企图寻找出路，而宗教正是一条出路。借助宗教来适应现代化，是一个悖论式的现代化过程。现代化提倡的现代性是反宗教的，认为宗教是迷信专制，是违反现代理性的；现代性召唤的是个人解放，为了个人自由和个人快乐要逃离宗教的思想专制和行为戒律，但是现在很多人却把宗教作为纾解现代化痛苦的避难所和精神出路，要用宗教来帮助解决现代化难题，这岂不是悖论？目前在越

从胡志明市的圣母大教堂向西贡河方向望去，可以看到一幅越南近代历史的浓缩剪影。最前排的红瓦黄楼是法国殖民时代的建筑风格，它后面有一座窄小的浅色楼房——这小楼在画面中很不起眼，但在 1975 年 4 月底，它的身影曾经传遍世界各大媒体。右上角的照片是当时美国人和亲美的南越人狼狈逃离西贡的场面，一架直升机停在这座小楼的楼顶，小楼里面有美国的机构和人员。如今，这小楼后面盖起了摩天大楼，高大的身影几乎把小楼吞噬。摩天大楼是革新后经济发展的写照，但是，在最前排法式建筑的墙上，却又出现了历史的最新剪影：革命怀旧的宣传画南，不仅是个人，甚至政府都在借助宗教来为现代化服务。越南政府以前对宗教活动有很多限制，因为有神论的宗教违反了无神论的马克思主义，但是近来不仅放宽了对宗教活动的限制，甚至借助宗教来构建越南的国家认同感。越南政府的这种做法和不丹政府的宗教政策有相似之处，不丹政府是早在现代化开启之前就认识到了这个问题，因此在"国民幸福总值"的发展概念中提出了"传承发扬传统文化"的支柱性战略，并且实行了一系列具体的举措。以前信中讨论不丹的时候，我们可以清楚地看到，不丹的战略使它避免了大多数发展中国家难以避免的现代化"不幸福"陷阱。

在分析越南陷入的现代化困境时，一位越南学者使用了韦伯[1]的"祛魅""复魅"概念，这两个概念在分析现代化时曾经被广泛使用过，被大量学者演绎过、发展过。"祛魅"的意思是去魅惑、去神秘化、去神圣化，是指现代的理性思维去掉了传统社会中的神秘主义、神圣崇拜等等的魅惑。"复魅"的意思则是指，在现代社会中人们理性地追求个人功利，使得社会陷入价值碎片化的困境，因此出现了恢复神圣魅力的要求趋向。

对于现代化出现的悖论，韦伯还用"铁笼"的概念来表述过。启蒙运动倡导个人自由和理性思维，推动了现代化，在现代社会中，个人从被传统束缚的社会关系中解放出来，这些自由人在理性的合理化分工指引下，成为了社会大机器中的小齿轮，这台机

─────────────

〔1〕 马克斯·韦伯（Max Weber，1864—1920），德国社会学家。

器可以理性高效地运作，但个人小齿轮却又被拘禁于这个社会机器的大铁笼中。

看到韦伯的铁笼结论，我不由得感到悲哀。难道我们千辛万苦追求的现代化，结局却是一个大铁笼吗？现代人真是被铁笼拘禁的无奈齿轮吗？这些现代齿轮都丧失了自由吗？现代人比以前的人更不自由吗？……环顾我们的现代社会，人们似乎丧失了一些自由，但也似乎增加了一些自由……倾听我周围的现代人，有人抱怨缺少自由，但也有人抱怨缺少归属、缺少依附、缺少把自己和他人紧紧捆绑在一起的纽带……现代社会究竟是什么呢？

这些问题困惑着许多人，我也苦苦思索过……从枯燥的理论到实证的检验，从极地到赤道，从中心到边缘……我思考了很久，终于得到了一个并不悲哀的结论，我发现这铁笼论有一条裂隙。这裂隙不仅动摇了铁笼的拘禁力，而且展现了铁笼转型的前景。之所以铁笼论会有这条裂隙，是因为铁笼论是构建在西方启蒙运动的一个核心观念上，而这个核心观念本身就有漏洞。

这个西方启蒙运动的核心观念是"个人自由"，支撑这个核心观念的论证是：人生而自由。

人真的是生而自由的吗？前些年我们讨论不丹的自由问题时曾经反思过，那时我们就感觉到人其实是生而不自由的，经过这几年更为认真的思索，我更加深刻地认识到人是生而不自由的。

这不自由首先可以通过比较"生而"的人与其他"生而"的动物来获得实证性结论。比较人与动物，我们可以清楚地看到人比大多数动物"生而"更不自由。因为人在出生之后，在行动和饮食方面都不能自理，都没有自由，相对而言，很多动物出生后的行动自由和饮食自由就要比人类的婴儿大得多。

除了和动物相比所表现出来的行动和饮食的不自由，人还在其他方面展现了"生而不自由"的特性。

第一是生存的不自由。人出生之后是完全不能自立生存的，在婴儿时期需要哺乳，断奶后还需要大人喂食；稍后孩子能够自己吃饭了，但还不会自己做饭；再稍后少年人能够自己做饭了，但绝大多数还不能够自己种地产粮或者赚钱买食物。随着生产力的发达，社会变得越来越复杂，人能够就业生产的年龄被越来越推迟，人需要接受教育的时间越来越长，人能够自立生存的时间就越来越晚。在现代发达的社会中，人的生存水平和教育程度紧紧挂钩，越高的教育能够带来越高的收入和越高的生存水平。而根据福柯的理论，现代学校是现代权力实行思想控制的工具，教育可以使人变得更加"正常化""标准化"。人只有被"正常化""标准化"了，才能在社会上找到正常、标准的工作，才能在社会中生存。这种生存，并非是真正的自由生存，而是丧失了自由的"正常化""标准化"的生存。"正常化""标准化"使人丧失了自由，使人成为社会里正常、标准的生存分子，不过，"正常化""标准化"也使社会能够正常、标准地运作，为社会的整体发展提供了机会。

第二是发展的不自由。这种不自由突出地表现在人格发展方面。幼年是人最不自由的时期，但幼年又是人格形成的极重要阶段。发展心理学非常重视幼年经验对人的终身影响，许多研究证实了幼年经验在塑造人格方面扮演的举足轻重角色。从学习的角度来看，幼年和青年时期是人的重要学习阶段，此时期人的学习能力往往是记忆力强，但理解力并非很强。记忆力强而理解力不强的学习能力，使人能够高效率地模仿别人的行为，而不花费时间进行独立自由的理解。人的高效模仿关键期，恰恰是在人最不自由的时候、在最受他人控制摆布的年龄，于是，人不由自主地去模仿社会和家庭认可的习俗行为，不自由地发展塑造出了自己的人格。这个生存不自由期与学习模仿关键期的重合，从生理结构上决定了人格行为发展的不自由。人格最可塑的时期，正是人最不自由的时期，在这个时期，人不能自由地发展自己的人格，而必须模仿接受社会认可的行为模式，认同社会的习俗价值，把自己塑造成社会的一员，让自己融入社会。人的这种生理结构使个人失去了人格行为发展的自由，却给社会增加了教化的力量，使群体能更有效率地教化出被社会、文化、传统认可的成员来。

第三是语言的不自由。人可以有言论自由，但没有语言自由，人只能使用已经存在的语言。语言人类学提出了语言相对性（linguistic relativity）原理，认为不同的语言中所包含的文化概念和分类形式会影响人对现实世界的认知，人会因语言差异而产生思考方式和行为方式的不同。譬如，在社会关系的概念方面，中文有伯伯、叔叔、舅舅、姑父、姨夫等等的称谓，以区分不同的亲属关系，英文只有 uncle 一词，不对这些亲属关系做细致的分类。中文的细致分类反映了中国传统的亲属礼教关系，伯伯含有家族长者的威望，舅舅、姑父、姨夫是外姓人，不可以和本族的叔伯相混。使用这些细致分类的称谓，可以使人形成不同的亲属类别的概念，认同与此相关的礼教。传统礼教通过语言潜移默化地影响人的行为，语言扮演了无形规范者的重要角色。人只要使用语言，就要接受语言潜移默化的规范。语言使人套上了无形的枷锁，人想要表达自己的思想，不得不使用群体的语言词汇，但这些语言词汇都负载着群体的文化结构，只要使用一种语言，人就会身不由己地套上这个语言的结构枷锁。不过，当人套上了负载着文化结构的语言枷锁之时，却也得到了群体文化积累的知识遗产。通过语言，人可以轻易地学习前人积累的知识经验，而不必自己再从头摸索。语言的出现是人类进化的一大飞跃，给人套上了枷锁，也给人插上了翅膀。

第四是思想的不自由。当语言给人套上枷锁的时候，也给思想缚上了锁链，因为思想和语言是不可分割的。语言负载的结构、意识、概念等等，都会通过这条锁链引导思维、影响思想。当然，这锁链并非是刚性的，它不会像刚性的铸模，把人的思想都铸得一丝不差。这是一条弹性的锁链，人可以有一定的自由空间，但同时也要受到社会的影响，受到外在观念的诱导。在弹性锁链的束缚下，思想既有自由的一面，也有不自由的一面。社会的影响诱导并不能硬性规定人的思想，它们只是撒开了一张软性的、弹性的罗网，人的思路可以在其间游动，这是一种不自由的自由。但西方的"人生而自由"观念却完全没有表达出这不自由的一面，而是片面夸大了自由的一面。

正如我们在讨论不丹的时候曾经分析过的那样，虽然作为个体来说，人比动物更不自由，但是作为人类的整体来说，人是要比动物自由得多。虽然人生而不能像鸟那样自由地飞翔，但人乘了飞机就能比鸟飞得更高、更远、更自由。个体的自由和整体的自由是两种不同的自由表现，蕴含着两个不同的自由概念。一个是个人自由的概念，另一个是人类自由的概念。

人类自由的概念所表达的是人类作为一个整体所具有的自由能力。上面我们讲到的人必须面临的生存、发展、语言、思想等等的不自由，都是指个人的不自由，是从个人自由的角度来分析探讨的。若从人类自由的角度来分析探讨，结论则会很不一样。尤其是随着社会的发展，随着社会不断改善的生存能力和竞争能力，人类在这些方面的不自由大大地降低了，人类获得了越来越大的自由。

在行动方面，人类创造了各种交通工具，可以不断地突破速度的极限，可以不断地挺进未知的地域和空间，动物是永远不能如此自由的。在饮食方面，人类农业生产技术的发展进步，使人类具有了食物的安全保障，营养科技更是进一步改善了人类食品的质量，使人类获得了更有益于健康、有益于发展的自由机会。

在生存方面，生产和科技的进步大大改善了人类的全面生存能力，给人类带来更大的生存自由。自然灾害和瘟疫疾病，一直威胁和限制着人类的生存，是自由生存的制约因素。生产力和科学技术的发展，赋予了人类对抗这些制约因素的能力，大大减少了自然灾害和瘟疫疾病对人类的伤害，使人类可以更自由地生存，使人类的生存寿命延长了很多。人类生存的自由不仅表现在生存

时间上的数量增加，而且反映在生存质量上的改善。物质的丰富
和医药的发展，使人可以从饥饿、病痛、寒冷、酷热的制约中解
放出来，使人能够更加自由地生存。

在语言方面，人类不断地丰富自己的语言，并且通过语言的
发展来增加人类的自由。人类创造了数学语言、音乐语言、电脑
语言等大量崭新的语言，这些语言赋予人更多的表达能力、分析
能力，使人能够进入新的精神领域和知识疆界，为人类的继续发
展开拓了更加广阔的空间，给人类提供了自由的签证进入一个又
一个的新世界。

在发展方面，人类获得的自由更是空前的。生物的发展受自
然选择的控制，人类的发展，也曾经在自然选择的控制之下。但
是，当人类破解了基因的密码，当人类掌握了基因工程的技术，
自然选择的禁锢就出现了裂痕。人类首先是通过基因工程改造
农林产品，使这些产品更加符合人类的需要，打破了自然选择的
"垄断"控制。继而人类又开始对人自身的基因进行改造，利用基
因工程技术治疗疾病，譬如治疗免疫系统的先天缺陷。若按照自
然选择的规律，这些有先天缺陷的人本来是会被淘汰的，但人类
冲破了自然选择的专制独裁，把有先天缺陷的人从自然选择的残
酷之手中抢救出来、解放出来。[1]

个人自由与人类自由（群体自由、集体自由、整体自由）是

〔1〕 关于自由的论述参阅尹伊文：《美好政治——对自由、民主、市场的反省》
（即将出版）。

相关而不相同的两个概念，用这两个概念来分析现代化的铁笼问题，可以探到其中的裂隙。以个人自由的角度来看，现代分工中的齿轮的确是丧失了个人自由，因此，现代化合理分工的社会就是一个铁笼。但以整体自由的角度来看，齿轮从合理化分工的组合中获得了整体的高效产出，而整体的高效产出增加了每个齿轮的整体自由，因此，现代化合理分工的社会就是一个合作的机器，而不是铁笼。个人自由主义把个人和整体割裂，把齿轮和机器割裂，因此机器就成为齿轮的铁笼。在这里，我们可以看到铁笼论的裂隙，那就是对个人和整体、对个人自由和整体自由进行的人为割裂，而个人和整体、个人自由和整体自由原本是紧密关联的，不是天生割裂的。

是重视个人自由还是整体自由，这涉及人在分析问题时的本位立场，人可以从个体本位的立场出发，也可以从集体本位的立场出发。在自由主义的西方现代社会中，个体本位的立场主导着人们的思维，人被定义为生而具有个人自由，在社会中捍卫个人权利，在市场上追逐个人利益，人是个体本位的动物。但在现实中，我们可以看到人是兼有个体本位和集体本位的，是具有二重性的。在奠边府，我们可以看到集体本位的蚂蚁大军；在越南革新后的市场上，我们可以看到个人本位的追逐个人利益最大化。这●种本位的行为都是客观真实存在的，是不可否认的现实。

过度强调一种本位是不符合实际的，以此制定的政策执行起来会有很多问题。有时问题会即刻出现，让政策很快碰壁遇挫，越南统一后的第二个五年计划就是个典型例子，当时的计划制订者把越南人设想为奠边府蚂蚁大军，以为人们将以完全的集体本位来行动，结果计划执行失败。有时问题不会即刻出现，但会使政策造成远期的恶劣影响，譬如革新后的很多政策过于突出个体本位，最初实行起来收到了推动经济发展的效果，但后来却带来了贪污腐败、价值碎片化……使很多人感到不幸福，产生了怀旧的乌托邦，怀念集体主义的时代。

　　个体本位倾向和集体本位倾向，是同时存在的两股力量。在不同人的心中，这两股力量的强弱各有不同。在不同的社会文化中，在不同的历史时期里，这两股力量也有不同的展现。有时个体本位会被认为是流行的价值，有时集体本位会被推崇为主流伦理。当一种本位成为某个社会中的主流价值时，这个社会中的成员会受到这种价值观的强烈影响，并会引发成员间的一系列行为互动以及社会后果。

　　在西方从传统社会进入现代社会之初，个人本位的自由主义被推到至尊的地位，以个人利益最大化为宗旨的资本主义蓬勃发展，使生产力飞速提高，使物质极大丰富。但在接踵而来的富裕发达社会中，却因此出现了一系列"不幸福"，以至促生了怀旧乌托邦，很多人怀念传统社会的集体主义魅力。

　　只有回到传统社会才能重归集体主义吗？只有落后的生产力才适合集体本位吗？

　　不，我不认为如此，这并不是因为我在情绪上眷恋集体主义的魅力，而是在观察分析现代生产力发展之后，我得到了理性的结论。

首先，现代的生产力需要合作，需要个人融入集体。我们的先辈曾经用斧子锯子生产桌子椅子，他们是个体的手工生产者。但是在我们的现代生活中，我们的生活需要已经远远超越了桌子椅子，我们需要汽车、冰箱、电脑……生产这些东西已经不可能是个体手工生产者，而是需要集体的合作。机械化、自动化、电脑化给我们带来了越来越丰富的产品、越来越舒适的生活，也需要越来越复杂的集体合作。在这日益复杂的生产系统中，个人愈益需要从集体本位的角度来思维和行动，这种需要使得集体本位成为"必要"，这就为集体本位的意识提供了滋生的土壤。

其次，在网络化、信息化的时代，很多产品的边际成本趋于零，使得共享经济蓬勃拓展，这又开拓了一条个人融入集体的通道。图书馆的书是共享的，这比每人都自己买书节省了很多成本，不过，当张三借走了书，李四必须等张三还了书才能借到，而图书馆若为了读者阅读方便再买一本书，则需要付出一些边际成本。网络化、信息化可以把边际成本降为零，只要把书放到网上，千千万万人都可以同时阅读共享，这是零边际成本的共享经济。在我们的现代生活中，信息已经成为越来越重要的经济资源，而信息在网络化时代又是很容易零边际成本地共享，这为共享经济开辟了广阔的前景。图书共享只是当前共享经济中的沧海一粟，无数共享经济项目正在创新的浪潮中蓬勃涌现，浪花朵朵日新月异，使越来越多的现代生活进入了共享的领域。共享含有很强的集体本位意识，而零边际成本使得集体主义的共享成为"可行"，这又为集体本位意识的成长提供了更多的土壤。

再次，公共产品不仅可以共享，而且必须共有。国防、公安、环境都是公共产品，既是公共供给的，也是无法排他使用的。国防军队是国家组建的，当外敌进攻时，全社会都受到军队的保护，军队是全民共有的。清洁的空气、安全的环境也是全民共有的，也需要公共供给。当温饱满足之后，安全、环境等等是影响人的生存发展的关键元素，是人们非常需要得到的东西。这些东西是必须共有的，这和很多共享产品不同，譬如共享的书不一定必须共有，有人会自己买书，不和别人共享，更不和别人共有。但是安全和环境却是必须共有的。在现代社会解决了温饱问题之后，人们对这些公共产品的需求会越来越强，这些必须共有的产品会增强人们的共有意识，而共有意识是集体本位的。这些必须共有的产品，会对集体本位意识产生"必须"的要求，可以给集体本位意识再添加成长的土壤。

"必要""可行""必须"是现代生产力给集体本位提供的三重土壤，除了地下的土壤，现代生活还给集体本位开拓了上方的新空间，这空间来自于对小我的升华超越。在温饱匮乏的时代，人必须为小我的生存而日思夜想、时时操劳，温饱物品都只能排他使用，是需要个体本位地斤斤计较、孜孜以求。但在温饱后的富裕社会中，人就不太需要再为这些小我排他的物品而斤斤计较、孜孜以求。同时，在现代化的富裕社会中，很多集体本位的需要涌现出来了，环境保护、社会安全、人际和谐……这些集体本位的需要可以激励人们超越小我。当生活必需品不再稀缺，当生存有了基本的保障，人可以想到要超越那基本生存的狭小自我，要把自我拓展到曾被温饱匮乏禁锢的区区肉体之外。人会想到要从时间上超越个人有限的生命期限，从空间上超越个人有限的身体躯壳。保护地球的环境、关怀人类的未来、创建理想的社会、探索生命的秘密、追寻宇宙的极限……这些都是人渴望的超越与拓展。这是集体本位意识成长的新空间，在这里，个人自由将被超越，将拓展到人类自由的境界，"人生而自由"将以"人类生而自由"的形态而实现。人类将升华到人类生而自由的新天地，而这个新天地是基于集体本位的。

除了土壤和空间，培植也是一个重要的因素。人心中同时具有个体本位意识和集体本位意识，如果培植的因素是倾向于集体主义的，集体本位意识就能够生长得更大一些，个人本位意识就会缩小一些。至于如何培植集体主义，这是一个非常复杂的问题、一个非常艰巨的任务，需要寻找到合适的方法，需要掌控好合适的"度"。在复杂的社会环境中，面对具体而多样化的人群，如何处置，如何互动，如何因地制宜，如何适应实际情况，如何掌握"度"的分寸……解决这些培植实践的具体问题需要很多相关齿轮的协同努力。每个齿轮有其特长的领域，有其不同的特殊能力，他们可以做出不同的贡献，使聚合他们的共同体机器更好地运作。

我们生长在同样的大时代，在青少年时期我们有同样的经历和共同的理想，后来我们的生活空间和工作经历不同，成为社会分工大机器中的不同齿轮，但我们能够感到大时代的机器把我们合为一体，让我们联结成一个共同体。现在，我们也共同感受到了这大时代脉搏的跳动，这是人类历史上第一个温饱满足的时代，是第一次有足够的土壤和空间可以让我们把小我拓展为大我的时代，使我们可以超越个人有限的生命期限，超越个人有限的身体躯壳……

成为人类历史上的这第一代是多么荣幸呵！我们不应该辜负这个时代。我们有限的生命不会给我们太长的时间，但是作为齿轮，我们可以推动机器朝那个伟大的方向前进，我们的共同体将载负着我们的理想永久持续地前进。这就是我们共同的理想追求、乐园追寻，我们的理想中可能掺杂谬误，我们的乐园中可能有陷阱泥潭，我们的追寻中可能经历失望迷惘，但是在我们的共同体中，我们可以彼此鼓励，互相依傍，不断地纠错，不断地尝试，不断地向光辉的彼岸迈进……

希望我下一次给你写信的时候，可以看到我们又共同迈进了一步。

伊文